经济管理学术新视角丛书

本书的出版得到“2015年河南省高等学校青年骨干教师资助项目（编号2015GGJS-010）、2016年度河南省高等学校重点科研项目（编号16A790001）”的资助

Study on the Income Discrimination against Migrant Workers: Measurement, Solving Path and Suggestions

农民工收入歧视的衡量、解决路径及对策研究

郭　震◎著

经济管理出版社
ECONOMY & MANAGEMENT PUBLISHING HOUSE

图书在版编目（CIP）数据

农民工收入歧视的衡量、解决路径及对策研究/郭震著. —北京：经济管理出版社，2015.12
ISBN 978-7-5096-4075-3

Ⅰ. ①农… Ⅱ. ①郭… Ⅲ. ①民工—收入分配—研究 Ⅳ. ①F124.7

中国版本图书馆 CIP 数据核字（2015）第 274941 号

组稿编辑：杨 雪
责任编辑：杨 雪 许 艳
责任印制：黄章平
责任校对：车立佳

出版发行：经济管理出版社
（北京市海淀区北蜂窝 8 号中雅大厦 A 座 11 层 100038）
网 址：www. E-mp. com. cn
电 话：（010）51915602
印 刷：北京九州迅驰传媒文化有限公司
经 销：新华书店
开 本：720mm×1000mm/16
印 张：14
字 数：235 千字
版 次：2015 年 12 月第 1 版 2015 年 12 月第 1 次印刷
书 号：ISBN 978-7-5096-4075-3
定 价：46.00 元

前　言

中共十八届三中全会通过的《中共中央关于全面深化改革若干重大问题的决定》提出“健全工资决定和正常增长机制，完善最低工资和工资支付保障制度，完善企业工资集体协商制度”等与劳动要素市场相关的一系列举措，并强调“完善劳动、资本、技术、管理等要素按贡献参与分配的初次分配机制”、“初次分配和再分配都要兼顾效率和公平”。这些政策的出台集中显示了我国加快收入分配改革、缩小收入差距的紧迫性。只有对我国当前经济形势下收入差距扩大的成因进行定量分析，才能确定哪些因素是导致收入差距扩大的主导因素。在工资差异扩大的表现中，农民工和城镇居民的工资差异最具有代表性。准确把握城镇居民和农民工工资差异的来源，衡量劳动力市场农民工收入歧视的程度、探讨其内在形成机理、设计解决路径的研究无疑为解决中国面临的收入差距扩大问题提供了一个重要视角。

农民工和城镇居民工资差异不断扩大，显然不是完全由人力资本的差异所能解释的：如果将城镇居民（包括下岗职工）享有的就业和福利特权全部取消，让城乡劳动力真正平等，农民工至少在非正规就业领域将表现出更强的就业竞争力。因此，农民工和城镇居民工资差异、就业差别不断扩大的真正原因来自劳动力市场歧视，即农民工具有与城镇居民相同的生产特征，但由于一个与生产力无关的特定特征因素而遭受不同的待遇。正是因为劳动力市场歧视，大部分农民工被排斥到了一个与城镇居民不同的“次属劳动力市场”：就业不稳定、工作环境差、工资水平低、待遇不公平。

基于上述考虑，本书在相关文献研究的基础上，以我国经济增长方式转变过程中不断扩大的收入差距为背景，依据河南财经政法大学《中国居民收入调查》课题组进行的2012年中国城镇居民与农民工工资的抽样调查数据，应用微观经济计量方法分析和探讨了中国分割的劳动力市场中的农民工收入歧视程度及影响因素，并在此基础上设计农民工收入歧视的解决路径，提出消除农民工收入歧视的政策建议。

本书的结构安排如下：

第1章介绍了本书的研究背景，提出了研究内容、研究方法和本书的数据来源；第2章回顾了国内外歧视的研究成果、相关的理论、工资差异的分解方法，为后续实证研究的展开提供理论依据和逻辑线索；第3章从农村劳动力动因入手，通过实证分析得出预期收入差距是农民工到城市打工的主要动因；第4章至第8章分别就农民工收入歧视的总体判断、不同收入分位点、区域、单位类型、行业及岗位进行了分析和论述；第9章对本书的主要研究结论和创新进行总结，并指出本书研究的不足及今后研究的热点及方向。

本书的出版受到了“2015年河南省高等学校青年骨干教师资助项目”的资助。尽管本书对农民工收入歧视问题做了较为细致、深入的研究，但由于精力和时间有限，研究不足之处在所难免，希望各位专家和学者提出宝贵意见。

郭震

2015年11月

目　录

1 导论

1.1 研究背景及意义

1.1.1 研究背景

国家“十二五”规划纲要指出，加快形成合理有序的收入分配格局，努力提高居民收入在国民收入分配中的比重，提高劳动报酬在初次分配中的比重，尽快扭转收入差距扩大的趋势。现在收入差距的关键问题，固然有不均问题，但更重要的是不公问题。计划经济时期，就业制度、工资分配制度是国家制定的，劳动力市场几乎没有工资差异。1981 年以后，国家实行浮动工资制度，但由于劳动力教育和技能培训的回报率低，工资差异不明显。1984 年，中共十二届三中全会通过了“经济体制改革决定”，有限度地放松了对工资的严格管制，职工为企业创造较高的经济效益，就可以得到较高的工资，职工工资收入出现了差异化（戴园晨，1994）。2002 年以后，国企管理层年薪制的实行也使得职工工资收入差异进一步扩大（夏庆杰等，2012）。

现阶段，随着经济的发展和改革的不断深化，“市场决定价格”机制在工资决定过程中发挥着越来越重要的作用，但与此同时，中国城镇劳动力市场的工资差异问题却日益凸显。工资差异表现在各个层面：第一，不同单位类型之间的工资差异较大。2012 年国家统计数据显示（见图 1–1），外商投资企业就业人员工资最高，年平均工资达到了 55888 元，城镇集体单位就业人员工资最低，年平均工资为 33784 元。两组人员工资差异绝对值达到 22104 元，前者比后者的工资高出 39.55%。第二，行业之间工资差异悬殊（见图 1–2）。2012 年，就业人员年平均工资最低的行业是农、林、牧、渔业，行业年平均工资为 22687 元，工资最高的行业是金融业，年平均工资达到了 89743 元，两个行业之间的工资差异达到 74.72%。第三，地区之间工资差异较大（见图 1–3）。从城镇单位就业人员 2012 年的工资水平来看，广西地区最低，年平均工资为 36386 元，北京地区最高，年平均工资为 84742 元，工资差异达到了 57.06%。第四，正规就业和非正规就业

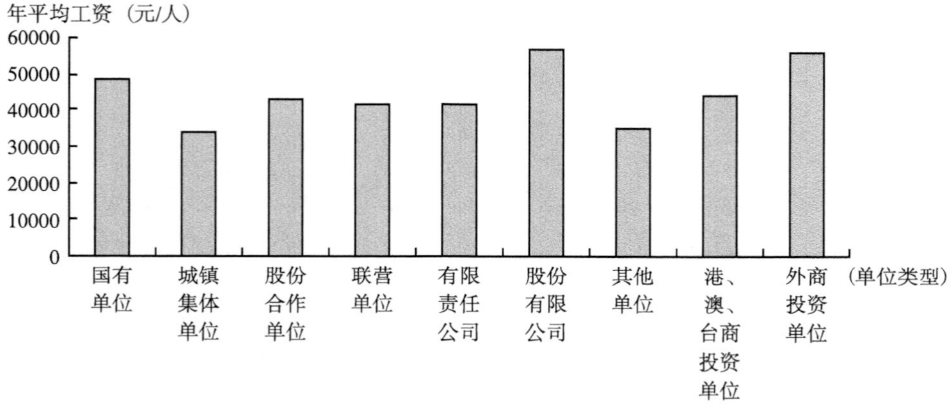

图 1–1　2012 年城镇不同单位类型就业人员平均工资

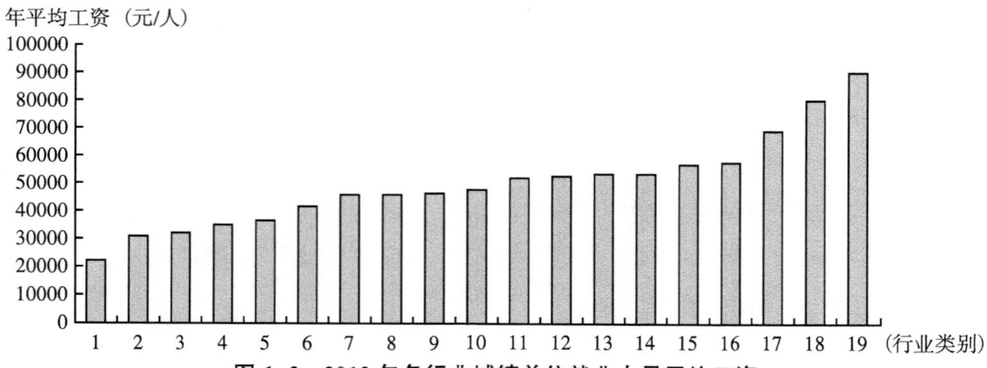

图 1–2　2012 年各行业城镇单位就业人员平均工资

注：1~19 分别代表农、林、牧、渔业，住宿和餐饮业，水利、环境和公共设施管理业，居民服务和其他服务业，建筑业，制造业，公共管理和社会组织，批发和零售业，房地产业，教育、卫生、社会保障和社会福利业，租赁和商务服务业，交通运输、仓储和邮政业，文化、体育和娱乐业，采矿业，电力、燃气及水的生产和供应业，科学研究，技术服务和地质勘查业，信息传输、计算机服务和软件业，金融业。

资料来源：中国国家统计局数据网：www.stats.gov.cn。

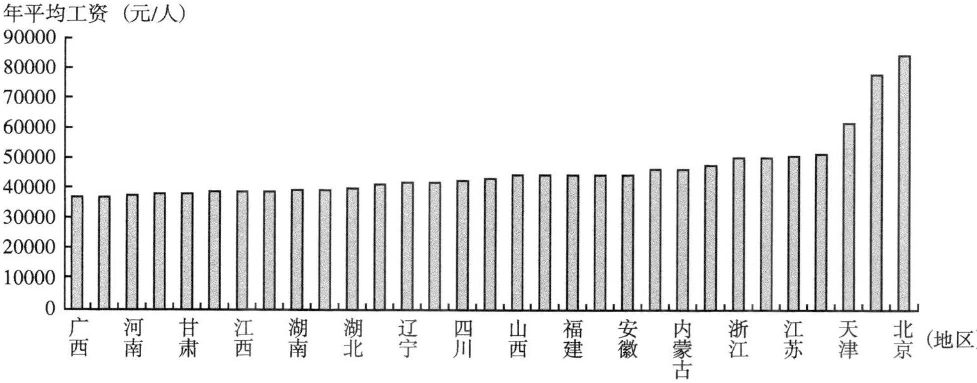

图 1–3 2012 年各地区城镇单位就业人员平均工资

的工资差异较大。正规就业工资水平明显高于非正规就业，正规就业内部的工资差异较小，非正规就业的内部工资差异相对较大（魏下海和余玲铮，2012）。第五，农民工与城镇居民工资的差异悬殊。"农民工实际收入明显低于城市职工，农民工工资仅维持在低于其边际生产力的生理需要水平"（杜书云和张广宇，2004）。

工资差异的扩大使得居民收入分配差距扩大的趋势未能根本扭转，自 2001 年以来，中国成为收入差距最大的国家之一（Zhang，2005）。国家统计局资料显示，依据新的全国统一城乡可比的统计标准分类口径，2008 年中国的基尼系数高达 0.491，2012 年中国的基尼系数为 0.474。中共十八届三中全会通过的《中共中央关于全面深化改革若干重大问题的决定》（简称《决定》）提出"健全工资决定和正常增长机制，完善最低工资和工资支付保障制度，完善企业工资集体协商制度"等与劳动要素市场相关的一系列举措，并强调"完善劳动、资本、技术、管理等要素按贡献参与分配的初次分配机制"、"初次分配和再分配都要兼顾效率和公平"。这些政策的出台集中显示了我国加快收入分配改革、缩小收入差距的紧迫性。

只有对我国当前经济形势下收入差距扩大的成因进行定量分析，才能确定哪些因素是导致收入差距扩大的主导因素（迟巍等，2008）。许多研究都发现中国收入差异在明显扩大，但是解释这种趋势背后的原因的文献却不多见。笔者认为，收入差距的存在是客观的，关键是让收入差异处于合理的程度范围内。如果中国城镇劳动力工资差异是完全来自劳动力之间的生产能力差异，则工资差异是合理的。如果中国城镇劳动力工资差异是来自歧视、垄断、腐败等非市场化因素，则工资差异不仅没有体现"市场决定要素价格、按贡献参与分配机制的合理性”，而且在一定程度上会成为制约我国经济社会发展的瓶颈，也将影响经济进一步升级和社会转型。因此，基于中国劳动力市场分割的现实，通过工资差异分解来判断人力资本和歧视的贡献率，解释工资差异现象，并进一步挖掘工资差异背后的影响因素，针对性地提出解决方案无疑是一个很好的切入点。

1.1.2 问题的提出

在工资差异扩大的表现中，农民工和城镇居民的工资差异最具有代表性，因为，区域分割、行业隔离、部门分割导致的工资差异问题可以通过这两组劳动力各自的工资水平反映出来，但对两组劳动力之间的就业差别、工资差异进行分析也是研究正式就业与非正式就业分割、城乡分割的一个重要视角。由于以往的研究侧重于农民工和城镇居民的人力资本和雇工情况（见图 1-4）的比较（Wang等，2011；Demurger 等，2009），所以从农民工和城镇居民工资差异入手，探讨农民工收入歧视对工资差异的影响还有很大的研究空间。

目前，中国正在经历着严重的收入不平等，城乡分割已经成为工资不平等的重要特征（Au 和 Hendersong，2006；Ravallion 和 Chen，2007；Sun，2004）。政府为了提高农民的收入水平，一直在努力改善农民工就业的环境，如取消“证卡”制度、禁止对农民工乱收费、禁止拖欠农民工工资等，但是由于传统制度的惯性、现实就业的压力以及财政预算的约束，农民工的就业环境还是不容乐观：户籍门槛使得农民工就业机会低于城镇居民；农民工的身份往往享有较少的政治民主权利，无法实现在职业岗位上的向上流动；同一行业内甚至是同一岗位、同一工种的农民工的工资和城镇居民的工资差异仍然存在。2003 年国家统计局农调总队的调查研究显示，河南农民工 10290.8 元的货币工资相当于城市职工 20581.5 元的实际收入。2005 年全国人口普查数据显示，我国农民工的平均月收入为 929 元，城镇居民的平均月收入则为 1165 元。农民工的平均收入为城镇居民的 80%（邢春冰，2008）。城镇居民工资的绝对水平与农民工工资的绝对水平之比已由 2001 年的 2 倍扩大到 2010 年的 3 倍左右（姜励卿，2012）。

农民工和城镇居民工资差异不断扩大，显然不是完全由人力资本的差异所能解释的：如果将城镇居民（包括下岗职工）享有的就业和福利特权全部取消，让城乡劳动力真正平等，农民工至少在非正规就业领域将表现出更强的就业竞争力

(杜书云和张广宇，2004)。因此，农民工和城镇居民工资差异、就业差别不断扩大的真正原因来自劳动力市场歧视，即农民工具有与城镇居民相同的生产特征，但由于一个与生产力无关的特定的特征因素而遭受不同的待遇。正是因为劳动力市场的歧视，大部分农民工被排斥到了一个与城镇居民不同的“次属劳动力市场”：就业不稳定、工作环境差、工资水平低、待遇不公平。

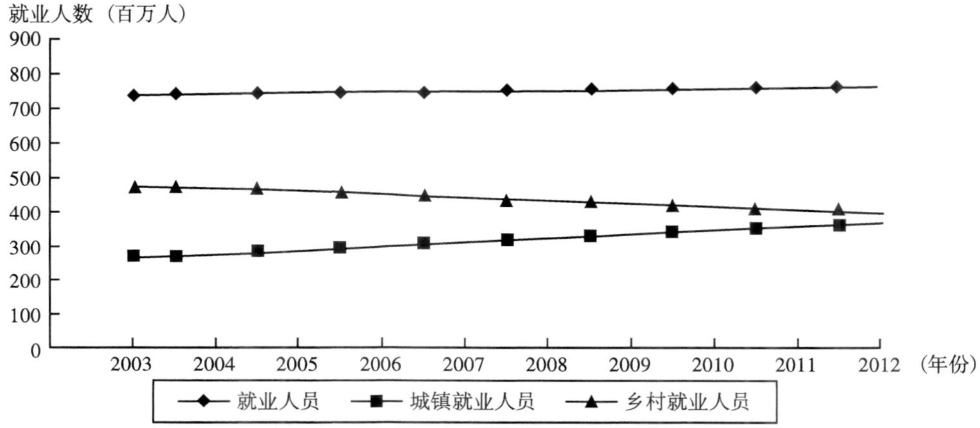

图 1-4　2003~2012 年全国城镇就业人数情况

歧视导致农民工工资始终无法快速增长。由于农民工工资收入已成为农村收入的主要来源（见图 1-5），劳动力市场针对农民工的歧视又进一步加剧了城乡收入差距的扩大（Du，2005；朱玲和金成武，2009）。而城乡收入差距扩大是全国收入差距扩大的主要表现，农民工的收入歧视问题则又进一步刺激了中国收入差距不断扩大。因此，准确把握城镇居民和农民工工资差异的来源、衡量劳动力市场农民工收入歧视的程度、挖掘其内在形成机理无疑为解决中国面临的收入差距扩大问题提供了一个重要视角。

关于歧视导致农民工和城镇居民收入差异的程度的研究，国内外学者们应用不同的方法、数据集，测算得出不同的歧视结果。但都一致认为，在控制了教育水平和工作经验、行业、单位类型、职业、地区、岗位、阶层等影响工资的因素后，仍存在歧视导致的农民工和城镇居民工资差异。这些学者的成果集中在农民工工资歧视的实证检验上，对于收入不平等问题提供了一些合理的解释。他们的共同缺陷在于将农民工收入歧视等同于工资歧视，实证分析仅囿于农民工工资歧视的测算，对于机会歧视造成的农民工就业歧视和晋升歧视等方面没有涉及，没

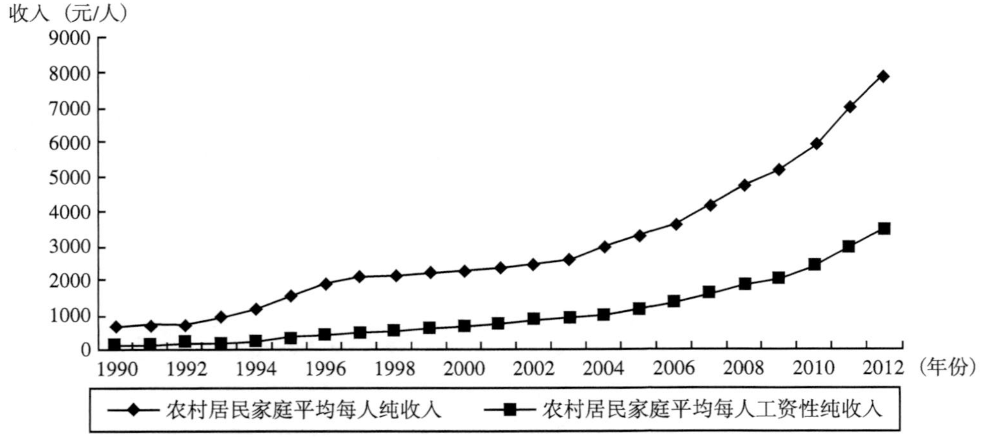

图 1–5　1990~2012 年农村居民家庭收入情况

有全面、深入、系统地衡量农民工收入歧视，没有提出详尽的、次序性的解决方案和针对性的政策建议。

基于上述考虑，本书在相关文献研究的基础上，以我国经济增长方式转变过程中不断扩大的收入差距为背景，依据河南财经政法大学《中国居民收入调查》课题组收集的 2012 年中国城镇居民与农民工工资的抽样调查数据，应用微观经济计量方法分析和探讨了中国分割的劳动力市场中的农民工收入歧视程度及影响因素，并在此基础上设计农民工收入歧视的解决路径，提出消除农民工收入歧视的政策建议。

本书的研究回答了以下问题：农民工和城镇居民工资差异多大程度上是歧视造成的？农民工收入歧视的影响因素是什么？农民工收入歧视在平均工资和不同收入分位点是如何表现的？地区经济的发展与农民工收入歧视之间是否具有相关性？部门分割是否会加剧农民工收入歧视？农民工工资歧视、就业歧视、晋升歧视是如何在行业、岗位交替作用和表现的？农民工收入歧视是应该整体解决还是进行区别对待？消除农民工收入歧视的对策有哪些？这些问题的解释对于研究全国收入差距及其变化趋势来说，具有借鉴意义和参考价值。

1.1.3　研究意义

中共十八届三中全会通过的《中共中央关于全面深化改革若干重大问题的决

定》明确要求“维护农民生产要素权益，保障农民工同工同酬”，并强调落实“着重保护劳动所得”。这些决定向社会释放出清晰的信号：农民工收入歧视问题研究是应时势所需，是真正意义上为落实“收入分配兼顾效率和公平”提供理论平台。这个问题的解决不仅有利于调动经济活动参与者的积极性、提高经济效益，而且对拓宽农民增收渠道、规范收入分配秩序、缩小城乡收入分配差距有着巨大的贡献作用。

第一，本书从经济学的角度提出了农民工收入歧视的理论解释，丰富了我国对歧视问题的研究，拓展了对歧视问题的分析视野。

第二，本书研究了不同收入水平、区域、单位类型、行业、岗位的农民工收入歧视问题，为在经济增长方式转变过程中深入推进收入分配制度改革提供新的分析范式。

第三，本书创新性地设计了农民工收入歧视的解决路径，在解决农民工工资歧视、就业歧视、晋升歧视问题的同时，也缓解了区域收入不平等、行业收入不平等、阶层收入不平等的压力，研究结果为科学地设计和实施公平的劳动就业制度、工资制度以及培育公平竞争的劳动力市场环境提供了实践价值。

第四，本书在实证分析的基础上，提出了消除农民工收入歧视的政策建议，不仅对提高农民工收入水平、促进城乡经济发展有重要意义，而且为完善我国劳动力市场结构、优化劳动力资源的配置提供了实证依据，对于保持社会稳定乃至构建和谐社会都具有一定的实践价值。

1.2 概念界定

歧视是指那些具有相同能力、教育、培训和经历并最终表现出相同的劳动生产率的劳动者，由一些非经济的个人特征引起的在就业、职业选择、晋升、工资水平、接受培训等方面受到的不公正待遇。非经济的个人特征，主要是指民族、性别、肤色、年龄、家庭背景、民族传统、宗教、身体素质和原有国籍等（萨缪尔森和诺德豪斯，2000）。劳动力市场的歧视是指部分人群拥有与其他人同等的能力、教育、培训和经历，但在雇佣、职业选择、提升、工资率或工作条件方面受到不公正的待遇（Mconnell 等，2004）。

农民工收入歧视是指与农民工收入水平相关的直接市场歧视，指具有相同或者更高劳动生产率或工作绩效的农民工，由于非经济的个人特征，在就业、岗位晋升、工资水平方面遭遇的不公平的对待。农民工收入歧视不仅考虑到农民工和城市居民由生产率差别以外的因素而引起的工资差异问题，而且也考虑在其他条件相同的情况下，部分农民工从事不适当行业的比重过大、部分农民工被限制到层次过低的职业中的问题。

农民工收入歧视包括工资歧视、就业歧视和晋升歧视。工资歧视是指农民工与城镇居民具有相同的生产率或工作绩效，但却获得了低于城镇居民的工资，[①] 即同工不同酬。就业歧视是指农民工因为非经济的个人特征，存在某些行业进入困难，[②] 或进入行业后被雇主安排在较低的工资报酬的部门或行业领域。[③] 在研究中为了方便计量，以农民工存在进入困难的部门或行业为参照组。晋升歧视[④] 是指就业后农民工虽然与城镇居民拥有相同的生产率或工作能力，但由于非经济的个人特征，得不到与城镇居民相同的岗位晋升机会。

三种歧视构成了农民工收入歧视，但本书各章节研究的侧重点略有不同：第5章不同收入分位点视角和第6章区域视角的农民工收入歧视问题，实质上研究的是阶层、区域视角的农民工工资歧视问题；第7章不同单位类型的农民工收入歧视问题是分析农民工工资歧视和就业歧视问题在不同所有制部门的表现；第8章行业、岗位视角的农民工收入歧视问题是分析农民工工资歧视、就业歧视、晋升歧视在行业、岗位间的表现。

① 本书研究的农民工收入仅指工资，不包括奖金、津贴、补贴和养老金等。

② 有研究者（Becker 和 Arrow，1963）将这句话定义为雇佣歧视。

③ Mconnell（2004）将这种现象定义为工作歧视。笔者将这两个定义综合起来，统称为就业歧视。

④ 赵耀（2006）将其定义为岗位歧视。本书具体指的是岗位的晋升歧视。

1.3 研究内容、方法、数据来源

1.3.1 研究内容

本书在河南财经政法大学 2012 年中国工资抽样调查数据的基础上，首先采用 Mincer 工资方程并运用多种工资分解方法，衡量了农民工工资歧视、就业歧视和岗位晋升歧视在不同收入水平、区域、单位类型、行业、岗位的程度；其次判断农民工收入歧视的主要影响因素；最后从不同视角设计出农民工收入歧视的解决路径，对消除农民工收入歧视提出相应的政策建议。

本论文分为 8 章，图 1-6 为本书研究的技术路线和结构框架图，内容安排如下：

第 1 章为导论，首先明确研究问题和研究意义；其次将农民工收入歧视概念进行定义，提出了本书的研究视角；最后提出了研究内容、研究方法和本书的数据来源。

第 2 章为文献综述，对国内外歧视的研究成果、相关的理论、工资差异的分解方法进行回顾，为后续实证研究的展开提供理论依据和逻辑线索。

第 3 章为农村劳动力转移的动因分析，通过实证分析得出预期收入差距是农民工到城市打工的主要动因。总结农民工在城市遭受收入歧视的情况下还愿意在城市打工的原因。

第 4 章为农民工收入歧视的总体判断。首先在 Mincer 工资方程的基础上建立了农民工工资方程模型，并依据 Oaxaca-Blinder 分解方法对工资差异进行分解，判断农民工工资歧视的程度和表现；其次通过逐步控制变量，分析农民工收入的影响因素及作用效果，并在此基础上进行农民工收入歧视解决路径的总体设计；最后基于全国总体视角提出解决农民工收入歧视的政策建议。

第 5 章为不同收入分位点的农民工收入歧视分析。首先通过构建不同收入分位点的工资方程，并依据 M&M 分解方法测算和分析农民工和城镇居民的工资差距、工资歧视程度及影响因素。其次通过分析歧视在不同收入分位点的分布来设计解决路径。最后基于不同收入分位点的视角，提出政策建议。

第 6 章为农民工收入歧视的区域研究。首先采用聚类分析方法将全国划分为不同经济发展类型区域，为农民工收入歧视的测算进行铺垫；其次采用 Oaxaca-Blinder 分解方法衡量各区域的农民工工资歧视，在对农民工工资歧视进行区域比较后，提出农民工收入歧视的区域解决路径；最后基于区域的视角，提出政策建议。

第 7 章为不同单位类型的农民工收入歧视分析。首先采用 Multinomial Logit 模型来估计农民工选择工作单位类型的影响因素，并判断农民工就业歧视程度；其次通过 Oaxaca-Blinder 分解方法分析农民工工资歧视在不同单位类型的表现；最后提出农民工收入歧视的解决路径的部门视角，并进一步提出政策建议。

第 8 章为农民工收入歧视的行业、岗位研究。首先，通过构建行业、岗位工资方程及就业方程分析农民工就业和工资的影响因素，衡量农民工就业歧视程度；其次，采用 Cotton 分解方法测算和分析农民工行业工资歧视；再次，采用 Brown 分解方法测算和分析了农民工的岗位工资歧视和岗位晋升歧视；最后，提出农民工收入歧视解决路径的行业视角，并进一步提出了政策建议。

第 9 章为主要结论与研究展望。本章对主要研究结论和创新进行总结，并指出本书研究的不足及今后研究的热点及方向。

1.3.2 研究方法

本书从理论和实践两个层面进行研究，理论层面的研究是借鉴西方劳动力市场歧视理论分析和评述中国歧视问题，探讨农民工歧视存在的理论解释。结合中国劳动力市场分割的现实，提出本书的研究重点和解决方案。实践层面的研究表现为结合全国 2012 年的抽样调查数据，利用先进的计量模型和方法，从实证角度分析农民工收入歧视水平及程度。其中采用 OLS 回归、Oaxaca-Blinder 分解方法实证研究全国总体及区域的农民工收入歧视问题；采用分位数回归、M&M 分解方法研究不同收入分位点的农民工收入歧视问题；采用 Multinomial Logit 模型和 Oaxaca-Blinder 分解方法分析不同单位类型的农民工收入歧视问题；采用 Heckman 两阶段法、Cotton 分解方法、Brown 分解方法研究不同行业、岗位的农民工收入歧视问题。

目前，没有 M&M 分解和 Brown 分解的直接命令，笔者是用 State11.0 编程计算的，其中，Brown 分解方法虽然在国际上应用较为成熟，但这种方法最初是用于研究职业性别隔离的，国内将其“移植”到职业户籍隔离的这种研究方法还处于验证阶段。笔者将 Brown 分解用于各个行业内的不同岗位，完全是一种创新的实践。

1.3.3 数据来源

本书所使用的数据来自河南财经政法大学《中国居民收入调查》课题组的 2012 年抽样调查数据，样本包括 22 个省，5 个自治区，4 个直辖市。在统计分析时为了避免少数高收入样本导致的均值的偏差，删除了 20 份月收入 10 万元以上的样本。此外，删除“在就业年龄但未就业”、“退休”、“收房租获得收入者”、“家庭主妇”的样本。剔除了遗漏个人信息和收入信息的样本，最后得到总样本 19522 个。其中，农民工 5746 人，城镇居民 13776 人。城镇居民是指那些拥有非农业户口并且调查时在城镇居住的居民；农民工则是指那些拥有农业户口的城镇就业人员，但不包括城中村居民。样本个人的信息包括受教育程度、工作年限、健康程度、年龄、技术水平、就业情况、月工资数。工作单位类型包括政府事业单位、国有或国有控股企业、集体企业、私营企业、外资企业、个体企业、自由职业者。就业行业涉及制造业、建筑业、交通运输业、邮电通信业、餐饮业、零售业、金融保险业、科教文卫、其他服务业、政府机关管理部门。岗位类型包括高层、中层和低层（操作层）。

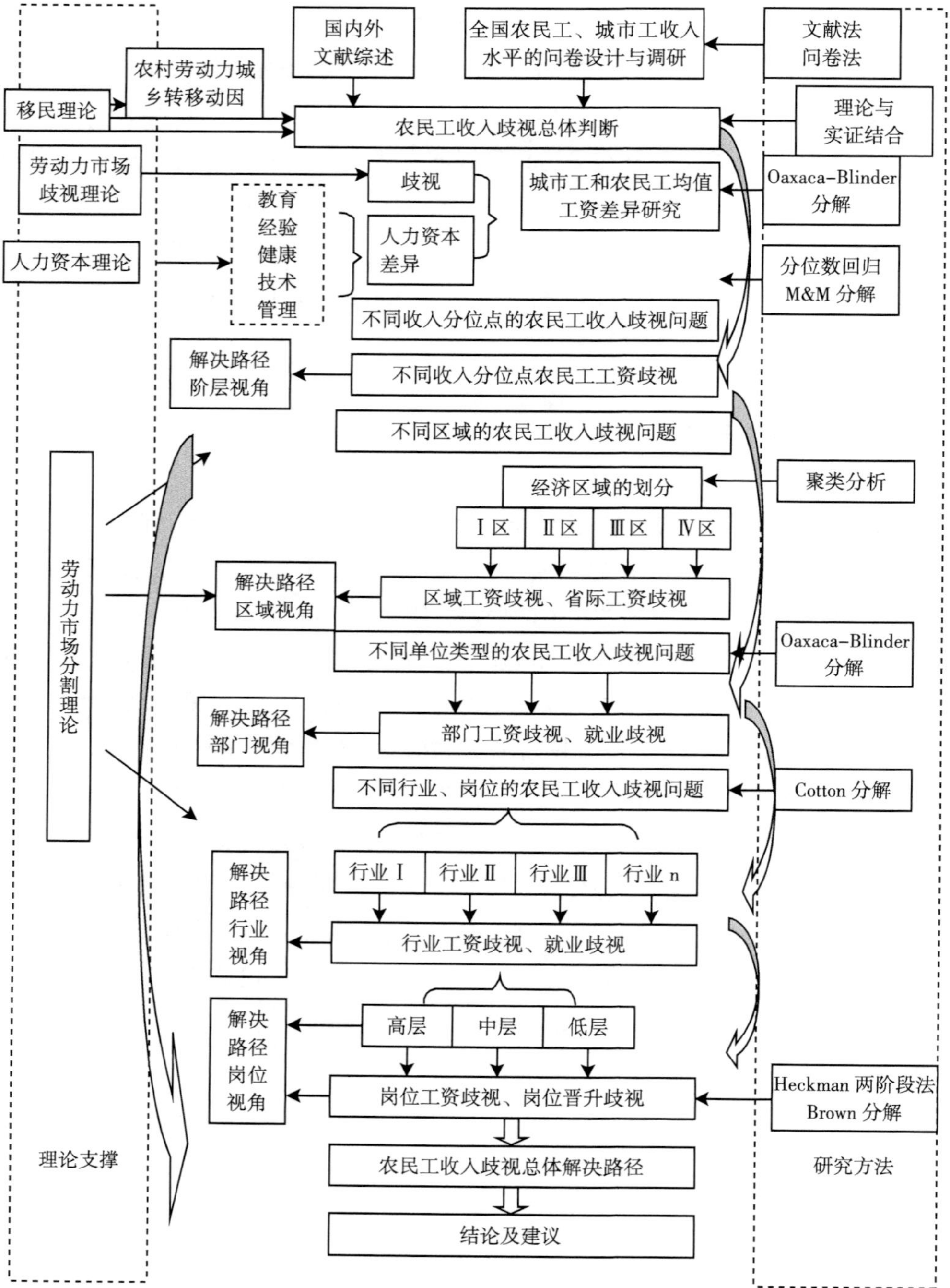

图 1-6 本书研究的技术路线和结构框架

1.4 创新和不足之处

1.4.1 创新

第一，创新性地提出了农民工收入歧视的概念，将农民工收入歧视与农民工歧视、农民工工资歧视、农民工经济歧视、农民工劳动力市场歧视的概念区分开，创新性地将机会歧视和工资歧视问题放在一个框架里来定量分析。

第二，创新性地测算了晋升歧视和就业歧视。在农民工收入歧视的研究中，工资歧视的研究相对成熟，工资歧视的测算方法也多种多样。就业歧视的研究还有待深入，目前有个别研究者用 Brown 分解法来测算就业歧视（田丰，2010；李晓宁，2011）。晋升歧视的研究尚处在定性描述阶段。笔者创新性地将 Brown 模型套用在农民工的岗位工资方程和就业方程中，测算出晋升歧视，并借用行业、职业“隔离”程度的指标来分析农民工就业歧视，为歧视的定量研究做出了新的尝试。

第三，创新性地设计农民工收入歧视的解决路径。笔者不仅设计了农民工收入歧视的总体解决路径，而且分视角、分市场地设计解决路径，为政府解决农民工收入歧视问题、提高农民工收入提供了重点和方向。

1.4.2 不足之处

第一，实际调查中，不能准确估计某些农民工每月实际工作小时数，因此，本书除了全国总体分位数分析采用的是小时工资，其余实证鉴于样本数量，采用的是月工资形式，忽略了因工作时间和劳动强度不同而可能会出现的估算收入差距比实际收入差距小的情况。

第二，从计量经济学角度来看，歧视只是不可解释部分的一个子集。不管如何努力，总无法在回归方程里包括所有影响月工资的变量，这些被遗漏的变量对工资的影响有可能体现在不可解释的部分里。变量的测量误差也会造成这一问题。

第三，对不同行业、岗位的工资方程进行估计，不可避免地要涉及部门选择的内生性问题，即个体选择进入哪个行业、岗位工作并非是完全随机的，而是往往与其自身的特征、家庭背景、社会关系等方面相关，这些因素往往会导致选择方程的随机项与工资方程的随机项之间存在相关性。

2 劳动力市场歧视研究文献综述

本章简要阐释了理论来源及发展，介绍了歧视测算方法。在梳理国外歧视研究的基础上，具体总结国内农民工歧视的研究成果，并讨论了现有研究的不足和未来的研究方向。

2.1 劳动力市场歧视研究动态

2.1.1 国外研究现状

歧视问题本身就很复杂，可以采用计量方法证明歧视的存在，但歧视行为背后的原因远远超出经济学的范畴。随着社会进步和经济发展，政治上的歧视得到极大改进，但劳动力市场的歧视内容却在不断扩大。西方劳动力市场工资收入的性别差异和种族差异较为突出，因此，西方学者较多关注劳动力市场的性别歧视和种族歧视，也有部分文献研究了移民歧视。

劳动力市场的性别歧视是指女性在劳动力市场中面对许多不平等的待遇，因为工资是大多数人的唯一收入来源，所以研究集中于性别工资差异方面。研究者们从女性从事的职业类型（Fawcett，1917；Edgeworth，1922；Cain，1986）、家庭与社会习惯（Florence，1931）、雇主力量（Pigou，1952）、买方力量（Robinson，1933）、性别角色特征（Blau 和 Beller，1988）、教育水平（Santos，2007）方面对性别工资差异给予了解释。1973 年，Oaxaca 首次将 1967 年美国劳动力市场的性别工资差异进行了分解，并将工资差异中的 57%的不可解释的部分定义为歧视。Blinder（1973）利用同样的数据，得出性别工资差异几乎完全是性别歧视的结果。此后，研究者们应用 Oaxaca-Blinder 分解思想，测算了性别工资歧视程度（Buchinsky，1998；Joshi，1999；Jolliffe 和 Campo，2005），性别工资歧视问题进入定量研究轨道。近年来，从职业隔离视角研究性别歧视问题推动了劳动力市场歧视研究向纵深发展：Brown（1980）预测了女性劳动者如果像男性一样被对待时所得到的职业分布，得出性别职业分割主要来源于歧视。Macpherson 和 Hirsch（1995）的研究表明，女性占主导地位的职业，工资水平较低。Lee（1955）发现，针对女性劳动力的歧视表现在对女性的就业和就业岗位、职务提升和工资报酬方面。Kidd（1993）的研究表明，性别工资差异中能解释的部分随着职业分类的数目而增加。Annika Eva（2001）研究了性别工资差异的职业隔离现象，得出“职业隔离比制度隔离更能解释性别工资差异”的结论。

与性别歧视问题相比，种族歧视问题有着更深刻的历史原因，无论是政治的还是学术的文献，都强调了种族歧视是种族劣势的主要解释。大量统计资料也表明，黑人与白人，无论是整体经济实力还是社会地位，都有着巨大的差异。Blinder（1973）首先定量研究了种族的工资歧视，得出白人和黑人工资差异的70%来源于种族歧视。Cotton（1988）进一步将 Oaxaca 研究中不可解释的部分分成对白人的“优待”和对黑人的歧视两部分。Gill（1994）分别测算了黑人个人特征、职业选择和职业进入上的雇佣歧视，将职业差异原因合并到种族工资差异分析中来。De Varo 等研究了职业晋升中的种族歧视，结论表明等级间工作任务的特性是解释职业中不同歧视的重要潜在因素。

与前两种歧视的研究相比，移民歧视的研究较少。移民歧视表现为：与本地劳动者相比，移民在迁入地的就业和收入都处于劣势。Ana 和 Craig（2004）分析了加拿大劳动力市场移民歧视的情况，结果表明，移民在来源地国家工作经验的回报率、教育回报率低于加拿大本地劳动力，回报率的不平等导致了移民收入的劣势。Lisa（2000）利用洛杉矶人口普查数据，证明了拉丁美洲移民和本地劳动者之间的收入不平等程度加重，移民从事低层次职业的比重有所增长，职业隔离严重。Chun 和 Wai（2002）研究了香港移民和本地劳动力之间的收入差异及歧视问题，结果表明收入差距的扩大主要是受教育水平所代表的技能价格差异所致。Alan 和 Yvonne（2007）研究了爱尔兰的移民收入与本地劳动力收入的数据，发现在教育水平和工作年限相同的情况下，移民收入还是比本地劳动力收入低18%左右，凸显了移民歧视的存在。Alberto 等（2011）使用 25 个欧洲国家的数据得出，移民进入劳动力市场是非常困难的，除了美国和匈牙利，移民失业率高于本地居民。

从西方劳动力市场歧视问题的研究来看，被歧视对象主要是黑人、女性和移民。歧视行为者是企业（雇主）、雇员、顾客。尽管歧视的产生原因不尽相同，如性别歧视多与女性生理方面有关，种族歧视多与历史文化背景有关，移民歧视多与个人的国外背景有关，但由于社会对这些群体（女性、黑人、移民）抱有偏见，歧视表现几乎相同：他们在劳动力市场的工资待遇较低，从事不理想的工作。对歧视的定量研究也得到一致的观点：即歧视导致劳动者甚至整个社会福利水平的降低，歧视行为是低效率的。西方劳动力市场的歧视理论可以一定程度上解释中国劳动力市场的歧视现象，歧视的分析方法可以借鉴使用。

2.1.2 国内研究现状

与西方发达国家相比，农民工歧视是中国劳动力市场存在的特有的歧视现象（Appleton 等，2008；蔡昉，2012；George，2013），也是歧视经济学理论的一个拓展。

2.1.2.1 农民工歧视的表现及原因解释

第一，歧视表现在就业方面。赵树凯（2000）调查发现，农民工外出打工的就业环境较为恶劣。王桂新（2001）认为，农民工就业，主要表现为劳动力市场的补缺而非对本地居民就业的替代。史清华等（2004）对农民工外出就业歧视问题进行了调查，发现歧视最集中、最突出地表现在“找工作”方面。杜书云和张广宇（2004）的调查结果表明，农民工进入城市后从事苦、脏、差、险的职业。2006 年，中华全国总工会（All-China Federation of Trade Unions）调查发现有65%的农民工从事着所谓的“三 D 工作”（Dirty Dangerous and Demeaning Jobs）。李强（2003）、陈银娥（2005）、高文书（2006）指出，由于户籍等因素的限制，工作时间长、非正规部门就业比重高、就业行业高度集中、雇佣管理不规范、劳动关系紧张等，是进城农民工就业歧视的基本特征。

第二，歧视表现在工资和社会保障方面。朱艳戴和良铁（2003）指出，即使外来工与本地工生产能力相同，却往往在职业进入、工资收入及劳动力保障等方面与本地工享受不一样的待遇。张晓蓓和亓朋（2011）认为，农民工就业面对职业上和工资上的歧视，在就业待遇、就业保障方面均受到歧视。Liu 等（2000）以及 Appleton 等发现劳动力市场被高度分割，农民工在收入方面存在劣势，尤其是在国有部门企业里，这种劣势更明显，他们将劣势归结为歧视。Agence 的研究表明，几乎所有的农民工都抱怨过被歧视、过度工作和低工资问题。

国内研究者对农民工歧视形成的主要原因，较一致的观点可以概括为“制度型歧视”。制度型歧视属于非市场竞争性歧视，形成垄断的力量主要来自国家机制。1955 年至改革开放前，政府明确指示禁止非计划的农民移民到城市来，此时不存在农民工问题；改革开放以后，体制性障碍逐渐减少，农村劳动力流动规模越来越大。农民工歧视问题开始出现在学者的研究中：江时学（2008）指出，农民工经济地位低下是政治地位得不到提高的重要原因；郭正模（1994）认为，中共十一届三中全会以前 30 年的“劳动歧视”主要是“政治型歧视”；周小亮（1994）认为，产生农民工歧视的原因不是贝克尔所分析的歧视偏好，而主要是属于一种制度型歧视；杨云彦（1994）认为，劳动力市场分割以及对农村劳动力转移的压制是传统计划经济体制的结果，因此，中国农民工最大的歧视也就是制度型歧视；蔡昉（1998）指出，形成对农民工歧视的制度的根基是重工业优先发展战略。而它派生出来的户籍制度，则是城乡对立和歧视的直接根源；杨云彦和陈金永（2000）认为，社会和政治领域中以户籍制度为首的传统制度尚未彻底改革时，农村劳动力在城市劳动力市场上面临着岗位获得和工资的双重歧视，制度性因素在收入决定中起重要作用；常向东（2000）认为，地方保护主义的歧视性限定政策直接导致了农民工的职业歧视和工资歧视的发生；李强（2003）认为，城市农民工歧视体现在农民工的政治、经济、社会权利要求等受到剥夺；毕霞和魏丛东（2005）、张智勇（2005）、石莹（2010）指出户籍制度及由此衍生出来的城市就业制度、住房制度和教育制度等阻碍着农村流动人口在城市社会的生存和发展，使农民工在城市打工受到歧视。

2.1.2.2 农民工歧视的实证研究

第一，针对包括农民工在内的流动人口歧视的实证研究。近年来，研究者们从流动人口和城镇居民工资差异入手，应用工资差异的方法测算歧视，由于采用数据不同，歧视程度结果不同，但都证明了歧视导致两组人群的工资差异问题。

如 Meng 和 Zhang（2001）利用上海市调查数据，得出城市居民和流动人口工资差异的 50.82%是由歧视导致的；王美艳（2005）利用上海、武汉、沈阳、福州和西安五个城市的调查数据，发现两组群体工资差异的 43%是由歧视等不可解释的因素造成的；邓曲恒（2007）采用全国城镇居民和流动人口的调查数据，将工资差异的 60%归结于歧视；郭震（2013）利用 2012 年全国城镇居民和流动人口的调查数据得到的结果表明：歧视在工资水平的低端（分位数 0.1 以下）构成了工资差异的主体，歧视相对值占到 94%。

第二，针对农民工的歧视的实证研究。流动人口虽然包括了农民工，但歧视的分析结果也因农民工样本占比情况的不同而发生变化。因此，针对农民工的歧视的分析更准确地表达了农民工群体在劳动力市场的歧视程度。

姚先国和赖普清（2004）采用浙江省调查数据得到的结果显示，歧视所造成的农民工和城镇居民间的工资差异达到 20%~30%；谢嗣胜和姚先国（2006）进一步拓展了上述研究，将农民工歧视分成对农民工的直接歧视和对农民工的反向歧视，两者分别占到工资差异的 36.2%和 19%；胡建国（2009）使用 2001 年全国的抽样入户数据进行研究，结果表明歧视造成城乡工人工资差异为 66.9%；邢春冰（2008）利用 2005 年全国人口普查数据进行研究，结果表明，歧视所导致的农民工和城镇居民的小时工资差异仅为 10%；张晓蓓和亓朋（2011）采用中国住户调查数据和综合社会调查数据进行研究，结果显示 2002 年城市工和农民工工资差异的 61%归结为歧视等不可解释的因素，2006 年工资差异的 47%归结为歧视性因素，得出歧视相对减少的趋势；俞玲（2012）利用浙江省温州、绍兴、衢州、台州、金华五个地区问卷调查的数据，得出农民工和城镇居民工资差距的 27.45%与歧视有关，表明歧视对农民工收入有重要影响。

近年来，随着城市居民与农民工的收入之间不具有可比性的问题的提出（韩俊，2000；田丰，2010；巫锡炜，2011），个别学者开始尝试结合劳动力市场分割状况衡量农民工歧视问题。如孟昕和张俊林从职业隔离的角度得出，农民工和城镇居民的职业获得和工资都存在很大差异，但这些差异大部分不能由两组群体的生产率差异来解释，证明了歧视的存在。韩靓（2009）从岗位隔离的视角分析得出，农民工与本地市民工资差异的 46%是由歧视引起的。姚先国、瞿晶、钱雪亚（2009）从职业隔离的角度验证了职业获得的城乡分割表现在农业与非农户口劳动力之间。田丰（2010）从部门分割的角度解析得出，入职户籍门槛是阻碍农民工进入公有制单位、获取较高收入的重要原因，收入差距的62.5%是由农民工就业歧视导致的，0.68%是由农民工工资歧视导致的。在同一所有制性质单位内部，城市工人与农民工同工不同酬占总体收入差距的比例不大。姚亚文、赵卫亚（2010）从区域分割的角度验证了城乡两类劳动力的工资差异，并指出其中20.96%是由歧视造成的。

2.1.2.3 关于农民工歧视政策建议

市场作为解决歧视问题的手段作用有限，比如市场调节无法改变歧视心理、无法对抗不合理的政策导向、无法兼顾对公平和正义的追求，因此，单凭市场的完善还不能自行解决劳动力市场的歧视问题。国内学者针对政府的角色和作用，从政策制定、农民工管理、农村投入、立法规范方面对消除农民工歧视提出了政策建议。

第一，减少乃至消除与户籍制度相关的歧视性政策，建立统一的劳动力市场，促进劳动力跨地区、跨行业、跨所有制的充分流动（周长征，2003；董保华和邱婕，2005；罗双发，2007；姚先国和赖普清，2004；杨宏炳，2005；高娜和姚建峰，2012；张冬平和郭震，2014）。

第二，把农民工的社会保障纳入城市管理体系，取消对城市居民不合理的制度性保护，使农民工在就业、工资收入方面享有与城市居民平等竞争的权利，以此稳定农民工的工作行业和岗位（谢嗣胜、姚先国，2006；李晓峰等，2010）。

第三，建立和完善就业服务体系。加强对农民工的管理、加大对农民工的技能培训，以提高农民工整体就业和工资水平、提升农民工工作岗位层次（徐永新，2011）。

第四，确保农村教育机会均等化的同时，加大农村教育投入。农民工受教育机会和教育水平的提高是缩小农民工和城镇居民工资差异的重要途径（史清华等，2004；张海峰，2006；杨俊和李雪松，2007；钱文荣和姜励卿，2011；郭震，2013）。

第五，完善立法，规范雇佣关系，建立和完善职业分类制度，实行职业资格考核和认证制度。保护农民工的合法权益，农民工可以在法律的框架下争取和维护自身的合法权益。（程宗璋，2003；许建宇，2003；曾恂，2003；毕霞和魏丛东，2005；林竹，2013）。

第六，鼓励发展非公有制经济，尤其是劳动密集型的非公有制经济，非公有制经济的企业对于吸收农民工和消除歧视影响具有正面意义（胡建国，2009；徐永新，2010）。

2.1.3 文献述评

从上述文献来看，国外学者的研究对象集中于劳动力市场的种族歧视和性别歧视，并提出了一系列歧视度量的方法。国内学者在国外收入分解方法的基础上对农民工歧视进行了专门的测量和研究。农民工歧视和西方种族、性别、移民歧视有共性的地方，这些学者的成果在于利用经济分析这一强有说服力的工具，从歧视角度解释了优势人群和劣势人群的收入差异问题。由于我国对劳动力市场歧视的研究尚处于起步阶段，农民工歧视方面的研究不够深入和完整，表现在如下方面：

第一，概念不清晰。研究者们都认为农民工歧视是劳动力市场歧视的主要表现，但概念没有界定，部分学者将农民工歧视定义为户籍歧视，部分学者将农民工歧视定义为就业歧视，还有学者将农民工歧视定义为经济歧视，等等，概念的不清晰导致研究对象出现了扩大化，歧视衡量不准确。

第二，研究数据和方法有些陈旧。研究使用的数据要么限于某个或某几个地区，要么时间较久，缺乏最新的全国性调查数据，文献中仅有少量的研究使用到了 M&M 分解方法和 Brown 分解方法，大部分还是传统的 Oaxaca-Blinder 分解方法。因此，结论没有显示丰富的信息。

第三，研究内容不全面，定量研究方面只侧重于农民工工资歧视。劳动力市场的农民工收入歧视不仅应反映农民工的工资歧视，而且应反映农民工就业、职业选择、岗位层次方面遇到的机会歧视。由于工资歧视测度方面国外研究较为系统，国内大部分的研究只测算了农民工工资歧视，机会歧视方面只停留在定性描述上。

第四，研究视角单一，解决方案缺乏系统性。研究者们总体把握了歧视对工资差异的影响，但没有进一步关注其他因素如行业、地区、阶层对歧视的影响及这些因素之间相互作用的机理。研究视角单一，目前研究尚缺乏详尽的、次序性的解决方案。

2.2 相关理论基础

2.2.1 劳动力转移理论

从经济学研究来看,[①] 关于劳动力转移的研究可以追溯到古典时期。威廉·配第（Petty）认为，收入比较利益使得农村劳动力向非农业部门流动。克拉克（Clark）指出，随着经济发展，劳动力从第一产业转移到第二产业，然后再从第二产业转移至第三产业的变化趋势。亚当·斯密（Adam Smith）认为，劳动力转移是市场扩展的自然结果。赫伯拉（Herberla）和米切尔（Mitchell）、博格（Bogue）等提出的推拉理论，是最早的解释迁移和流动的理论。资源需求下降、就业岗位丧失、抵制性歧视待遇等可以看作是推力因素，新产业和新工厂的出现、更好的工作机会、更合意的职业等可以看作是拉力因素。推拉理论强调了外部因素在迁移中的作用，但没有针对个人行为进行深入分析。此后，发展经济学使劳动力转移的理论框架得以全面建立。总体来看，劳动迁移理论是沿着宏观和微观两条主线发展的。代表理论有刘易斯二元经济结构两部门理论、托达罗迁移理论和新劳动力转移经济理论。

2.2.1.1 二元经济结构两部门理论

刘易斯（Lewis，1954）提出的二元经济结构两部门理论是和迁移直接相关的理论，他在劳动剩余无限供给、城市部门不存在失业的假设的基础上，建立了乡村—城市迁移理论。他将国民经济分成以农业为主的传统部门和以工业为主的现代部门。由于现代部门较高的劳动边际生产率能够产生经济剩余，而传统农业部门的劳动边际生产率低，因此，从传统农业部门转移部分劳动力会提高人均产出水平。相应地，经济发展可以分为两个阶段（图 2–1）：第一阶段为劳动力无限供给阶段，城市工业部门能够以一个固定水平的工资从农业部门中获得任何数

① 本书对劳动力转移的文献研究是基于经济学角度，忽略对于社会学和人类学的研究。

量的劳动力；第二阶段发生在所有农业剩余劳动力都转移到工业部门后，这一阶段由于生产要素的稀缺，工资随劳动力市场供求而变化。刘易斯模型认为，劳动力是否从农村转向城市仅取决于城乡收入差异，只要城市工业部门的工资水平高于乡村农业部门的工资水平，农民就愿意迁移到城市。

图 2-1 是刘易斯劳动力转移模型的变化图。Wa 代表传统农业部门的工资水平，Wu 代表现代工业部门的工资水平。农业部门工资水平低于工业部门工资水平。D 代表劳动力需求曲线，也就是 K 代表工业部门的劳动边际生产率曲线。刘易斯假定工业部门追求利润最大化，其均衡条件是劳动边际生产率等于工资率，并由此决定雇佣人数。当企业将所得的全部或部分利润用于再生产，工业部门资本总量增加，劳动力需求也随之增加（需求曲线向右移动），这个过程持续进行，直到农业部门剩余劳动力全部被吸收到现代工业部门为止（B 点），之后，由于农村剩余劳动力已经吸收完毕，如果工业部门继续扩张，就需要提高工资才能得到劳动力，因为，这时劳动力供给曲线已由水平状态变成上升状态。劳动力变成了有限供给。刘易斯将劳动力转移过程和经济增长过程结合在一起，对分析发展中国家的劳动力转移产生了重要影响。但模型仅关注现代工业的扩张，而不考虑农业的发展。农业劳动的边际生产率接近或等于零、资本与劳动比率不变、城市充分就业的这些假设与现实不符。

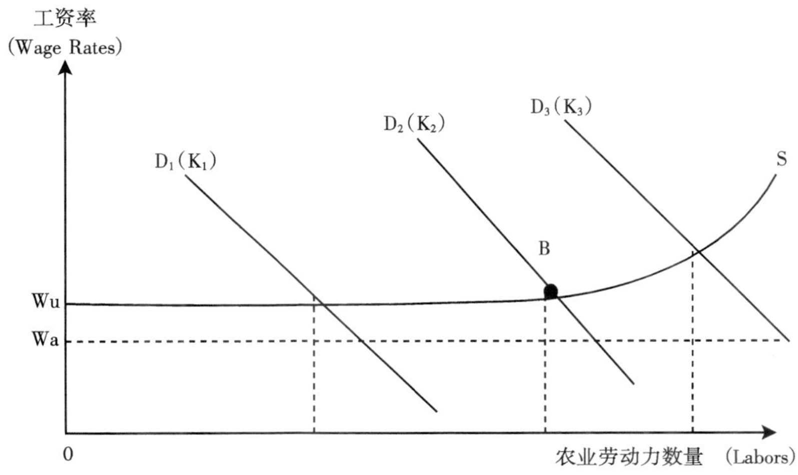

图 2-1　刘易斯劳动力转移模型

此后，费景汉（C.H.Fei）和拉尼斯（G.Rains）、乔根森（Chaugensen）对刘易斯的理论进行了补充和修正。费景汉和拉尼斯（1961）把农村劳动力向城镇转移和工农业的发展相联系，提出了农村劳动力的转移取决于农业技术进步、人口增长和工资资本存量的增长。“费—拉”模型将经济发展划分为三个阶段：第一阶段，从农业部门转移出去一部分剩余的劳动力到工业部门；第二阶段，农业剩余劳动力继续被工业部门吸收，直到吸收完毕为止；第三阶段，农业部门剩余劳动力转移完毕，农业劳动和生产趋于商业化。乔根森从人口内生和消费结构的角度建立了农业人口向工业部门转移的理论。指出农业人口向非农业部门转移的根本原因在于消费结构的变化，充要条件在于农业剩余的出现。

2.2.1.2 托达罗模型

托达罗（Todaro，1969）对刘易斯的“乡村—城市迁移理论”做了重大修正，针对发展中国家的城乡人口就业结构的变动提出了新的劳动力流动模式。托达罗理论的假设和刘易斯模型完全不同，对于农村劳动力市场来说，其是完全竞争的，不存在剩余劳动力。对于城市劳动力市场来说，城市工资水平被人为地固定在劳动力市场出清的水平之上，城市存在失业。因此，迁移和就业流动的原因是城乡预期收入差异而非实际收入差异。只有劳动者在城市部门的预期收益大于他在农业部门的实际收入时，就业流动才会发生。

用公式表示为：

$$M(t)=f[d(t)],\ f'>0 \tag{2-1}$$

其中，t 表示时间，$M(t)$ 表示农村迁移到城市的劳动力数量，$d(t)$ 表示城乡预期收入差异。$f'>0$ 表示劳动力迁移是预期收入差距的增函数。这个公式表明预期收入差距导致农村人口向城市转移是不断增加的。公式含义是农业部门的预期收入等于未来某年的实际收入，现代工业部门的预期收入等于未来某年的城市收入水平和在城市现代部门就业的概率的乘积，则第 t 期城乡预期收入差距就为：

$$d(t)=w_u(t)\varphi(t)-w_r(t) \tag{2-2}$$

其中，$w_u(t)$ 表示城市实际工资水平，$w_r(t)$ 表示农村实际收入，$\varphi(t)$ 表示城市就业概率。含义为预期的城乡收入差距是由实际城乡差距和城市就业概率决定的。

假设在任一时期，转移者在城市现代部门找到工作的概率与现代部门新创造的就业机会成正比，与城市失业人数成反比，即：

$$\varphi(t)=\gamma_n(t)/[s(t)-n(t)] \tag{2-3}$$

其中，s(t) 表示城市地区劳动力总规模，n(t) 表示现代部门就业总人数。$\gamma_n(t)$ 表示现代部门工作创造率，其计算公式为：

$$\gamma=\lambda-\varpi \tag{2-4}$$

其中，λ 表示工业生产增长率，ϖ 表示劳动生产增长率，一个迁移者在工业部门找到工作之前的 k 期净收益贴现值 V(0) 为：

$$V(0)=\sum_{0}^{k}P(t)[Y_u(t)-Y_r(t)](1+r)^k-C(0) \tag{2-5}$$

其中，$Y_u(t)$、$Y_r(t)$ 表示 t 时期城市和农村的实际工资，r 表示贴现率，C(0) 表示转移成本，P(t) 表示迁移者在 t 期前在现代部门找到工作的累加概率，P(t) 和 φ(t) 之间的关系为：

$$P(t)=\varphi(1)+\sum_{i=1}^{t}\varphi(i)\prod_{j=1}^{i-1}[1-\varphi(j)] \tag{2-6}$$

假设城市和农村实际收入都不变，则一个迁移者在城市时间越长，获得工作的机会越大，预期收入也就越高。若 V(0) > 0 则表示农村劳动力愿意转移到城市寻求工作机会。

哈里斯（Arris）对托达罗的理论进行了修正，分析了转移对农村和城市的产量收入与福利的影响。得到“强行阻碍和限制劳动力的转移可能会减少农业部门的净福利”结论。

托达罗模型不仅解释了城市失业的原因，还解释了尽管城市存在着高失业，但劳动力仍然持续不断地向城市迁移这种现象的合理性。托达罗模型强调长期转移，对劳动力短期转移和回流现象没有考虑，另外，模型对转移成本的考虑过于简单。

2.2.1.3 新劳动力转移理论

20 世纪 80 年代以来，发展中国家出现了以上理论无法解释的现象：在乡城迁移者进入不了正规部门就业、收入甚至低于其在农村收入的情况下，从乡村迁移到城市的人数却有增无减。这种现象引发劳动力流动理论的深入研究。由 Stark 提出并命名的“新劳动力转移经济理论”将转移者由个体分析转向家庭分析，研究迁移者在家庭福利最大化的前提下的转移行为。该理论认为个人参与迁移的目的在于增加家庭收入和降低风险。Stark 的理论从经济学视角解释了个体迁移的社会学特征，也解释了“很多劳动者不选择永久迁移”的现象，对于研究农村劳动力再流动的流动动机和职业选择有重要意义。新劳动力转移理论考虑了人的社会性因素，但对于理解劳动者转移的个体差异行为还没有很好的解释。

2.2.2 劳动力市场分割理论

现代劳动力市场分割理论产生于 20 世纪 60 年代末 70 年代初。该理论认为劳动力市场被分割成几个不同的市场，流动性障碍阻碍了劳动力在各市场间的自由流动，工资决定和劳动力配置机制在各市场是不相同的，收入分配和歧视等问题是劳动力市场分割的结果。最具代表性的劳动力市场分割理论是二元劳动力市场理论和内部劳动力市场理论。

20 世纪 70 年代初，Doeringer 和 Piore（1971）提出二元劳动力市场理论（见图 2–2），将劳动力市场分割为一级市场（主要市场）和二级市场（次要市场），在一级劳动力市场上，工资由公司的制度和规则来决定，工人拥有的工资率、就业率及工作环境要相对好于二级市场。在二级劳动力市场中，工资由劳动力供求机制来决定，劳动者的工资水平、工作环境较差。二元结构的分界线主要在于劳动报酬，在二级市场，良好的教育和培训无助于提高劳动报酬，甚至不允许劳动力向一级市场流动。如图 2–2 所示，竞争性市场的工资报酬是按照劳动力质量确定的，分割的市场工资报酬大于 λ，则为一级市场，反之，则为二级市场。

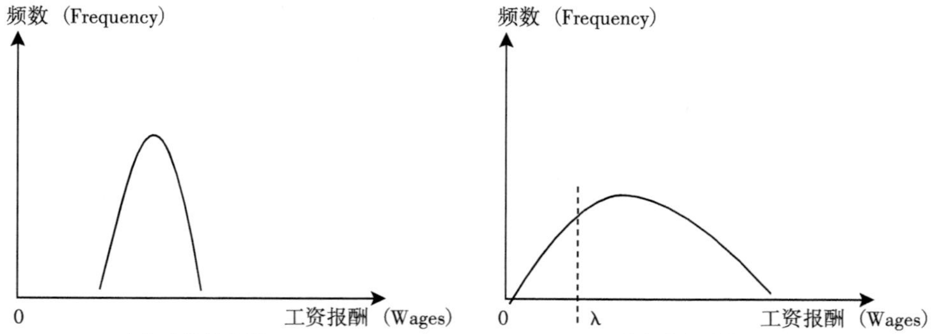

（a）竞争性市场　　（b）市场分割

图 2–2　二元劳动力市场

内部劳动力市场理论将劳动力市场中的大型企业看成内部劳动力市场，内部劳动力市场的工资结构与外部劳动力市场的供求状态没有太大关系，主要是内部的需要来决定（Haltiwanger 和 Vodopivec，2002）。内部劳动力市场理论之后，Lindbeck 和 Snower（1986）提出“内部人—外部人”的模型，即已经在企业就业的工人称为“内部人”，劳动力市场上的失业者称为“外部人”，由于企业替换已就业的内部人要考虑替代成本、补偿工资、搜寻成本、考核成本、培训成本等问题，内部人的就业优势使得愿意接受比内部人更低工资水平的外部人不能被企业雇佣。

劳动力市场分割理论本身包含了一系列不同的模型和观点，其差异表现为三个方面：第一，对劳动力市场进行分割的方法、界线、标准等存在差异。O'Conner、Osberg、Camoyt Rumberger 将劳动力市场按产业分割；Stolzenberg、Thurow 和 Lucas、Osterman、Manabb 和 Pschaproulus 将劳动力市场按职业分割；Freedman、Buchele 提出劳动力市场的地区分割；Thurow 提出劳动力市场的工作链分割；Baron 和 Bielby 提出按企业分割劳动力市场；Thomast 和 Vallee 则根据厂商的特性分割劳动力市场。第二，对流动障碍的总结不一致。Levinson 认为是制度和工会阻止了劳动力在不同市场之间的流动；Doringer 和 Piore 则认为流动障碍是一级劳动力市场雇佣抉择的规划性和程序性；Pioret 和 Berger 认为工作技能方面的差异也是阻碍性因素；Freedman 认为地区因素是影响劳动力流动的重要因素；McDonald、Weather 认为流动障碍的原因来自人力资本。第三，子市场的工资决定机制不同。Doringer 和 Piore 认为二级市场按照劳动的边际贡献或市场工资支付报酬；Linderbeek 和 Snower、Sapota 和 Seidel 认为，内部劳动力市场有自己独特的工资决定机制，外部劳动力市场则通过竞争机制实现配置。

2.2.3 人力资本理论

人力资本思想可以从古典理论的论著中反映出来，柏拉图（Plato）的《理想国》中论述了教育和训练的经济价值，亚当·斯密（Adam Smith）的《国富论》中提出“凝聚在劳动力身上的有用才能可以提高生产效率，降低资本消耗，提高产出”并认为“学习是一种才能”。David Ricardo 指出人的劳动才是价值的唯一源泉。萨伊（Jean Baptistesay）在其《政治经济学概论》中将劳动与其他经济要素等同对待，提出科学知识是生产力的思想，为后来人力资本从劳动中的分化奠定思想基础。

现代人力资本理论的特点是将人力资本引入到经济增长因素中来，美国经济学家 Walsh（1935）第一次正式提出“人力资本”的概念。通过比较个人教育费用和教育收益来估计教育的经济收益。Schultz 系统阐述了人力资本理论，他将人力资本定义为“凝聚在劳动者身上的知识、技能等个人禀赋条件以及所体现出来的劳动能力，表现为知识、技能、智力、体力价值的总和”。Schultz 从宏观角度分析了人力资本投资对于经济增长的贡献，指出人力资本投资是经济增长的主要因素，并对教育投资回报率进行了计量分析。Becker 则在人力资本投资的微观分析上做出了重大贡献，奠定了人力资本投资理论的微观经济学基础。Becker 对个人、家庭等微观主体在教育、婚姻、生育等人力资本投资方面的行为进行了合理的分析，将人力资本投资理论与收益分配相结合，从家庭生产和个人资源配置的角度系统阐述了人力资本和投资的微观问题，并强调了在职培训的经济意义。Denison 对 Schultz 理论的教育对经济增长的贡献率进行了修正，将人力资本要素作用引入模型，证明了正规教育对经济增长的作用。他认为教育水平和质量的提高才是经济增长最为重要的人力资本因素。Denison 对教育的经济作用进行计量分析，是人力资本研究方法的进步。

Mincer 首次建立个人收入与其接受培训量之间关系的数据模型，并于 1974 年提出著名的 Mincer 收入方程。

用公式表示为：

$$\ln Y = \sum X_i + u \tag{2-7}$$

其中，Y 表示劳动者的个人工资收入，X_i 表示一组个人特征向量，u 表示随机误差项。该模型着重考虑了受教育水平和工作经验两种因素对工资收入的影响。其他没有包含的变量和不可观测的因素一律纳入残差 u。Mincer 方程通过估算人力资本回报率将人力资本理论引入到收入差距的研究中，论证了劳动者的教育年限与收入的关系。Mincer 的研究将人力资本理论与分析方法应用于劳动力市场行为与个人家庭决策中，将收入差距的成因归结为个人在人力资本质量上的差异，发展了人力资本研究的一个新分支。

Romer 将知识作为一个重要变量内化于增长模型，深化了一般知识、专业化知识的认知，他认为知识积累会随着资本积累的增加而增加，同时知识具有“溢出”效应。Lucas 一方面把 Schultz 的人力资本理论和 Solow 的增长模型结合起来发展衍生成人力资本积累的增长模型，分析了积累的人力资本对经济增长的作用，另一方面在 Arrow 模型的基础上建立了两商品模型，分析了“边干边学”对人力资本的积累作用。指出经济增长离不开人力资本的“内部效应”和“外部效应”。Romer、Lucas 构建的增长模型都以内生知识积累为核心，扩展和推进了人力资本理论的研究。

2.2.4 劳动力市场歧视理论

1944 年，Myrdal 等所著的《美国的困境：黑人问题与现代民主》是关于歧视的最早的研究，标志着歧视经济学的产生；1957 年，Becker 运用经济学模型对歧视的经济效应做出解释，被视为当代歧视经济学研究的起源。后来的许多经济学家都是在其基础上提出批评和改进的。劳动力市场歧视的代表性理论有竞争性歧视理论、非竞争性歧视理论、统计性歧视理论、前劳动力市场歧视理论。

2.2.4.1 竞争性歧视理论

Becker 歧视理论假设劳动力市场完全竞争。Becker 将歧视分为雇主偏好歧视、雇员偏好歧视、顾客偏好歧视。

雇主偏好歧视是指雇主对具有某种特征的群体存有偏见，受歧视者的生产率遭到雇主的贬低，结果是同一工资水平上，受歧视者就业的可能性更小。在存在雇主歧视的情况下，如果工资水平相同，受歧视这一方必须具有更高的生产率；如果生产率相同，受歧视这一方必须接受更低的工资水平。

图 2-3 是 Becker 雇主歧视中单个雇主情况，图 2-4 是 Becker 雇主歧视中整个市场的情况。假设 MRP 代表在劳动力市场上的边际生产率，女性劳动力为受歧视的一方，男性劳动力为非歧视雇员。此时劳动力市场均衡的条件就是男性劳动力群体的成员的工资率等于边际生产率，即 $W_M = MRP$。

如果女性劳动力工资和男性劳动力工资相等，即 $W_F = W_M$，则女性的边际生产率必须是 $MRP_M + X$，X 实际上就是雇主在其主观上对女性劳动力的生产率贬值的程度；如果女性劳动力和男性劳动力的边际生产率是完全相等的，即 $MRP_F = MRP_M$，则女性工资必然要小于男性工资水平，即 $W_F < W_M$。

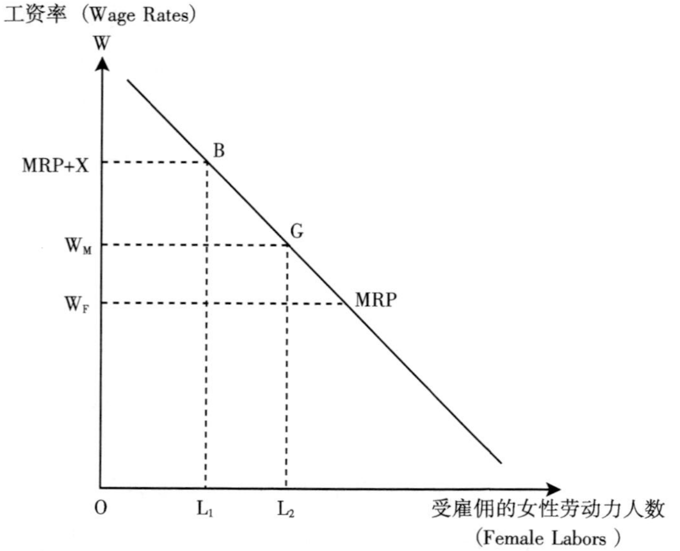

图 2-3　Becker 雇主歧视（单个雇主情况）

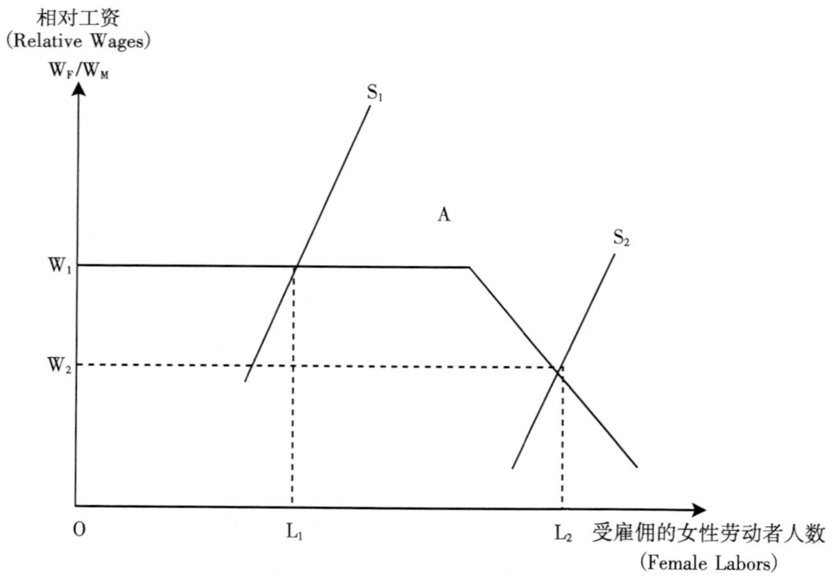

图 2-4　Becker 雇主歧视（整个市场的情况）

雇员歧视是指在不存在雇主歧视的情况下，同样被雇佣的雇员对某一方群体存在个人偏好，在这种情况下，雇员的偏见促使雇主减少对受歧视群体的雇佣，或者降低他们的工资。Arrow（1973）将 Becker 的雇员歧视扩展，分析出即使在市场环境完全竞争的情况下，由于劳动力的不完全替代性和劳动力的调整成本，歧视性的工资差别短期内仍然很难消除。Marshall（1974）在雇员歧视模型中考虑了存在非歧视性工头的情形，他认为，倾向于雇佣非歧视性工头的企业会将其他企业驱逐出市场。Altonji 和 Blank（1999）则考虑了劳动力异质性，从长远看，如果技能获得不存在壁垒，则黑人和白人的工资差异最终将消除。

顾客歧视是指顾客对某种群体的劳动力有偏见，不愿意接受其服务，偏好另外一种群体的劳动力提供服务，受歧视的群体如果在有顾客歧视的领域就业，就必须接受更低的工资或具有更高的劳动生产率。Kahn（1991）将 Becker 的顾客歧视模型进行扩展，他指出，劳动力市场处于完全分割的状态下时，将存在歧视性工资差异。Borjas 和 Bronars（1989）提出一个均衡搜索模型，由于顾客歧视，黑人卖家和白人卖家的商品存在价格差异，因此，获得收入也比白人卖家更低。Cain（1986）认为顾客歧视类型对种族或性别间的工资差异作用较小。Welch（1967）认为顾客歧视只是形成了职业分割，但并没有造成群体间的工资差异。

Becker 理论主要强调个人行为，是基于完全竞争的假设，其理论假定的简洁性和合理性对后面的研究起到启发和引导作用。但是歧视偏好的定义含混不清，将歧视这个复杂的社会问题仅仅归结于个人偏见的假设，对于现实问题的解释力方面有所欠缺。

2.2.4.2 非竞争性歧视理论

由于市场竞争无法减弱或消灭歧视，一些学者引入了市场垄断因素，来解释歧视的存在（Thurow，1969；Cain，1986；Alchian 和 Kessel，1962；Doringer 和 Piore，1971；Sieben，1993）。Edgeworth 和 Fawcett 提出拥挤假说，因为女性就业被限制在了狭窄的职业领域，所以女性收入低于男性。拥挤效应是因为受歧视群体就业范围有限，供给过多而形成，图 2-5 描述了劳动力市场非拥挤状况。在非拥挤部门，劳动力供给小于劳动力需求，结果导致工资率 W_H 相对较高。图 2-6 描述了劳动力市场拥挤部门的状况。由于市场过于拥挤，劳动力供给过多，结果导致工资 W_L 相对较低。

Bergmann（1971，1974）将拥挤假说做了形式化处理，对性别歧视以及职业隔离形成的歧视进行了解释。Bergmann 认为“歧视的动力不在于外生的歧视偏好，而在于纯粹的经济动机，歧视黑人集中于低收入、低社会地位的工作中”。Sorenson（1990），Tirsch 和 Schumacher（1992）进一步论证了即使是在控制了劳

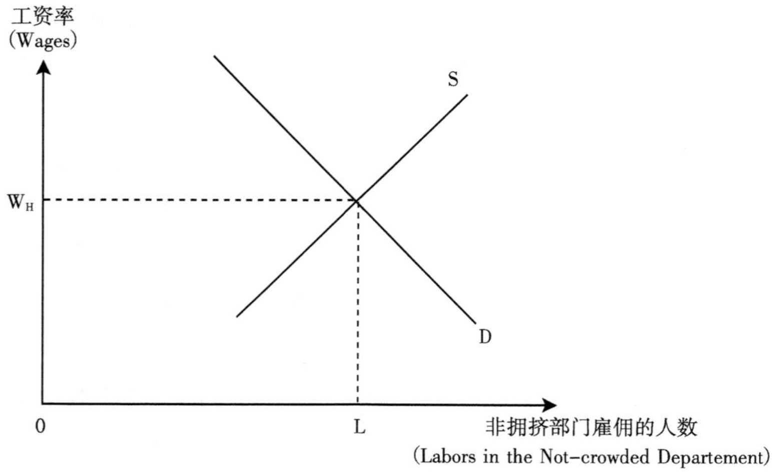

图 2-5　非拥挤部门（高级劳动力市场）

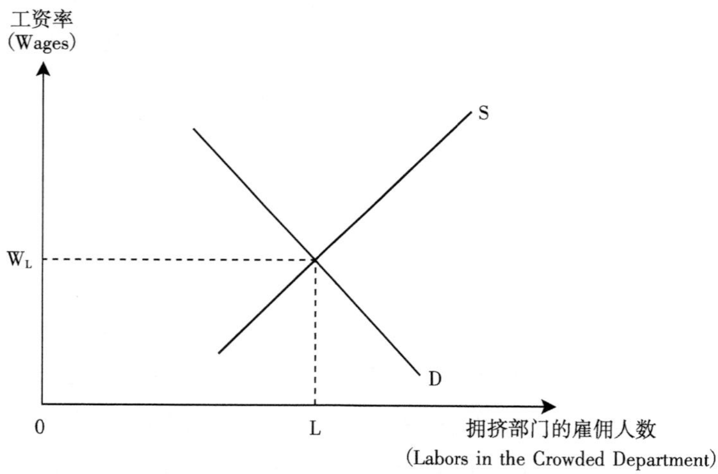

图 2-6　拥挤部门（初级劳动力市场）

动者的人力资本差别之后，女性占主导地位的程度越高，这种职业的工资水平就越低。Mill（1885）提出，因为社会的职业以及空间的转移障碍，工人在劳动力市场间的流动非常困难。双重劳动力市场存在，相互间劳动力流动成本很高。拥挤假说和双重劳动力市场理论假设基于“劳动力被安排到相应的职业部门当中去，并且他们在这些部门间流动是受到严格限制的”，但未能解释这样安排的原因。

Mckenna（1985）从搜寻成本理论来说明这些问题，个别人的歧视造成了受歧视者工作搜寻成本的提高，只能接受较低的工资水平。Black（1995）则进行了严格的讨论（见图 2-7、图 2-8）。由于雇员搜寻成本的存在，单个雇主会面临一个向上倾斜的劳动力供给曲线，这意味着劳动力的边际成本会高于工资水平。雇主要追求利润最大化，所以会停留在劳动力的边际成本等于边际收益那一点上确立雇佣人数。工资与劳动力边际成本之间的差距和劳动力供给曲线的倾斜角度有关，供给曲线越陡，则差异越大。与 Becker 结论“长期中，市场竞争本身将会消除歧视”不同，Black 认为只要市场上存在歧视性雇主，黑人和白人的工资差异将长期存在。

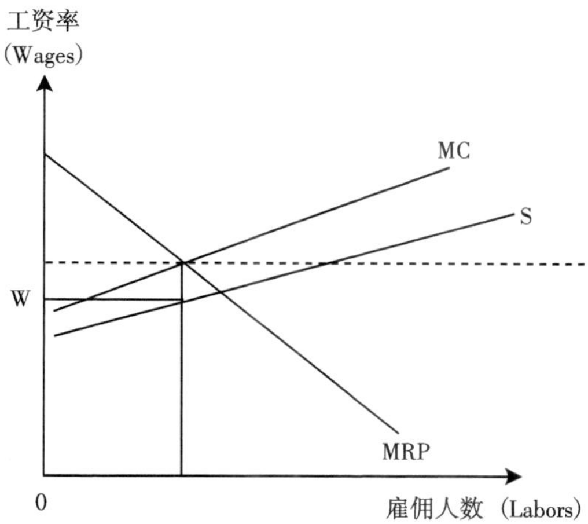

图 2-7 搜寻成本较低的白人市场

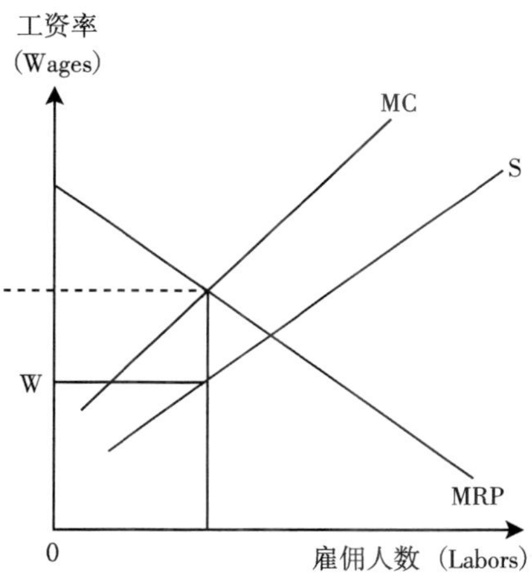

图 2-8 搜寻成本较高的黑人市场

此外，Thurow（1969）提出了多种歧视类型相互作用的垄断模型，劳动力的歧视是多种因素造成的结果，垄断者根据情况选择不同的歧视类型。Alchian 和 Kessel（1962）指出垄断企业的存在使得歧视变得没有成本。Cain（1986）认为除了企业的垄断能产生歧视外，政府的垄断也产生歧视。Johnson 和 Stafford（1998）进一步解释了雇主歧视、偏好、社会压力对职业隔离的影响。

以上歧视理论是在完全信息条件下进行分析的，但现实中，即使不存在歧视偏见，也会产生歧视。

2.2.4.3 统计性歧视理论

Phelps（1972）提出统计性歧视理论。信息不完全导致雇主没法对个体生产率进行确切的判断，只能通过个体所属群体的信息对个体生产率特征进行判断，因此，相同生产率的个体获得不同的工资水平。Rothschild 和 Stiglitz（1982）强调了在有限信息的约束下，劳动者生产率与工作岗位匹配的统计性歧视模型。Spence（1973）研究了非对称信息下教育与性别的关系。Lundberg 和 Startz（1983）认为生产率受到劳动者个人能力和人力资本投资的影响。雇主只能基于工人边际产品的条件预期提供工资。Oettinger（1996）、Altonji 和 Pierret（2001）、Altonji（2005）引入了动态分析，研究了雇员生产能力在工作中可以观察的情形。在动态上，白人和黑人的工资差异将被拉开。

统计性歧视理论在衡量劳动力市场歧视时，是把生产率特征当作既定的，这种衡量可能弱化了整体的歧视问题。由于只关注到劳动力市场中歧视对工资差异的影响，而没有具体分析不同群体生产率差异的来源。这会对歧视产生根源的认识偏差（Neal 和 Johnson，1996）。

2.2.4.4 前劳动力市场歧视理论

Cunnar 提出了前劳动力市场歧视理论。除了前面学者研究指出的偏见、信息不完全的因素外，Cunnar 指明了歧视的另一种根源：累积性历史因素。Siebert（1993）指出个体进入劳动力市场以前的差异将会影响他们后来的劳动生产率，这些差异是在教育系统或者家庭内受到不同对待或歧视而形成的。Card 和 Krueger（1992）、Maxwell（1994）、Grogger（1996）、Neal 和 Johnson（1996）等文献研究了种族间前劳动力市场歧视问题。Paglin 和 Rofolo（1990）、Brown 和 Corcoran（1997）、Kanazawa（2005）研究了性别间前劳动力市场歧视问题。前劳动力市场歧视理论说明了不同人群所获得的生产率特征为什么会不同，是前市场歧视的结果，还是人力资本投资的一种自愿选择（谢嗣胜和姚先国，2004）

2.3 歧视的测算

2.3.1 Becker 歧视系数及歧视内涵

Becker 首次解释了歧视的经济效应：由于一个与生产率无关的因素，工人们具有相同的生产率特征但遭受不同待遇时，劳动力市场歧视发生。Becker 提出的

“歧视系数”概念，提供了经济学对歧视的量化依据。

市场歧视系数是劳动力市场上两组群体间有歧视时的工资之比与两组群体间没有歧视时工资之比的差额。

即 $D = w_H/w_L - (w_H/w_L)^*$　　(2-8)

其中，H、L 分别表示工资收入高和工资收入低的两个群体，$(w_H/w_L)^*$ 表示两组群体间没有歧视时的工资之比，与两者边际生产率之比 MP_H/MP_L 相等。如果 $w_L < MP_L$，说明对工资收入低的群体存在歧视；如果 $w_H > MP_H$，则表示对工资收入高的群体有偏袒。两组群体工资差异值被分解为个人特征差异和歧视性对待，歧视性对待包括市场对低收入群体的直接歧视和对高收入群体的偏袒两个部分。因此，下面的分解方法能够测算出歧视占工资差异的情况。

2.3.2　Oaxaca-Blinder 分解方法

Oaxaca-Blinder 分解方法将工资差异分解成两个部分：一个源于模型已解释的差异，定义为特征效应；另一个源于模型未能解释的差异，定义为歧视。此模型最初用于研究性别工资差异及性别歧视，Blinder 也应用此模型研究了种族歧视问题。

$wage_M$ 代表男性在劳动力市场上的均衡工资，$wage_W$ 代表女性在劳动力市场上的均衡工资，作为这两个组群的子样本个体特征矩阵分别为 X_M 和 X_W，回归系数向量分别为 β_M 和 β_W，这两个组群的半对数形式的工资估计方程可以表示为：

$$\ln wage_M = X_M \beta_M + u_M \tag{2-9}$$

$$\ln wage_W = X_W \beta_W + u_W \tag{2-10}$$

这两个组群的子样本个体特征向量的平均值分别为 $\bar{X}_M$ 和 $\bar{X}_W$，根据最小二乘法（OLS）残差均值为零的性质，这两个组群的工资均值之差可表述成：

$$\ln \overline{wage_M} - \ln \overline{wage_W} = \bar{X}_M \hat{\beta}_M - \bar{X}_W \hat{\beta}_W \tag{2-11}$$

根据 Becker 所定义的市场歧视，将歧视系数设计为：

$$D = \frac{wage_M/wage_W - (wage_M - wage_W)^0}{(wage_M - wage_W)^0} \tag{2-12}$$

其中，$(wage_M - wage_W)^0$ 表示无歧视时的均衡工资比，将 Oaxaca 对歧视的界定写成对数形式，则有：

$$\ln wage_M - \ln wage_W = \ln(wage_M/wage_W)^0 + \ln(D+1) \tag{2-13}$$

由此产生以下两种工资均值差异分解情形：

（1）如果将男性组群的实际工资结构作为无歧视的劳动力市场工资结构，则男性组群和女性组群的均衡工资比的对数在无歧视状态下为：

$$\ln(wage_M/wage_W)^0 = (\bar{X}_M - \bar{X}_W)\beta_M \tag{2-14}$$

上式可以分解为：

$$\ln \overline{wage_M} - \ln \overline{wage_W} = (\bar{X}_M - \bar{X}_W)\beta_M + \bar{X}_W(\beta_M - \beta_W) \tag{2-15}$$

（2）如果将女性组群的实际工资结构作为无歧视的劳动力市场工资结构，则男性组群和女性组群均衡工资比的对数在无歧视状态下为：

$$\ln(wage_M/wage_W)^0 = (\bar{X}_M - \bar{X}_W)\beta_W \tag{2-16}$$

上式可以分解为：

$$\ln \overline{wage_M} - \ln \overline{wage_W} = (\bar{X}_M - \bar{X}_W)\beta_W + \bar{X}_M(\beta_M - \beta_W) \tag{2-17}$$

两种分解的等式右边的第一项表示在无歧视状态下男性组群和女性组群之间的工资差异，意味着这部分的工资差异是由个体特征差别引起的。第二项表示不能解释的工资差异，这部分工资差异是由男性组群和女性组群之间的工资结构差别引起的，Oaxaca 将其定义为歧视，反映了劳动力市场的非效率和扭曲程度。可以看出，Oaxaca -Blinder 分解方法存在着权重问题，无歧视工资结构既可以选择以 M（男性）为准，也可以选择以 W（女性）为准，但计算结果却不一样，有时相差较大。

2.3.3 Cotton 分解

Cotton 认为 Oaxaca（1973）的方法无论是以男性组群还是以女性组群为分解基准，劳动力市场歧视都是单向行为。他提出了解决权重问题的方法，并从歧视对两个组群可能的影响出发来寻求无歧视工资结构。Cotton 认为在无歧视状态下，男性和女性的工资结构都将收敛于同一个无歧视的工资结构。因此，歧视是双向行为：一组是男性劳动力价值被高估所形成的反向歧视；另一组是女性劳动力价值被低估所形成的直接歧视。

相应的 Cotton 分解可以表述为：

$$\ln \overline{wage_M} - \ln \overline{wage_W} = (\bar{X}_M - \bar{X}_W)\beta_C^* + \bar{X}_M(\beta_M - \beta_C^*) + \bar{X}_W(\beta_C^* - \beta_W) \tag{2-18}$$

其中，$\beta_C^* = f_M \times \beta_M + f_W \times \beta_W$

β_C^* 为无歧视工资结构，f_M，f_W 分别代表男性和女性人数占就业总人数的比重。

等式（2-18）右边第一项是指由生产率特征差异导致的工资差异。右边第二项和第三项为总歧视。其中，第二项为反向歧视，反映了男性组群被优待、其劳动力价值被高估的结果。第三项为直接歧视，反映了女性组群遭歧视、其劳动力价值被低估的结果。该方法假定方程中控制变量是外生的，事实上该假定很难得到满足（Cain，1986）。另外，Cotton 方法也存在内生性问题。

2.3.4 Brown 分解

Brown 分解考虑了职业分隔对工资差异的影响，将个人禀赋、职业分布、歧视与工资差异整合在一个统一的研究框架内，解析出因职业进入的障碍而产生的歧视。

Brown 首先将男性和女性平均工资变形为：

$$\ln \overline{wage_M} = \sum_j P_{jM} \overline{\ln wage_{jM}} \tag{2-19}$$

$$\ln \overline{wage_W} = \sum_j P_{jW} \overline{\ln wage_{jW}} \tag{2-20}$$

其中，j = 1，2，…，J 表示社会经济中的第 j 种职业，$\ln \overline{wage_M}$、$\ln \overline{wage_W}$ 分别是男性和女性平均工资对数。P_{jM}、P_{jW} 分别是男性组群和女性组群在第 j 种职业中的实际就业概率，$\ln \overline{wage_{jM}}$、$\ln \overline{wage_{jW}}$ 为男性和女性在第 j 种职业中的平均工资对数。

Brown 以 β_{jM} 作为指数基准，表示第 j 种职业的无歧视工资结构，对工资差异进行分解：

$$\ln \overline{wage_M} - \ln \overline{wage_W} = \sum_j P_{jM} \overline{X}_{jM} \beta_{jM} - \sum_j P_{jW} \overline{X}_{jW} \beta_{jW}$$

$$= \sum_j P_{jM} \overline{X}_{jM} \beta_{jM} - \sum_j P_{jW} \overline{X}_{jW} \beta_{jM} + \sum_j P_{jW} \overline{X}_{jW} \beta_{jM} - \sum_j P_{jW} \overline{X}_{jW} \beta_{jW}$$

$$= \sum_j (P_{jM} \overline{X}_{jM} - P_{jW} \overline{X}_{jW}) \beta_{jM} + \sum_j P_{jW} \overline{X}_{jW} (\beta_{jM} - \beta_{jW}) \tag{2-21}$$

Brown 将 $\hat{P}_{jW}$ 定义为假如女性样本组群面临与男性组群相同职业结构时处于 j

职业的比率，并以$\hat{P}_{jW}$为职业获得结构基准进一步分解得：

$$\begin{aligned}
&\ln \overline{wage_M}-\ln \overline{wage_W}\\
&=\sum_j (P_{jM}\overline{X}_{jM}-\hat{P}_{jW}\overline{X}_{jM}+\hat{P}_{jW}\overline{X}_{jM}-P_{jW}\overline{X}_{jM}+P_{jW}\overline{X}_{jM}-P_{jW}\overline{X}_{jW})B_{jM}+\sum_j P_{jW}\overline{X}_{jW}\ (\beta_{jM}-\beta_{jW})\\
&=\sum_j P_{jW}(\overline{X}_{jM}-\overline{X}_{jW})\ \beta_{jM}+\sum_j P_{jW}\overline{X}_{jW}(\beta_{jM}-\beta_{jW})+\sum_j (\hat{P}_{jW}-P_{jW})\overline{X}_{jM}\beta_{jM}+\sum_j (P_{jM}-\hat{P}_{jW})\\
&\overline{X}_{jM}\beta_{jM} \qquad (2\text{–}22)
\end{aligned}$$

等式（2–22）右边第一项$\sum_j P_{jW}(\overline{X}_{jM}-\overline{X}_{jW})\ \beta_{jM}$表示职业内因两个组群的个体特征差异引起的工资差距，第二项$\sum_j P_{jW}\overline{X}_{jW}(\beta_{jM}-\beta_{jW})$表示职业内因歧视所导致的工资差距，第三项$\sum_j (\hat{P}_{jW}-P_{jW})\overline{X}_{jM}\beta_{jM}$表示两个组群之间由于职业获得的结构差别所造成的工资差距，第四项$\sum_j (P_{jM}-\hat{P}_{jW})\overline{X}_{jM}\beta_{jM}$表示由于职业资质差别所造成的工资差距。

第一项和第二项为职业内工资差异，第三项和第四项为职业间工资差异。第一项和第三项都是可解释的部分，和生产力特征的因素相关。第二项和第四项为不可解释的部分，通常用以测量劳动力市场的歧视程度。Brown 分解方法考虑了职业内和职业间的歧视问题，但也存在权重问题。

2.3.5 分位数分解

Koenker 和 Bessett 最早提出了基于线性方程的分位数回归方法，使用残差绝对值的加权平均作为最小化的目标函数，故不易受极端值影响，从而较为稳健。假设（y_i，x_i），$i=1$，2，…，n 是从随机样本 Y_i 中抽取出来的样本观测值，x_i 为一个 $k\times1$ 向量的解释变量观测值，则 y 第 $\sigma(0<\sigma<1)$ 的样本分位数可以表示为：

$$\min_b \sum_{i::y_i\geqslant b}\sigma|y_i-b|+\sum_{i:y_i<b}(1-\sigma)|y_i-b| \qquad (2\text{–}23)$$

这里 b 值为样本 Y_i 的 σ 样本分位数，求解第 σ 个分位数回归估计如下：

$$\min_\beta \sum_{i::Y_i\geqslant\beta}\sigma|Y_i-X_i'\beta|+\sum_{i::Y_i<X_i'\beta}(1-\sigma)|Y_i-X'_i\beta|=\min_\beta\sum_{i=1}^n\rho_\sigma(U_\psi) \qquad (2\text{–}24)$$

其中，σ 为分位数的值，给定一个 σ 值，可以求出一组 β_σ 的估计值，$\rho_\sigma=\lambda[\sigma-I(\lambda<0)]$ 为检验函数，$I(\cdot)$ 为指标函数。第 σ 个分位数回归的估计式：

$$Y_i=X'_i\beta_\sigma+u_\psi,\ Quant_\sigma=(Y_i/X_i)=X'_i\beta_\sigma \tag{2-25}$$

右式表示在向量 X_i 的条件下，Y_i 在第 σ 个分位数上的平均数回归方程。

Machado 和 Mata（2005）首先将基于工资方程分位数回归的工资分解方法应用于分析工资分布。该方法借鉴了蒙特卡洛模拟的思想：依据一个劳动力群体的工资结构，构建另一个劳动力群体的工资分布。通过比较预测的工资分布和真实工资分布来分析两个群体工资分布差异的来源。

假设参照群体为 m 群体，在 f 群体样本中抽取一个子样本，依据 m 群体工资 θ 分位数上的回归系数来预测所抽取样本中 f 群体的工资水平。

$$\ln W_f^c=X'_f\hat{\beta}_{\theta m} \tag{2-26}$$

其中，$\hat{\beta}_{\theta m}$ 表示 m 群体在工资方程 θ 分位数上的回归系数，X_f 表示抽样样本的特征向量，$\ln W_f^c$ 表示 f 群体的反事实工资对数。在所关注的工资分布的多个分位点上重复进行操作，依据多次抽样产生的样本构建 f 群体的反事实工资的边际分布。从而得到：

$$\ln W_{\theta m}-\ln W_{\theta f}=(\ln W_{\theta m}-\ln W_{\theta f}^c)+(\ln W_{\theta f}^c-\ln W_{\theta f}) \tag{2-27}$$

m 群体和 f 群体工资分布的 θ 分位点上的工资差异可以分解为两部分：第一项表示两群体劳动力特征差异导致的工资差异；第二项表示劳动力市场歧视导致的工资差异。

M&M 分解方法在本质上和 Oaxaca-Blinder 分解方法是一致的，两者都是通过构造假想的公平状态来分离出歧视的影响。单纯依赖 Oaxaca-Blinder 分解、Cotton 分解结果可能无法把握收入差距的总体态势。M&M 分解方法的优点是能够明确找出传统回归方法分析无法充分掌握的不同样本群在基准线上的差异或是因果效果的异质性，进而进行准确的因果分析。因此，这种方法特别适合分析不同收入阶层的居民收入差异的大小及其影响因素，分析结果更加全面、深入。

3 农村劳动力转移的动因分析

3.1 农村劳动力城乡转移动因分析

农民为什么愿意到城市打工？农民工为什么能够忍受在城市遭遇的歧视？本章农村劳动力转移的动因分析就是为了解决以上问题。

劳动力转移指农村劳动力流动进入城镇及外地各产业或农村农业劳动力进入本地非农产业，农村劳动力城乡转移特指前一种现象。近年来，农村劳动力城乡转移成为非农化、城市化和市场化过程在人口方面的具体表现形式。中共十八届三中全会《决定》就农村劳动力转移问题做出部署，强调了“推进农业转移人口市民化”和“促进以高校毕业生为重点的青年就业和农村转移劳动力就业”。从经济学研究来看，关于劳动力转移的研究可以追溯到古典时期。威廉·配第认为收入比较利益使得农村劳动力向非农业部门流动。亚当·斯密认为劳动力转移是市场扩展的自然结果。博格等提出了解释迁移和流动的推拉理论，将资源需求下降、就业岗位丧失、抵制性歧视待遇等看作是推力因素，将新产业和新工厂的出现、更好的工作机会、更合意的职业等看作是拉力因素。此后，发展经济学使得劳动力转移的理论框架得以全面建立。研究者们从边际劳动生产率决定的城乡工资差异、消费结构、经济机会、预期收入、成本—效益、相对贫困等角度来解释发展中国家劳动力转移问题（Lewis，1954；Schultz，1993；Bogue，1959；Harris 和 Todaro，1970；Stark 和 Taylor，1991）。除此之外，中国农村劳动力的转移还受制度因素的影响：1958~1978 年，政府实施户籍制度，人口迁移受到严格限制，制度因素决定着中国农村劳动力转移的可能性；1978 年底至 1988 年，政府逐渐放宽人口迁移政策，农民开始进城打工，形成了独特的“农民工”群体；20世纪90年代，政府进一步取消各种不合理限制，积极推进配套改革，农民工数量急剧增加，到2000年时，进城农民工数量达到7849万人，在劳动力市场上占到36.9%；随后几年，进城打工的农民工的规模越来越大（见图3-1）。2013年，全国农民工总量为2.69亿人。

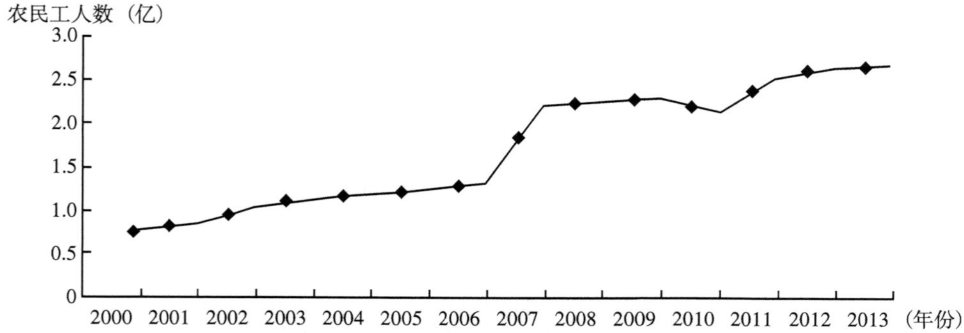

图3-1　2000~2013年农民工数量

随着农村劳动力越来越多地转移到城市，国内对劳动力转移的影响因素的研究渐成热点，高国力（1995）、蔡昉和都阳（2004）、范晓非等（2013）认为预期收入差距、比较收益差别是劳动力地区迁移的主要原因。李实（1997）、都阳（2001）、Lin等（2004）认为农村劳动力的转移决策来自农村不利条件和状况，如农业边际生产率低、农村收入水平低、农村基础设施条件差等，这些构成了推力因素。朱农（2005）、Gibson（2005）、封进和张涛（2012）认为农村劳动力的转移决策来自城镇有利条件和机会，如城市基础设施较好、文明程度高、受教育机会多、就业发展机会多等，这些构成了拉力因素。赵耀辉（1997）、程名望等（2005）、刘生龙（2014）认为劳动者的性别、年龄及受教育程度等个人特征对农村劳动力转移决策有影响。蔡昉（2003）、Knight和Song（2008）等认为户籍制度、户口政策等制度因素对农村劳动力转移有较大的影响。从以上研究可以看出，学者们对于劳动力转移的动因方面进行了具体的微观实证，检验了西方劳动力转移的假说，但定量研究的实证方法在经济因素的选择上大多考虑的是城乡收入差异或地区收入差异，没有办法解决转移者在不转移的条件下和未转移者在转移的条件下的收入水平的问题。

本章在国内外学者的研究基础之上，结合劳动力流动的理论和中国经济社会的发展现状，通过内生选择性转换模型来构建农村劳动力城乡转移意愿的决策模型，分析农村劳动力城乡转移的动因及内在机理。相对于以往的研究，本书的主要贡献在于：第一，收集并整理了全国最新的有关农村劳动力城乡转移的数据，能够较为真实、细致地观察转移组与非转移组样本的个人及家庭特征。第二，本书基于选择转换模型构建了农村劳动力城乡转移的决策模型，考虑了移民转移行为的自选择现象，解决了预期收入差距的测算问题。第三，本书充分考虑了影响农村劳动力转移的因素，不仅包括劳动力个人和家庭特征，也包括生活状况、自选择行为、预期收入差距等方面，由于目前我国在户籍制度上进行了一系列有利于农村劳动力转移的改革尝试，所以本书没有特别强调制度的强制性、约束性对劳动力转移的影响。

3.1.1 农村劳动力城乡转移意愿的决策模型构建

自选择是指农村劳动力在预期净收益最大化的前提条件下，在不同工作地点（城镇与农村）之间的自主选择行为。由于自选择无法用明确的指标来表现，笔者参考 Maddala 和 Nelson（1975）、范晓菲等（2013）使用具有内生选择性的转换模型（Switching Regression Model with Endogenous Switching）来解决，转移模型包括一个具有二元选择性质的决策方程、两个带有自选择变量的收入方程，模型的思想来自托达罗理论。

托达罗（Todaro，1969）针对发展中国家的城乡人口就业结构的变动提出了劳动力流动模式。其结论是只有劳动者在城市部门的预期收益大于他在农业部门的实际收入时，就业流动才发生。

一个迁移者在工业部门找到工作之前的 k 期净收益贴现值 V(0) 为：

$$V(0)=\sum_{0}^{k}P(t)[Y_u(t)-Y_r(t)](1+r)^k-C(0) \tag{3-1}$$

其中，$Y_u(t)$、$Y_r(t)$ 表示 t 时期城市和农村的实际工资，r 表示贴现率，C(0) 表示转移成本，P(t) 表示迁移者在 t 期前在现代部门找到工作的累加概率，P(t) 和城市就业概率 $\vartheta(t)$ 之间的关系为：

$$P(t)=\vartheta(1)+\sum_{i=1}^{t}\vartheta(i)\prod_{j=1}^{i-1}[1-\vartheta(j)] \tag{3-2}$$

假设城市和农村实际收入都不变，则一个迁移者在城市时间越长，获得工作的机会越大，预期收入也就越高。若 $V(0)>0$ 则表示农村劳动力愿意转移到城市寻求工作机会。当 $V(0)$ 为正时，具有理性的潜在移民会决定转移。

为了简化讨论，本书将考虑劳动力个人及家庭特征、自选择、转移收益的劳动力转移决策方程设计如下：

$$I=\begin{cases}0 & \text{不转移}\\ 1 & \text{转移}\end{cases} \tag{3-3}$$

将预期收入差距考虑在内的转移决策 Probit 的模型为：

$$I_i^*=a_0+a_1[\ln Y_{ui}-\ln Y_{ri}]+a_2X_i+a_3F_i+a_4Z_i-\varepsilon_i \tag{3-4}$$

其中，X_i 表示劳动力个人特征的变量；F_i 表示家庭特征变量；Z_i 表示劳动者个人的生活状况；ε_i 表示随机误差项且服从正态分布，$\ln Y_{ui}-\ln Y_{ri}$ 表示城乡预期收入差距值，即使用转移者和非转移者收入方程系数值计算所有样本的城镇和农村的预期收入差距值。具体算法为先算出转移组的实际收入方程的系数，以转移组的系数代入到非转移组方程求得非转移组的预期收入，这个收入代表非转移组城乡转移后的收入，用同样的方法求得转移组在不转移状态时的收入。通过这个预测值可以观察同一个人在转移和不转移两种情况下的收入水平。用转移收入减去未转移收入的差距就是其转移前后的收入差距，笔者用这个数值代表预期收入差距。

转移者和非转移者收入方程是修正的 Mincer 工资方程（Mincer，2003），为个人特征和自选择的线性函数，形式分别为：

$$\ln Y_{ui}=\theta_{u0}+\theta'_{u1}X_i+\sigma_{u\varepsilon}u_{ui}+\eta_{ui} \tag{3-5}$$

$$\ln Y_{ri}=\theta_{r0}+\theta'_{r1}X_i+\sigma_{r\varepsilon}u_{ri}+\eta_{ri} \tag{3-6}$$

其中，结构变量 u 表示农村劳动力转移的自选择，采用 Maddala 和 Nelson（1975）对结构变量的估计过程：

$$u_{ui}=-f(\hat{\varphi}_i)/F(\hat{\varphi}_i) \tag{3-7}$$

$$u_{ri}=f(\hat{\varphi}_i)/(1-F(\hat{\varphi}_i)) \tag{3-8}$$

$f(\hat{\varphi}_i)$、$F(\hat{\varphi}_i)$ 分别为标准正态分布的密度函数和分布函数，其值由简约决策 Probit 模型根据正态分布的截断模型的条件期望计算得到：①

① 计算过程参见：格林. 计量经济分析 [M]. 北京：中国人民大学出版社，2007.

简约决策 Probit 模型：

$$I_i = b_0 + b_1\tilde{X}_i + b_2\tilde{F}_i + b_3\tilde{Z}_i - \varepsilon'_i \tag{3-9}$$

$$E(\varepsilon_{ui}/I_i = 1) = \sigma_{u\varepsilon} \times \left[\frac{-f(\varphi_i)}{F(\varphi_i)}\right] \tag{3-10}$$

$$E(\varepsilon_{ri}/I_i = 0) = \sigma_{r\varepsilon} \times \left[\frac{f(\varphi_i)}{1 - F(\varphi_i)}\right] \tag{3-11}$$

$$\varphi_i = b_0 + b_1\tilde{X}_i + b_2\tilde{F}_i + b_3\tilde{Z}_i \tag{3-12}$$

3.1.2 数据说明及统计分析

本书的数据来源于河南财经政法大学调查组进行的 2012 年农村居民收入和城镇农民工收入抽样调查数据，该调查包括了北京、天津、上海、江苏、浙江、福建、山东、广东、内蒙古、辽宁、河北、山西、吉林、黑龙江、安徽、江西、河南、湖北、湖南、海南、重庆、四川、陕西、青海、宁夏、新疆、广西、贵州、云南、西藏、甘肃等地区。将调查期间户籍在农村而工作地点在城市的样本定义为转移者，将调查期间户籍在农村而工作地点也在农村的样本定义为非转移者，删除户籍在家的在外学生、待业人员、房屋租赁者、家务劳动者，最后得到城镇就业的转移者 5854 人，在农村从事农业或非农业工作的非转移者 4868 人。[①]

表 3-1 是农村劳动力城乡转移者和非转移者的样本特征，从教育水平来看，两组人员教育水平都不是太高，尽管如此，转移组的整体受教育水平明显高于非转移组：转移组的平均受教育程度大致在高中以上的水平，而非转移组的平均受教育程度还不到 9 年义务教育要求的水平；转移组大专和本科学历的比例达到了 40.18%，非转移组的初中学历占据了大多数。两组人员的教育背景反映了农村教育资源的落后和受教育机会的匮乏，也反映了由于城市就业机会呈下降趋势，城市产业部门的发展对农业劳动力需求有限，高素质的农村人力资本转移到城市就业机会更大一些。

① 本书将农村劳动力定义为主要居住在农村的劳动力，既可能从事农业生产经营，也可能从事非农生产经营。

表 3-1 转移和非转移者的人员特征统计

变　量	转移组	非转移	变量解释
平均教育水平	12.375	8.952	将未受正规教育、小学、初中、高中或中专、大专、本科分别按 0、6、9、12、15、16 年赋值
未受过正规教育（%）	1.21	5.77	
小学（%）	4.51	18.57	
初中（%）	23.52	41.37	
高中或中专（%）	29.23	34.29	
大专（%）	20.52	0.00	
本科（%）	19.66	0.00	
平均年龄	30.506	38.152	劳动力实际年龄
30 岁以下（%）	59.02	28.49	
31~40（%）	18.38	21.67	
41~50（%）	12.09	27.59	
50 以上（%）	4.36	14.52	
性别	0.647	0.668	男性 = 1，女性 = 0
男性（%）	64.66	66.82	
女性（%）	35.34	33.18	
婚姻状况	0.477	0.176	未婚 = 1，已婚 = 0
未婚（%）	47.73	17.6	
已婚（%）	52.24	82.4	
政治身份	0.124	0.196	党员 = 1，其他 = 0
民族	0.895	0.839	汉族 = 1，其他民族 = 0
健康程度	3.782	3.713	身体很差 = 1 比较差 = 2 身体一般 = 3 健康 = 4 身体很健康 = 5
非常差（%）	1.11	1.40	
比较差（%）	4.03	7.07	
一般（%）	29.23	28.39	
比较好（%）	46.81	45.15	
非常好（%）	18.82	18	
幸福程度	3.442	3.502	非常不幸福 = 1 比较不幸福 = 2 一般 = 3 比较幸福 = 4 非常幸福 = 5
非常不幸福（%）	2.56	2.28	
比较不幸福（%）	6.59	8.03	
一般（%）	47.76	41.04	
比较幸福（%）	30.22	34.45	
非常幸福（%）	12.86	14.19	
父母受教育水平	7.525	2.307	同上
父母收入指数	2.075	1.849	低收入 = 1，较低收入 = 2，中等收入 = 3，较高收入 = 4，高收入 = 5
月工资水平（元）	3421.96	2304.24	转移组月收入是劳动力个人外出务工月收入的数据；非转移者月收入是在农户农业年净收入基础上按照劳动力个人贡献率折算的月收入数据
样本数（人）	5854	4868	10722

注：百分比代表符合条件的样本在总样本中的比例。

从两组人员的平均年龄来看，非转移组的平均年龄略高于转移组。从各年龄段的人员占比情况来看，转移的劳动力中 30 岁以下的人员占到了 59.02%，非转移的劳动力中 41 岁以上的占到了 42.11%，反映了年龄越小的劳动力转移可能性越大。从两组人员的婚姻状况来看，转移者的未婚比例和已婚比例各占到一半，而对于非转移者来说，已婚的占到了绝大多数。这个现象反映了家庭的构成有可能使得迁移成本变高，已婚的劳动力从事农村工作不仅能降低迁移成本，还可以照顾家庭。

无论是转移的农民工还是非转移留在农村的居民，幸福程度选择“一般”或“比较幸福”的占据大多数。表明随着农村经济的建设发展，农村生活有所改善。从两组劳动者家庭特征来看，转移组的人员其父母平均受教育程度超过了小学水平，而非转移组人员的父母几乎大都是文盲。这反映出一定的人力资本储备是劳动力城乡转移的前提。调查样本和其父母的文化差别也反映出农民各项素质中的文化素质随着城镇市场需求在逐渐提高。从两组人员的月工资水平来看，转移组的月平均工资水平明显高于非转移组，转移组人员父母的收入指数也高于非转移组，表明农村劳动力转移数量增加和平均工资水平的提高，是农民收入增长的主要途径和因素。

3.1.3 模型估计结果与分析

转移模型包括转移决策 Probit 方程、转移者和非转移者的收入方程。由于代表自选择的结构变量在收入方程里，所以笔者先估计转移者和非转移者收入方程的结果，之后在测算整体样本预期收入差距值的基础上，再估计转移决策 Probit 方程的结果。

（1）转移者和非转移者收入方程的估计结果。

表 3–2 中给出了转移者和非转移者收入方程的估计结果，从性别的影响来看，男性有收入的优势，表明了男性作为农村家庭的主要劳动力，在农村收入贡献中仍然占据重要角色。男性收入优势大于女性的现象在城镇劳动力市场更明显，这也和城镇劳动力市场性别歧视有关。婚姻状况对两组人员收入的影响作用相反：未婚对转移者收入呈负向影响，可能的原因在于城镇工资性收入和工作时间联系紧密，已婚者大多是工作时间较长的、工作经验较为丰富的劳动

表 3–2 转移者和非转移者收入方程的估计结果

变 量	转移者收入方程	非转移者收入方程
性 别	0.487*** (8.61)	0.361*** (4.35)
未 婚	–0.091*** (–4.17)	0.059 (0.92)
受教育年限	0.040*** (8.09)	0.039*** (4.14)
年 龄	0.088*** (7.68)	0.026** (2.71)
年龄平方	–0.001*** (–7.73)	–0.001*** (–4.45)
健康程度	0.059*** (5.23)	0.139*** (3.84)
结构变量	–0.045*** (–3.34)	0.038 (0.7)
常 数	4.707*** (11.45)	5.457*** (22.05)
样本数	5852	4868
F 值	115.780	61.57
调整后 R^2	0.136	0.091

注：转移者收入方程的结构变量即为 u_{ui}；非转移者收入方程的结构变量即为 u_{ri}。
*、** 和 *** 分别表示在 5%和 1%水平上显著。

力，相比起未婚的农民工来说，有收入优势；未婚状况对于非转移者收入呈正向影响，可能的原因在于未婚的农村劳动力没有家庭负担，劳动时间、体力支持较为充裕。

受教育年限对两组人员的收入都有较明显的正向作用，反映出教育对提高农民收入的重要性。但教育对收入的影响小于健康程度、性别等因素，可能的原因在于转移的或非转移的农村劳动力大多数从事的是科技含量低、体力特征明显的工作。年龄对两组人员收入的影响呈现倒“U”型，年龄对收入的影响在转移组更明显的现象再次证明了城镇劳动力市场的工资构成和特性。

结构变量反映了劳动力自选择对农村劳动力配置的影响。可以看出，转移者结构变量的系数通过了 1%的显著性检验，说明了调查数据支持本书关于自选择的假设。借鉴 Maddala 和 Nelson（1975）、范晓菲等（2013）对于收入方程中结构变量系数符号的判断，[①] 转移者结构变量的系数小于 0 而非转移者结构变量的系数大于 0，表明转移者的技能要高于总人口中转移所需要的平均技能，非转移者的技能要高于总人口中非转移所需要的平均水平。这反映了从 20 世纪 80 年代初期到现在，农村劳动力转移到了一定的阶段，城市就业比重相对稳定到了一个固定的水平，转移劳动力的报酬增速缓慢，在这种情况下，农村劳动者选择了他们能够发挥其相对优势的地点：转移到城市或者留在农村。

根据自选择的影响，笔者预测了总样本的预期收入差距，发现考虑自选择的预期收入差距均大于 0，农村劳动力的自选择行为不仅对农村劳动力配置产生影响，而且在一定程度上对收入分配产生作用。

（2）转移决策的 Probit 模型估计结果。

表 3-3 给出了转移决策 Probit 方程的估计结果（因变量为 I，指是否转移，1 为转移到城市，0 为不转移），其中性别、年龄、政治身份、民族、婚姻状况、健康程度是转移决策方程的个人特征变量；父母的教育背景和收入指数是家庭特征变量；幸福程度是代表劳动力个人生活状况的变量，预期收入差距是代表劳动力是否城乡迁移的经济因素。由于 Probit 不是线性模型，[②] 因此，笔者又计算出边际影响。

表 3-3 转移决策的 Probit 模型估计结果

变 量	系 数	边际影响
性别	0.619*** (14.47)	0.145*** (15.00)
未婚	1.003*** (18.18)	0.236*** (19.17)
受教育年限	0.252*** (32.59)	0.059*** (39.05)
年龄	−0.199*** (−15.24)	−0.047*** (−15.81)
年龄平方	0.002*** (10.93)	0.000*** (11.13)

① 他们假设每个个体均具有转移和非转移所需要的技能，并依此解释了三种情况。具体计算参考：范晓非，王千，高铁梅. 预期城乡收入差距及其对我国农村劳动力转移的影响［J］. 数量经济技术经济研究，2013（7）：31.

② 对于线性模型来说，系数就是边际影响，但对于非线性模型系数而言，系数不是边际影响，所以需要再算出边际影响，Stata11.0 边际影响的命令为 margins，命令语句为 margins，dydx （*） 和 margins，dydx (_cons)。

续表

变　量	系　数	边际影响
健康程度	0.812*** (24.39)	0.191*** (26.91)
汉族	0.091* (1.89)	0.021* (1.89)
党员	−0.437*** (−9.32)	−0.103*** (−9.44)
幸福程度	−0.233*** (−11.28)	−0.055*** (−11.48)
父母受教育水平	0.141*** (32.37)	0.033*** (39.34)
父母收入水平	−0.139*** (−8.44)	−0.033*** (−8.50)
预期收入差距	6.353*** (29.28)	1.495*** (34.06)
常数	−5.065*** (−18.71)	0.481*** (125.95)
样本数	9305	
Log Likelihood	−3914.202	
LR chi2（12）	5051.09	
Pseudo R^2	0.3922	

注：* 和 *** 分别表示在 10%和 1%水平上显著。

从性别变量的边际影响来看，边际影响为正且通过了 1%的显著性检验，说明城市偏向政策、城市发展对转移劳动力需求、城镇劳动力市场工资性别歧视等因素导致农村男性转移的概率大大高于女性，而女性则更多地从事照顾家人、家庭副业和劳动强度相对小的农业劳动。未婚对于转移概率的影响呈现正向作用，可能的原因在于频繁流动、生活不稳定的特点使得个人转移更容易实现，而结婚后举家迁移不易实施。年龄、健康程度因素对于转移概率的影响呈现负向作用，表明年轻力壮的农村劳动力转移的可能性较大，年龄因素对转移概率的边际影响呈现出线性关系，显示了随年龄增长转移概率下降的事实。原因在于，年长的农村劳动力更愿意避开城乡就业带来的风险，“农村土地承包权”、“宅基地权”带来的安全感更吸引他们。

劳动者个人的教育水平对劳动力转移的决策有正向影响。转移组与非转移组样本受教育平均年限的区别在于“高中”，表明了十二年基础教育是农民劳动力城乡转移行为的重要“分界岭”。从劳动力个人的政治身份和民族背景来看，汉族、非党员身份的农村劳动力更倾向转移。可能的原因在于党员大都是农村重要的负责人，而少数民族所在地的自然资源和地貌条件会降低农村劳动力转移的意愿。幸福程度对转移概率的影响呈负向作用，说明农村相对迟缓的经济发展带来的生活幸福程度的低下会刺激农村劳动力向外迁移，沉重的经济负担、气候不佳、生活条件不合适都是促使农村劳动力转移到城市的原因。

从两组人员的家庭特征来看，父母受教育水平对劳动力城乡转移的概率呈正向影响，可能的原因在于受到一定教育的父母，其信息来源较广，工作机会较多，外出劳动的观念和经验影响了自己和家庭城乡迁移的偏好。父母收入水平对劳动力城乡转移的决策为负向影响，父母较好的经济水平使得选择购买和使用农业机械成为可能，也往往会增加家庭农业经营机会而减少城乡迁移行为。

预期收入差距对于转移概率的正向影响作用最大，边际影响达到了 1.495，表明预期收入差距每提高一个单位，[①] 农村劳动力转移的概率就增加 149.5 个百分点，远远高于其他因素对转移概率的影响，支持了托达罗对劳动力转移动因的分析，即经济因素是影响劳动力转移的首要因素，也反映出“因为农业收入低，考虑到中国的地理和技术，还没有短期的在农业内解决剩余劳动力的方案，离土离乡、外出就业越来越成为当今农民实现就业和增收的主要渠道”（史清华等，2004）。

随着政策性转移障碍的逐步消除，非经济因素对劳动力转移的影响逐渐减弱，经济的内在规律逐渐起主导作用。刘易斯二元结构理论认为，只要城市工业部门的一般工资水平高于乡村农业部门的收入且达到一定比例，农民就愿意离开土地转移到城市谋求新职业。托达罗关于农村劳动力向城镇转移的理论认为农村劳动力向城市移民的决策，是根据“预期”收入最大化目标做出的。笔者将样本中转移者和非转移者实际收入差距和预期收入差距进行了比较（见图 3-2），可以看出，实际收入差距随着分位点的增加而不断下降，但预期收入差距则随着分位点的增加而不断增加，这种现象说明了城乡收入差距会影响到劳动力转移，但无法解释生活状况较好的农村劳动力转移到城市的现象，预期收入差距能更好地解释这个现象，本书的结论支持了托达罗迁移理论假设，即农村劳动力是否转移到城市是和预期收入差距紧密相关的。

① 本书的 Probit 模型的预期工资差距是对数工资差距。

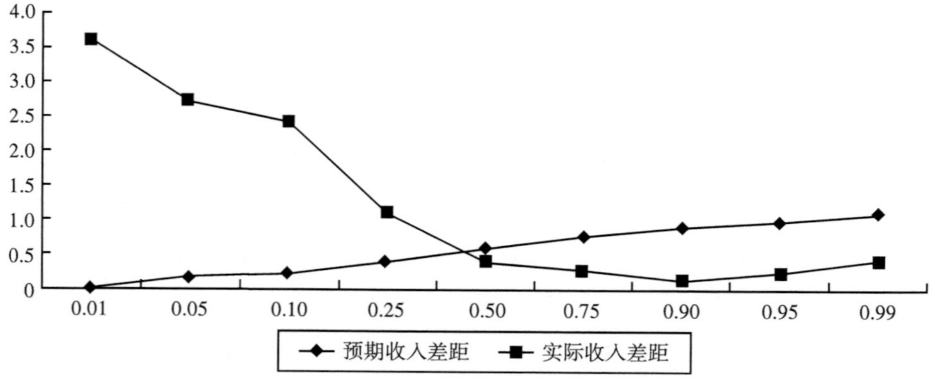

图 3–2　样本实际收入差距和预期收入差距的分位点

3.1.4　结论和政策建议

（1）结论。

本节在内生选择性转换模型的基础上，采用中国农村居民和城镇农民工收入的微观数据，通过构建农村劳动力城乡转移意愿的决策模型，分析了农村劳动力城乡转移的动因及内在机理。本节的结论如下：

第一，从收入方程结果来看，无论是转移组还是非转移组，受教育年限对收入都有较明显的正向作用，说明随着经济的发展，教育收益率日益凸显，教育对于增加农民收入发挥着越来越重要的作用；转移组的收入方程中存在很强的自选择证据，说明农村劳动者选择了他们能够发挥其相对优势的地点：转移到城市或者留在农村。

第二，从城乡转移决策方程结果来看，预期收入差距是农村劳动力城乡转移的主要原因；从劳动力个人特征的影响来看，年轻、未婚、教育水平较高、身体健康的男性城乡转移概率较大；从家庭特征的影响来看，父母教育水平与子女城乡转移正相关，父母收入水平与子女城乡转移负相关；从生活状况影响来看，农村劳动力的生活状况对城乡转移概率存在负向影响。

（2）建议。

近些年来，城市经济发展和技术要求使得较高素质的和年轻力壮的农村劳动力转移到城市，年龄较大、体弱多病、学历低下的劳动力留守农村，劳动力城乡转移过程中人力资本配置的失衡不仅不利于农业的可持续发展，而且进一步扩大了城乡收入的差距；另外，农村劳动力的迅猛流动对城市的就业、交通、公共设施建设产生不小的压力。只有农业与工业得到平衡发展，工业扩张才能得到保证。因此，政府在保证农村劳动力合理、有序迁移的同时，也要保证留守农业劳动力的质量以及农村经济发展所需要的人力资本。

第一，预期收入差距对农村劳动力的城乡转移起到了绝对重要的作用。因此，政府一方面应健全强农惠农政策体系，大力发展农业生产，提高农民耕种土地的积极性、提高农业生产率和技术贡献率、提高农民农业收入，以此缩小城乡之间的不平衡；另一方面应大力推进农村的非农产业，使得农民就地转移、“离土不离乡”、“进厂不进城”，扩大农村劳动力在农村的就业机会，这样不仅能解决农村剩余劳动力问题，也能有效减少劳动力对外转移过程中人力资本的流失，保留农村建设的高质量的人力资源，促进农村社会经济走向良向循环。

第二，农村生活幸福程度低下构成农村劳动力城乡转移的推力。农村经济社会环境越差，劳动力转移的可能性越大，因此，政府应大力发展新农村建设，加大对农村的文化、医疗卫生、公共设施方面的投入，推动资源要素向农村配置。实现农村的经济繁荣、设施完善、环境优美、文明和谐。这样可以缓解因农村劳动力快速、迅猛、大规模的转移导致城市环境承载过大的压力。

第三，在个人特征属性上，教育水平是影响劳动力转移的重要因素，也是影响农民收入水平的核心要素，因此，政府应大力发展农村教育，在保障农民和城镇居民相同的受教育机会的同时，也要保证适龄儿童的充分入学和基础教育的具体实施；发展多层次、多类别的农村职业和技能培训。这样可以把农村人口压力转化为人力资本优势，通过市场作用和自选择，达到人力资本的有效配置。

3.2 农村劳动力就地转移动因分析

改革开放以来，随着政府逐渐放宽人口迁移政策，农村劳动力开始大规模转移，方式上包括异地转移，即农村劳动力流动进入城镇及外地各产业；就地转移，即农村农业劳动力进入本地非农产业。在城镇化推进的过程中，以农民进城打工为主要表现的异地转移引起了重视，国家统计局数据显示，2013 年，全国外出打工农民工总量已达到 2.69 亿人。中共十八届三中全会《决定》就农村劳动力转移问题做出部署，强调了“推进农业转移人口市民化”和“促进以高校毕业生为重点的青年就业和农村转移劳动力就业”。

农村劳动力转移成为非农化、城市化和市场化过程在人口方面的具体表现形式。从国内外研究来看，关于劳动力转移的原因归结为以下几个方面：第一，经济因素。研究者们从边际劳动生产率决定的城乡工资差异、比较利益、消费结构、经济机会、预期收入等角度来解释发展中国家劳动力转移问题（Lewis，1954；Jorgenson，1961；Harris 和 Todaro，1970；Stark 和 Taylor，1991）。国内学者高国力（1995）、蔡昉和都阳（2002）、范晓非等（2013）认为预期收入差距、比较收益差别是中国农村劳动力转移的主要原因。第二，推拉因素。博格（Bogue，1959）等提出了促使人口转移的积极力量和阻碍人口转移的消极力量的“推—拉”理论来解释人口迁移和流动。李实（1997）、都阳（2001）、Lin 等（2004）认为，农村劳动力的转移决策来自农村不利条件和状况，如农业边际生产率低、农村收入水平低、农村基础设施条件差等，这些构成了推力因素。朱农（2005）、Gibson（2005）认为农村劳动力外出转移来自城镇有利条件和机会，如城市基础设施较好、文明程度高、受教育机会多、就业发展机会多等，这些构成了拉力因素。第三，劳动者个人特征。赵耀辉（1997）、程名望等（2005）、刘生龙（2014）认为劳动者的性别、年龄及受教育程度等个人特征对农村劳动力转移决策有影响。第四，制度因素。蔡昉（2003）、Knight 和 Song（2003）等认为户籍制度、户口政策等制度因素对农村劳动力转移有较大的影响。从以上研究可以看出，学者们对于劳动力转移的动因方面进行了具体的微观实证，检验了西方劳动力转移的假说。由于中国人口普查中有关人口迁移主要依靠空间标准来进行定义，因此，现存的定量研究农村劳动力转移的文献主要集中于异地转移的模式，而对于农村劳动力就地转移研究较少，因此，影响一些农村劳动力就地转移的因素很少被考虑在内。此外，定量研究的实证方法在经济因素的选择上大多考虑的是城乡收入差异或地区收入差异，没有办法解决转移者在不转移的条件下和未转移者在转移的条件下的收入水平的问题。

相对于农村劳动力异地转移，农村劳动力的就地转移也比较显著：随着工业化进程的推进和农村乡镇企业的兴起，农业部门的劳动力开始大幅度向非农业部门转移，其表现为农村劳动力由农、林、牧、渔的生产经营领域转移到非农产业。非农业劳动力的数量随着总人口的增加而增速性增加（见图 3-3），2003年，非农就业比重超过农业就业比重。但是由于中国农村农业经营规模小，依然对农业发展、农民增收形成严重制约，农村劳动力到第二、第三产业就业依然存在诸多障碍。因此，作为农村城镇化重要特征的农村劳动力就地转移是更值得关注和研究的。

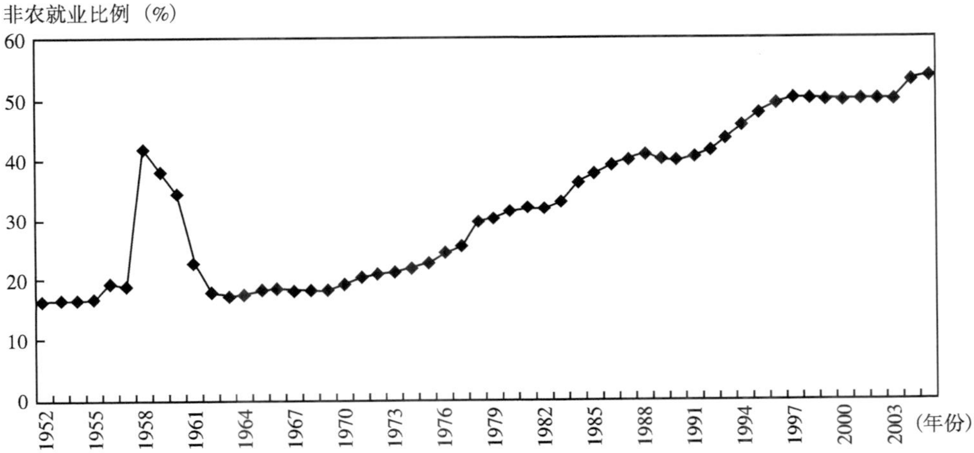

图 3-3 非农就业比重

注：非农业就业比重为第二产业和第三产业的劳动力占社会劳动力的比重。
资料来源：《中国统计年鉴》。

本书在国内外学者的研究基础之上，结合劳动力流动的理论和中国经济社会发展现状，通过内生选择性转换模型来构建农村劳动力就地转移意愿的决策模型，分析农村劳动力就地转移的影响因素及其作用效果。相对于以往的研究，本书的主要贡献在于：第一，收集并整理了全国最新的有关农村劳动力就地转移的数据，能够较为真实、细致地观察农村非农就业与务农的两组样本的个人及家庭特征。第二，本书基于选择转换模型构建了农村劳动力就地转移的决策模型，考虑了移民转移行为的自选择现象，解决了预期收入差距的测算问题。第三，本书充分考虑了影响农村劳动力转移的因素，不仅包括劳动力个人特征、家庭结构，也包括农村生活状况、自然资源、经济环境、政府惠农政策方面，有效验证了新古典主义、行为主义关于人口迁移的理论在中国劳动力市场的假说。尽管户籍制度对农村劳动力转移有较大的影响，但本书研究的是农村劳动力就地转移，即农村劳动力进入到本地乡镇企业或非农产业就业，表现为“离土不离乡”，制度的强制性、约束性相对减弱，因此，户籍制度及户口政策等因素没有进入研究范畴。

3.2.1 农村劳动力就地转移意愿的决策模型构建

本书研究假定农村劳动力是理性的“经济人”，其劳动力就地转移的自选择行为就是在预期净收益最大化的前提条件下，在同一地区（农村）不同产业（农业与非农产业）之间的自主选择行为。农村劳动力就地转移意愿的决策模型的构建考虑了自选择行为影响的预期收入差距，个人特征及家庭特征，代表农民生活的幸福指数，代表农民生活环境的水源指数、交通指数、信息指数，代表非经济因素的惠农收入改善指数及劳动力所在地地貌特点等变量。

由于自选择无法用明确的指标来表现，笔者采用了内生选择性转换模型来解决。参考 Maddala 和 Nelson（1975）、范晓菲等（2013）使用具有内生选择性的转换模型（Switching Regression Model with Endogenous Switching）来观察影响转移组和未转移组农民收入的因素以及农民是否愿意就地转移的决策因素，转移模型包括转移决策方程、转移者和非转移者的收入方程。

托达罗（Todaro，1969）针对发展中国家的城乡人口就业结构的变动提出了劳动力流动模式。托达罗理论的结论是只有劳动者在城市部门的预期收益大于他在农业部门的实际收入时，就业流动才会发生。

为了简化讨论，本书将考虑劳动力转移决策方程设计如下：

$$I=\begin{cases}0 & \text{不转移}\\ 1 & \text{转移}\end{cases} \tag{3-13}$$

将预期收入差距考虑在内的转移决策 Probit 的模型为：

$$I_i^*=a_0+a_1[\ln Y_{ui}-\ln Y_{ri}]+a_2X_i+a_3Z_i-\varepsilon_i \tag{3-14}$$

其中，$\ln Y_{ui}-\ln Y_{ri}$ 表示使用转移者和非转移者数据估计的方程预测的整个样本收入差距。具体算法为先算出转移组的实际收入方程的系数，以转移组的系数代入到非转移组方程求得非转移组方程的预期收入，这个收入代表未转移组若转移后的收入。用同样的方法求得转移组的预期收入，这个收入代表转移组若不转移时的收入。通过这个预测值可以观察同一个人在转移和不转移两种情况下的收入水平，用转移组收入减去未转移组收入的差距就是其转移前后的收入差距，笔者用这个数值代表预期收入差距，即 $\ln Y_{ui} - \ln Y_{ri}$。

转移者收入方程为：$\ln Y_{ui} = \theta_{u0} + \theta'_{u1} X_i + \theta'_{u2} Z_i + \sigma_{u\varepsilon} u_{ui} + \eta_{ui}$ (3-15)

非转移者收入方程为：$\ln Y_{ri} = \theta_{r0} + \theta'_{r1} X_i + \theta'_{r2} Z_i + \sigma_{r\varepsilon} u_{ui} + \eta_{ui}$ (3-16)

其中，结构变量 u 考虑农村劳动力转移的自选择问题，采用 Maddala 和 Nelson（1975）对结构变量的估计过程：

$$u_{ui} = -f(\hat{\varphi}_i)/F(\hat{\varphi}_i) \tag{3-17}$$

$$u_{ri} = f(\hat{\varphi}_i)/(1 - F(\hat{\varphi}_i)) \tag{3-18}$$

$f(\hat{\varphi}_i)$、$F(\hat{\varphi}_i)$ 分别为标准正态分布的密度函数和分布函数，其值由简约决策 Probit 模型根据正态分布的截断模型的条件期望计算得到。[①]

简约决策 Probit 模型：

$$I_i = b_0 + b_1 \tilde{X}_i + b_2 \tilde{Z}_i - \varepsilon'_i \tag{3-19}$$

$$E(\varepsilon_{ui}/I_i = 1) = \sigma_{u\varepsilon} \times \left[\frac{-f(\varphi_i)}{F(\varphi_i)}\right] \tag{3-20}$$

$$E(\varepsilon_{ri}/I_i = 0) = \sigma_{r\varepsilon} \times \left[\frac{f(\varphi_i)}{1 - F(\varphi_i)}\right] \tag{3-21}$$

$$\varphi_i = b_0 + b_1 \tilde{X}_i + b_2 \tilde{Z}_i \tag{3-22}$$

3.2.2 数据说明及统计分析

本书的数据来源于河南财经政法大学《农村工作居民收入》调查组 2012 年抽样调查数据，该调查包括了北京、天津、上海、江苏、浙江、福建、山东、广东、内蒙古、辽宁、河北、山西、吉林、黑龙江、安徽、江西、河南、湖北、湖南、海南、重庆、四川、陕西、青海、宁夏、新疆、广西、贵州、云南、西藏、甘肃等地区，涉及市县 159 个。[②] 调查问卷涉及农村劳动力个人及家庭情况、农村生活及环境方面的信息。本书将农村劳动力定义为主要居住在农村的劳动力，

---

① 计算过程参见：格林. 计量经济分析［M］. 北京：中国人民大学出版社，2007.

② 特困地区表示县和国家重点扶持贫困县，没有包括在数据组内，因为越贫困的地区，农村劳动力转移难度越大，样本越少。

既可能从事农业生产经营，也可能从事非农生产经营。将调查期间户籍和工作地点在农村并且从事非农生产经营6个月以上的劳动力定义为就地转移者，将调查期间户籍和工作地点在农村并且主要务农的样本定义为非转移者，删除户口在家的在外学生、待业人员、房屋租赁者、家务劳动者，最后得到就地转移者1412人，在农村从事农业的非转移者3448人。

表3–4是农村劳动力就地转移者和非转移者的样本特征，受教育水平代表农村劳动力个人教育背景，将未受过正规教育、小学、初中、高中或中专、大专、本科分别按0、6、9、12、15、16年处理；性别（男性=1，女性=0）、婚姻（已婚=1，未婚=0）和地貌（平原=1，丘陵或山地=0）为虚拟变量；健康程度、幸福指数、水源指数、交通条件指数、信息交流指数、惠农收入改善指数根据由差到好1~5赋值所得的平均数。其中，幸福指数代表劳动力个人的生活状况，水源指数代表农村劳动力所在地水源情况；交通条件指数代表所在村对外交通条件，信息交流指数指所在村对外信息交流的条件，惠农收入改善指数指国家推行的惠农政策对改善收入的作用水平。转移者月收入是劳动力个人非农职业月收入的数据，非转移者月收入是在农户农业年净收入基础上按照劳动力个人贡献率折算的月收入数据。

表3–4 农村劳动力就地转移者和非转移者的样本特征

	就地转移者	非转移者
平均教育水平	9.433	8.757
未受过正规教育（%）	4.320	6.352
小学（%）	14.448	20.244
初中（%）	39.377	42.169
高中或中专（%）	41.856	31.206
大专（%）	0	0
本科（%）	0	0
平均年龄	35.712	39.156
30岁以下（%）	37.181	24.913
31~40（%）	25.071	24.043
41~50（%）	22.734	30.046
50以上（%）	12.677	18.097
性别	0.627	0.686
男性（%）	62.677	68.561
女性（%）	37.323	31.439

续表

	就地转移者	非转移者
婚姻状况	0.719	0.809
未婚（%）	28.045	19.026
已婚（%）	71.955	80.945
幸福指数	3.57	3.476
很不幸福（%）	2.266	2.262
比较不幸福（%）	7.224	8.382
一般（%）	38.810	41.937
生活状况比较幸福（%）	34.632	34.368
生活状况非常幸福（%）	17.068	13.051
健康程度	3.834	3.663
家庭人数	4.309	4.684
水源指数	3.764	3.597
严重缺水（%）	2.195	2.494
比较缺水（%）	9.065	11.369
一般（%）	29.462	32.483
较丰富（%）	28.683	31.294
水源丰富（%）	30.595	22.361
交通指数	3.601	3.436
非常差（%）	2.479	3.132
比较差（%）	7.861	11.746
一般（%）	35.482	37.645
比较好（%）	35.411	33.382
非常好（%）	18.768	14.095
信息指数	3.512	3.354
很闭塞（%）	1.629	1.769
相当闭塞（%）	8.569	10.644
一般（%）	40.722	47.013
较了解（%）	35.127	31.555
很了解（%）	13.952	9.020
惠农收入改善指数	2.281	2.607
不明显（%）	33.711	20.302
有一些（%）	23.867	28.683
一般（%）	28.116	28.538
较大作用（%）	9.207	14.994
很大作用（%）	5.099	7.483
平原（%）	27.733	72.267
丘陵或山地（%）	31.118	68.882
月收入水平（元）	2988.654	2022.592
样本数（人）	1412	3448

从转移组和非转移组的教育水平来看，没有大专以上文凭的样本，两组人员的受教育平均水平都不高。这反映了农村教育资源的落后和受教育机会的匮乏，也反映了由于城市就业机会呈下降趋势、城市产业部门的发展对农业劳动力需求有限，高学历的农村人力资本更受青睐，大多转移到城市。尽管如此，就地转移组的整体受教育水平略高于非转移组，主要表现在转移组人员构成中，高中或中专学历的人员比例高于非转移组人员。

从两组人员的平均年龄来看，非转移组的平均年龄明显高于转移组。从各年龄段的人员占比情况来看，转移组 30 岁以下的人员占到了 37.18%，非转移组 41 岁以上的人员占到了 30.04%，反映了 30 岁以下年轻人就业方向大多是非农业，41 岁以上中老年人大多选择从事农业。农业人员年龄呈现出一种老龄化趋势。

性别、婚姻状况、幸福指数的平均值和样本比例两组人员相似：男性多于女性，这和农村人口结构相关；已婚的占到了绝大多数，可能的原因在于已婚的劳动力从事农村工作不仅能降低异地迁移成本，还可以照顾家庭；幸福指数选择“一般”或“比较幸福”的占据大多数，表明随着农村经济的建设发展，农村生活有所改善，但相对于城市丰富的物质和文化生活，农村生活状况还是有不小差距。从两组人员健康程度来看，就地转移者健康水平平均要好于非转移者，说明身体健康有利于劳动力转移。从两组人员的家庭构成来看，两组样本大多是核心家庭，非转移组的家庭人数略高于转移组。

从劳动力所在的农村环境的指标来看，转移组的水源指数、交通指数、信息指数、惠农指数均高于非转移组。这反映了信息发达、交通便利、资源丰富及经济发展水平较高的农村地区，乡镇企业或第二、第三产业发展机会大，就业转移吸纳能力强，农民更易在本地区或就近实现非农转移。从两组劳动力所在村地貌特点来看，平原区非转移组的人员比例略高于丘陵或山地，说明由于平原区易于农业耕作，非转移人员比例略高。

从事非农就业的转移组月收入明显高于非转移组，表明非农收入高于农业收入使农民有抵御风险向非农转移的可能，另外，转移组样本拥有的地区经济、资源环境、人力资本相对发达也是转移组收入高的原因之一。

3.2.3　模型估计结果与分析

转移模型包括转移决策 Probit 方程、转移者和非转移者的收入方程。由于代表自选择的结构变量在收入方程里，所以笔者先估计转移者和非转移者收入方程的结果，之后在测算整体样本预期收入差异的值的基础上，再估计转移决策 Probit 方程的结果。

（1）转移者和非转移者收入方程的估计结果。

表 3–5 中给出了农村劳动力就地转移者和非转移者收入方程的估计结果，从性别的影响来看，男性有收入的优势，表明了男性作为农村家庭的主要劳动力，在农村收入贡献中仍然占据重要角色。男性收入优势大于女性的现象在非转移组更明显，这和农业生产劳动强度大、环境艰苦需要男性劳动力相关，而女性则更多地从事照顾家人、家庭副业和劳动强度相对小的农业劳动。已婚的婚姻状况对

表 3–5　农村劳动力就地转移组和非转移组收入方程的估计结果

变　量	转移者收入方程	非转移者收入方程
性　别	0.252** (2.2)	0.556*** (4.45)
已　婚	0.023 (0.47)	0.002 (0.03)
受教育年限	0.022* (1.82)	0.042*** (3.69)
年　龄	0.065* (1.83)	0.019 (1.56)
年龄平方	–0.001* (–1.84)	–0.000** (–3.15)
健康程度	0.051* (1.69)	0.197*** (3.99)
结构变量	–0.012 (–0.31)	–0.003*** (–19.24)
常　数	6.155*** (6.61)	5.416*** (11.45)
样本数	1412	3446
F 值	20.15	43.03
调整 R^2	0.0979	0.0889

注：*、** 和 *** 表示在 10%、5%和 1%水平上显著。转移者收入方程的结构变量即为 u_{ui}；非转移者收入方程的结构变量即为 u_{ri}。

两组人员收入呈正向影响，表明已婚者大多是工作经验较为丰富的劳动力，相比起未婚的劳动力来说，有收入优势。

一定的人力资本储备是提高农民收入的前提。受教育年限对两组人员的收入都有较明显的正向作用，反映出教育对提高农民收入的重要性。但教育对收入的影响小于健康程度、性别等因素，可能的原因在于转移的或非转移的农村劳动力大多数从事的是科技含量低、体力特征明显的工作。年龄对两组人员收入的影响呈现倒“U”型，年龄对收入的影响在转移组更明显的现象证明了非农就业劳动力市场工资的构成和特性：非农职业工资和工龄相挂钩，年龄大的劳动者往往工龄也不短。

结构变量反映了劳动力自选择对农村劳动力配置的影响。可以看出，非转移者结构变量的系数通过了 1%的显著性检验，说明了调查数据支持本书关于自选择的假设。借鉴 Maddala 和 Nelson（1975）、范晓菲等（2013）对于收入方程中结构变量系数符号的判断，① 转移者结构变量的系数小于 0 而非转移者结构变量的系数也小于 0，表明转移者技能比总人口中转移所需要的平均技能高；非转移者的技能比总人口中非转移所需要的平均水平低，也就是说，农村就地转移者的技能水平偏高而从事农业的非转移者的技能水平偏低。这反映了从 20 世纪 80 年代初期到现在，农村劳动力转移到了一定的阶段，城市就业比重相对稳定到了一个固定的水平，异地转移劳动力的报酬增速缓慢，在这种情况下，农村劳动者即使没能转移到城市而是留在农村，但就地转移的劳动力在技能方面具有绝对优势。这也说明我国农村剩余劳动力无限供给的特征正在逐渐消失，留守农业的农村劳动力无论是技能水平还是人口素质都相对较弱。

根据自选择的影响，笔者预测了总样本的预期收入差距，发现考虑自选择的预期收入差距均大于 0，说明劳动力就地转移增加了农民的预期收入，自选择在一定程度上对收入分配产生作用。

（2）转移决策的 Probit 模型估计结果。

表 3-6 给出了转移决策 Probit 方程的估计结果（因变量为 I，指是否就地转移，1 为就地转移，0 为不转移），其中性别、年龄、教育水平、健康程度是转移

① 他们假设每个个体均具有转移和非转移所需要的技能，并依此解释了三种情况。具体计算参考：范晓非，王千，高铁梅.预期城乡收入差距及其对我国农村劳动力转移的影响［J］. 数量经济技术经济研究，2013（7）：31.

决策方程的个人特征变量，婚姻状况、家庭人口数是转移决策方程的家庭特征变量，预期收入差距是代表劳动力是否城乡迁移的经济因素，幸福指数、水源指数、交通条件指数、信息交流指数、是否是平原或丘陵是代表农村劳动力所在地的经济条件及地貌特点的变量，惠农收入改善指数是代表制度性因素的变量。由于 Probit 不是线性模型，① 因此，笔者又计算出边际影响。

表 3–6 转移决策的 Probit 模型估计结果

变 量	系 数	边际影响
性 别	0.999*** (8.69)	0.318*** (8.81)
已 婚	–0.469*** (–7.88)	–0.149*** (–8.02)
受教育年限	0.091*** (9.03)	0.029*** (9.19)
年 龄	–0.033*** (–10.08)	–0.011*** (–10.25)
健康程度	0.611*** (10.95)	0.194*** (11.23)
家庭人口数	–0.089*** (–7.16)	–0.028*** (–7.25)
预期收入差距	3.494*** (10.59)	1.111*** (10.83)
幸福指数	0.043* (1.84)	0.014* (1.85)
水源指数	0.039* (1.94)	0.012* (1.95)
交通条件指数	0.064** (2.77)	0.020** (2.78)
信息交流指数	0.069** (2.72)	0.022** (2.72)
惠农收入改善指数	–0.131*** (–7.73)	–0.042*** (–7.87)
平 原	–0.171** (–2.14)	–0.054** (–2.15)
丘陵和山地	0.004 (0.04)	0.001 (0.04)
常 数	–5.610*** (–10.84)	–0.709*** (–113.00)

① 对于线性模型来说，系数就是边际影响，但对于非线性模型而言，系数不是边际影响，所以需要再算出边际影响，Stata11.0 边际影响的命令为 margins。

续表

变　量	系　数	边际影响
样本数	4858	
Log Likelihood	−2711.544	
LR chi2（8）	433.1	
Pseudo R^2	0.074	

注：*、** 和 *** 分别表示在 10%、5%和 1%水平上显著。

从性别变量的边际影响来看，边际影响为正且通过了 1%的显著性检验，说明由女性来承担家中农活是农户家庭农业经营的一个重要特色，男性从事非农业就地转移的概率要高一些。已婚的婚姻状况对转移概率有显著负影响，可能的原因在于就地转移的技术、风险要求使得个人转移更容易实现，而结婚后举家迁移不易实施。教育对劳动力就地转移的决策有正向影响。转移组与非转移组样本受教育平均年限的区别在于“初中”，和朱农（2005）、程名望（2007）研究结论相同，表明了九年义务教育对农民劳动力是否转移有重要影响。年龄、健康程度因素对于转移概率的影响呈现负向作用，表明年轻力壮的农村劳动力转移的可能性较大，这反映了年长的农村劳动力更愿意避开非农业就业带来的风险，“农村土地承包地权”、“宅基地权”带来的安全感更吸引他们。

家庭人口数对非农转移决策有负影响，可能的原因在于样本中的农村家庭大都是核心家庭，人数不到 5 个，家庭中大多拥有儿童和老人，有劳动能力的成员在家庭中比例较小，妇女出行概率也较低。另一可能原因在于农村家庭大多是劳动密集型的，以一家一户承包几亩地的小规模经营，需要一定数量的劳动力，家庭人数的增加往往会增加家庭农业经营机会，而且随着农户家庭成员年龄的上升，从事农业的比例会明显上升。

幸福指数、水源指数、交通条件指数、信息交流指数对农村劳动力就地转移概率的影响呈正向作用，原因在于，方便的交通及信息降低了劳动力转移的交通成本和工作搜寻成本，较好的农业资源禀赋打开了农村与外界交流的机会，增加了外部投资机会，促进了本地区非农产业的兴旺，有利于农村劳动力实现就地转移。值得注意的是，惠农收入改善指数对非农业转移决策有负影响，即惠农收入改善指数越高，农民务农的可能性越大，反映了自 2004 年以来，政府一系列包括农业税减免、粮食直接补贴、主要生产资料购买补贴等惠农政策调动了农民农业生产的积极性，同时国家减免农业费税降低了农业成本，增加了农民从事农业的机会。农业收入越高，农业生产发达，农村的生活条件就越好，农村剩余劳动力转移意愿就相对变弱（程名望等，2005）。

预期收入差距对转移概率的正向影响作用最大，边际影响达到了 1.111，表明预期收入差距每提高一个单位，[①] 农村劳动力转移的概率就增加 111.1 个百分点，远远高于其他因素对转移概率的影响，支持了托达罗对劳动力转移动力的分析，即经济因素是影响劳动力转移的首要因素。

平原地区对转移决策呈负影响、丘陵和山地对转移决策呈正向影响。可能的原因在于农业机械化主要适用于平原和缓丘陵地区的农地规模经营，平原地区农业为农民提供的就业机会大大高于丘陵和山地，而山地地理条件导致的耕地面积有限、土地资源的匮乏是农村劳动力转移的重要原因。

（3）模型总体解释。

随着政策性转移障碍的逐步消除，非经济因素对劳动力转移的影响逐渐减弱，经济的内在规律逐渐起主导作用。刘易斯二元结构理论认为，只要部门Ⅰ的一般工资水平高于部门Ⅲ的收入且达到一定比例，农民就愿意转移到部门Ⅰ谋求新职业。托达罗认为农村劳动力转移的决策是根据“预期”收入最大化目标做出的。笔者将样本中转移者和非转移者实际收入差距和预期收入差距进行了比较（见图 3-4），可以看出，实际收入差距随着分位点的增加而不断下降，预期收入差距则随着分位点的增加而不断增加，这种现象说明了实际收入差距会影响劳动力转移，但无法解释收入较高的农村劳动力也转移的动因，预期收入差距能更好地解释这个现象，本书的结论支持了托达罗迁移理论假设，即农村劳动力是否转移是和预期收入差距紧密相关的。

3.2.4 结论与政策含义

农村劳动力就地转移可以真正解决二元经济结构下农村剩余劳动力转移与城镇失业的两难问题，也可以提高非农产值在整个农村社会经济结构中的比重。本节在内生选择性转换模型的基础上，采用中国农村居民收入的微观数据，通过构建农村劳动力就地转移意愿的决策模型，分析了农村劳动力就地转移的影响因素

① 本书的 Probit 模型的预期工资差距是对数工资差距。

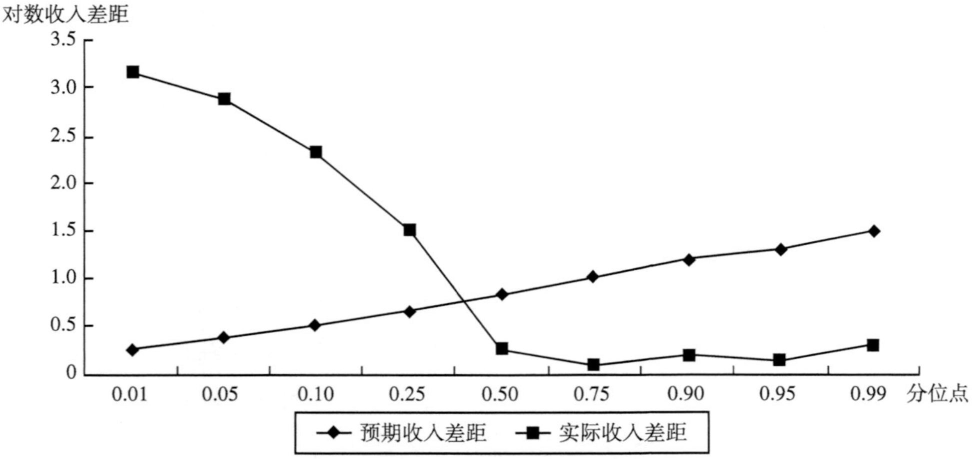

图 3-4　样本实际收入差距和预期收入差距的分位点

及作用效果。本节的结论如下：

（1）结论。

第一，从收入方程结果来看，无论是转移组还是非转移组，一定的人力资本储备是提高农民收入的前提。受教育年限对两组人员的收入都有较明显的正向作用，但教育对收入的影响小于健康程度、性别等因素，反映了教育相对于其他人力资本因素收益率较低。非转移组的收入方程中存在很强的自选择证据，说明我国农村剩余劳动力无限供给的特征正在逐渐消失，留守农业的农村劳动力无论是技能水平还是人口素质都相对较弱。

第二，从就地转移决策方程结果来看，经济因素是首要因素，预期收入差距对农村劳动力的就地转移起到了绝对重要的作用。从劳动力个人特征的影响来看，年轻、未婚、教育水平较高、身体健康的男性就地转移概率较大；从家庭特征的影响来看，家庭人口越少，越有利于就地转移；从农村劳动力所在地的经济条件及地貌特点的影响来看，交通便利、信息通畅、水源条件较好的农村，劳动力就地转移概率较大；惠农政策实施效果较好的农村，劳动力就地转移概率较小；平原地区的农村，劳动力就地转移概率较小。

（2）建议。

近些年来，城市经济发展和技术要求使得较高素质的和年轻力壮的农村劳动力转移到城市，年龄较大、体弱多病、学历低下的劳动力留守农村，劳动力城乡转移过程中人力资本配置的失衡不仅不利于农业的可持续发展，而且进一步扩大了城乡收入的差距；另外，农村劳动力的迅猛流动对城市的就业、交通、公共设施建设产生不小的压力。只有农业与农村得到发展，工业扩张才能得到保证。因此，政府在保证农村劳动力合理、有序迁移的同时，也要保证留守农业劳动力的质量以及农村经济发展所需要的人力资本。

第一，预期收入差距对农村劳动力转移起到了绝对重要的作用。因此，政府一方面应大力发展农业生产，提高农民耕种土地的积极性、提高农业生产率和技术贡献率、提高农民农业收入，以此缩小城乡之间的不平衡；另一方面应大力推进农村的非农产业，使得农民就地转移、“离土不离乡”、“进厂不进城”，扩大农村劳动力在农村的就业机会，这样不仅能解决农村剩余劳动力问题，也能有效减少劳动力对外转移过程中人力资本的流失，保留农村建设的高质量的人力资源，促进农村社会经济走向良向循环。

第二，我国解决农村劳动力就地转移问题的实质是要加快农村的非农业化进程的问题，流畅的市场信息、较低的交通成本、良好的经济基础、农村生活较幸福有利于农村劳动力的就地非农转移。因此，政府应加强农村的基础设施投资与建设，改善农村医疗卫生基础设施条件，通过帮扶、信息技术等手段，推动城市优质资源向农村延伸。

第三，教育水平是影响农民收入水平的核心要素，也对农村劳动力转移有重要影响。因此，政府应大力发展农村教育，在保障农民和城镇居民相同的受教育机会的同时，也要保证适龄儿童的充分入学和九年义务教育的贯彻实施；发展多层次、多类别的农村职业和技能培训，把农村人口压力转化为人力资本优势，实现人力资本提高与非农岗位配置；发挥市场机制在资源配置中的决定性作用，促进农村劳动力有序流动。

3.3 本章小结

本章在内生选择性转换模型的基础上，采用中国农村居民和城镇农民工收入的微观数据，构建农村劳动力转移意愿的决策模型，分析了农村劳动力转移的动因及内在机理。结果表明：经济因素是首要因素，预期收入差距对农村劳动力的转移起到了绝对重要的作用。从劳动力个人特征的影响来看，人力资本教育回报率对农村劳动力转移影响较大；家庭特征、农村所在地特征对农村劳动力转移有一定影响。

4 农民工收入歧视总体判断

第 3 章对农村劳动力城乡转移的动因进行了分析，结果表明，预期收入差距是农村劳动力城乡转移的主要动因，农村劳动力的生活状况对城乡转移概率存在负向影响。可以看出，农村劳动力转移到城市打工有经济因素方面的原因。2000 年以后，政府进一步取消各种不合理限制，积极推进配套改革，进城打工的农民工的规模越来越大。2013 年，全国农民工总量达到 2.69 亿人。农民工数量巨大，但农民工收入水平远远低于城镇平均工资水平。2012 年末，城镇单位就业人员平均月工资为 3897 元，外出农民工人均月收入水平为 2290 元，农民工月工资水平比全国平均工资水平低 41.24%左右。2013 年第三季度，农民工的人均月收入是 2542 元，还没有达到 2012 年的全国平均工资水平。农民工与城镇居民工资差距不断扩大引起了经济学家和社会学家的关注。研究者们认为，农民工和城市职工的平均工资收入存在较大的差距，歧视是造成收入差距的主要原因（王美艳，2005；姚先国和赖普清，2004；谢嗣胜和姚先国，2006；邓曲恒，2007；胡建国，2009；邢春冰，2008；张晓蓓和亓朋，2011；李红梅，2012；俞玲，2012）。因此，对歧视的研究有助于解释生产率相同的不同人口群体在工资及职业方面存在的差异。

本章结合 2012 年全国调研数据对农民工收入歧视进行总体判断。首先采用 Mincer 工资方程和 Oaxaca-Blinder 工资分解方法，研究农民工和城镇居民工资差异的总体表现、歧视导致的工资差异问题。其次通过引入控制变量来判断影响农民工工资水平的因素，并依据影响因素作用效果设计了农民工收入歧视的总体解决路径。最后提出了政策建议，为后续子市场的研究提供依据。

4.1 工资收入差异的特征

在我国，工资收入差异不仅表现在不同行业和地区，也表现在个人属性特征上。男性、汉族、已婚的、身体健康的劳动者，工资相对有优势。

从农民工和城镇居民个人特征与工资水平比较来看（见表 4-1），女性群体工资差异更显著，达到 22%左右。少数民族群体工资差异较小，为 11.5%左右。从两组人群内部比较来看，城镇居民男性工资比女性高 28.32%，农民工男性工资比女性高 29.78%；汉族城镇居民比其他少数民族城镇居民的工资高 19.75%，汉族农民工比其他少数民族农民工的工资高 10.88%左右。这反映出劳动力市场性别工资差异显著而民族工资差异不显著。从年龄结构来看，农民工中 16~25 岁的样本占到了 42.2%，而城镇居民这个年龄段的样本仅占 28.47%，明显低于农民工样本的占比数，反映了农民工受教育时间短，刚到成人年龄就作为家庭主要劳动力外出打工。26~30 岁年龄段的两组群体在总样本的比例相似。农民工 51 岁以上的样本占比仅为 4.02%，这反映了到城市工作的农民工大多是青壮年劳动力，而老年人大都留置在农村务农的现实。可以看出，农民工的样本集中在 16~30 岁，城镇居民样本更多地集中在 20~45 岁，农民工的年龄结构较城镇居民来说，更为年轻一些。从年龄结构和工资关系来看，年龄与工资水平呈现出倒“U”型关系，在 36~40 岁年龄段之前，工资水平随年龄增长递增，这个年龄段之后，工资水平随年龄增长呈递减状态。16~20 岁年龄段的农民工和城镇居民工资差异不大，31~35、41~45 年龄段的农民工和城镇居民工资差异较大，工资差异超出 20%。56~60 岁年龄段的农民工的工资高于城镇居民，可能的解释是这个年龄段的农民工由于家庭经济的压力还在非正规部门工作，大多是临时工性质。他们吃苦的精神、健康的身体要比同年龄段的城镇居民更受青睐。

从受教育水平来看，初中、高中的农民工样本较多，占到 44.24%左右，中专、大专的农民工样本占到 29.11%。相比起以前的研究（邢春冰，2008），初中、高中的农民工比例有所提高。这一方面反映了教育普及使得农业户口考入中专、大专的学生更多，另一方面也反映了随着教育水平的不断提高，非农业户口的获得在学历方面的门槛也在提高。以前绝大多数拥有大专以上学历的劳动者就可以获得非农业户口，但是现在拥有大专学历的农民及其子女，并不能解决城市户口问题。城镇居民的受教育水平整体高于农民工，大专、本科的比例达到了57.88%，初中及以下的劳动者占比仅为12%左右，明显低于农民工28.50%的比例。从教育背景和工资关系来看，教育年限和工资水平呈现出正向关系。文盲和小学文化水平的农民工的工资略高于城镇居民的工资，可能的原因在于劳动力市场有些城镇居民不愿干的“脏、差、乱”的工作，文化水平较低的农民工愿意接受。初中以上文化学历的农民工的工资水平低于城镇居民，随着教育年限的增加，农民工和城镇居民工资差距有增大的趋势。从工作年限来看，工作经验在5~10年的农民工样本较多，占比达到20%左右。工作年限1~3年的农民工样本，比例也达到了18%左右。20年以上工作年限的农民工占比非常小，可能的原因在于农民工历史上迁移时期始于20世纪80年代末90年代初期，最初迁移的大部分农民工要么已经转为非农业户籍，要么回流农村。相比之下，城镇居民工作年限5年以下的样本较少，5年以上的样本比例要高于农民工。从工作年限和工资关系来看，工作年限和工资水平也呈现出倒“U”型关系。相同工作年限的农民工工资水平明显低于城镇居民。即使是工作经验都小于1年的情况下，城镇居民也比农民工的工资高出17.56%，反映了刚进入劳动力市场的两组群体，城镇居民由于教育背景的优势拉开了与农民工的工资差异。工龄在5~10年、10~15年、20~25年、40~44年的城镇居民比农民工工资高出20%以上，工龄在44岁的样本，城镇居民比农民工工资高出74.485%，可能的解释是工龄较长的城镇居民大部分享受着人力资本不断积累带来的优势或论资排辈的优势，而农民工由于大多是非正规就业，工作流动性强，工作年限没能带来工资水平的明显上升。从技术水平来看，农民工无技术的样本占比高于城镇居民。从技术结构和工资水平来看，两者呈正比关系，技术水平之间的工资差异较大，具有较高技术水平（副高）的工资比初级技术水平的工资高出40%左右。相同技术背景的农民工和城镇居民工资差异较小，反映技术水平和工资挂钩的公平性与透明性。直观来看，不同技术水平之间的工资差异远远高于农民工和城镇居民之间的工资差异。

表 4-1　农民工和城镇居民个人特征及工资差异

		全国	性别		民族		婚姻		
		总体	男性	女性	汉族	其他民族	未婚	已婚	
农民工	样本数	5746	3740	2006	5151	595	2784	2962	
	平均工资（元）	3385.281	3778.114	2652.881	3423.85	3051.387	3046.624	3703.588	
城镇居民	样本数	13776	8599	5177	12432	1344	5107	8669	
	平均工资（元）	4213.33	4715.248	3379.645	4296.116	3447.565	3699.919	4515.787	
工资差异	绝对值	828.049	937.134	726.764	872.266	396.178	653.295	812.199	
	相对值（%）	19.65	19.88	21.50	20.30	11.49	17.66	17.99	

		教育背景							
		文盲	小学	初中	高中	中专	大专	本科	研究生
农民工	样本数	62	253	1325	1212	478	1197	1148	79
	平均工资（元）	3390.323	3689.17	3198.392	3496.683	2836.234	3187.891	3707.214	5369.747
城镇居民	样本数	66	173	1495	2397	956	3225	4755	718
	平均工资（元）	2422.727	2890.59	3422.615	3833.134	3491.412	3977.629	4633.147	6840.922
工资差异	绝对值	−967.596	−798.58	224.223	336.451	655.178	789.738	925.933	1471.175
	相对值（%）	−39.94	−27.63	6.55	8.78	18.77	19.85	19.99	21.51

续表

		年龄									
		16~20	21~25	26~30	31~35	36~40	41~45	46~50	51~55	56~60	60以上
农民工	样本数	364	2059	1208	668	490	424	294	108	79	44
	平均工资（元）	2611.264	2943.856	3748.038	4037.53	3898.78	3438.809	3603.435	3050.37	4036.456	2846.364
城镇居民	样本数	402	3519	3022	2133	1511	1364	939	371	282	228
	平均工资（元）	2769.701	3339.123	4474.156	5062.82	4721.28	4612.844	4388.291	3944.717	3415.443	3840.684
工资差异	绝对值	158.437	395.267	726.118	1025.29	822.5	1174.035	784.856	894.347	−621.013	994.32
	相对值（%）	5.72	11.84	16.23	20.25	17.42	25.45	17.89	22.67	−18.18	25.89

		技术水平					健康程度				
		无技术	初级	中级	副高	高级	很差	比较差	一般	比较好	很好
农民工	样本数	3739	865	974	102	67	64	220	1688	2698	1083
	平均工资（元）	3241.771	3071.884	3847.795	5276.618	5831.343	2209.844	3474.25	3050.93	3459.466	3770.037
城镇居民	样本数	7271	2147	3397	570	397	109	516	4348	6500	2323
	平均工资（元）	3900.825	3726.876	4574.468	6307	6480.806	2816.422	4136.638	3992.04	4277.202	4526.448
工资差异	绝对值	659.054	654.992	726.673	1030.382	649.463	606.578	662.388	941.11	817.736	756.411
	相对值（%）	16.90	17.58	15.89	16.34	10.02	21.54	16.01	23.58	19.12	16.71

		工作年限											
		<1	1~3	3~5	5~10	10~15	15~20	20~25	25~30	30~35	35~40	40~44	44年以上
农民工	样本数	528	1019	795	1129	721	450	454	326	200	72	43	9
	平均工资（元）	2479.678	2903.150	3472.113	3559.672	3841.234	4090.360	3390.430	3554.448	3413.200	3714.306	3000.000	1975.556
城镇居民	样本数	837	1926	1639	2690	2006	1371	1348	943	571	272	159	14
	平均工资（元）	3007.897	3362.111	3860.236	4660.611	4827.156	4719.920	4670.000	4174.364	3482.268	3741.985	4310.415	7742.857
工资差异	绝对值	528.219	458.961	388.123	1100.939	985.922	629.560	1279.570	619.916	69.068	27.679	1310.415	5767.301
	相对值（%）	17.561	13.651	10.054	23.622	20.424	13.338	27.400	14.851	1.983	0.740	30.401	74.485

注：相对值的算法为：（城镇居民平均工资 − 农民工平均工资）/ 城镇居民平均工资 × 100。

4.2 农民工和城镇居民工资方程及差异分解

4.2.1 工资方程回归

笔者将 Mincer 工资方程进行扩展，在 $\sum X_i$ 表示的一系列控制变量里加入了劳动力个人的年龄、技术程度、管理水平、健康程度。加入年龄，是因为随着年龄的增长，工作经验会得到积累，学习力更强，这些能有效提高劳动力生产率。加入健康程度，是因为除了知识、技能外，健康程度越来越成为组成人力资本的重要因素之一。加入管理水平，是因为管理水平和就业岗位、工作性质密切相关，反映出在控制教育回报率和工作经验回报率后，另一个影响工资水平的潜在变量。① 为了考察工作经验—工资曲线是否存在倒“U”型特征，在模型中加入工作经验，即工作年限的平方项。在总体工资方程里，假设部门、行业、区域劳动生产率没有差异，仅考虑人力资本回报率的情况。

笔者针对全国总体样本、农民工样本、城镇居民样本分别进行了回归（见表 4-2），可以看出，无论是哪组样本，人力资本要素对工资方程的影响都通过了 1%的显著性检验，其中管理水平对工资影响的作用最大，可能的解释在于管理水平直接决定了劳动力的职业性质和工作岗位层次，而薪酬的岗位级别又进一步决定了工资水平。年龄因素对工资影响的作用最小，可能的解释是年龄反映不出来劳动者的技术水平及教育背景，年龄与工资挂钩的现象正在消失。工作经验边际效率回归系数为负，且在 1%水平上显著，表明随着工作年限的增加，工资水平呈现先上升后下降的倒“U”型。

年龄、工作年限、技术水平和健康程度对农民工工资的影响力度大于城镇居民，其中，技术水平尤为显著，说明技术水平的提高、培训机会的增加、技术的

① 因此，从部门所有制、行业岗位角度研究的工资方程，去掉了管理水平变量。

表 4-2 均值工资回归方程

	农民工	城镇居民	全国总体
教育年限	0.016***	0.040***	0.032***
年龄	0.007**	0.004**	0.006***
工作年限	0.024***	0.018***	0.021***
工作经验	-0.001***	-0.001***	-0.001***
技术水平	0.063***	0.050***	0.053***
管理水平	0.394***	0.401***	0.401***
健康程度	0.067***	0.059***	0.063***
常数项	6.561***	6.459***	6.480***
调整后的 R^2	0.19	0.24	0.23
F 统计量	195.07	624.49	853.22

注：** 和 *** 分别表示在 5%和 1%水平上显著。

普及及科技投入的增加更有利于提高农民工工资水平。受教育年限、管理水平对农民工工资的影响力度小于城镇居民。对于农民工来说，教育年限对工资水平的影响仅高于年龄因素，其作用水平也远远小于全国样本和城镇居民样本，反映了农民工总体知识水平远低于城镇居民，受教育年限的差异很可能是导致城镇居民工资水平高于农民工的主要因素。

4.2.2 工资差异的分解

采用 Oaxaca-Blinder 分解，将城镇居民实际工资结构当作无歧视的劳动力市场工资结构来测算农民工工资歧视。

$$\ln\overline{wage_U}-\ln\overline{wage_R}=\overline{X}_U\hat{\beta}_U-\overline{X}_R\hat{\beta}_R=\overline{X}_U\hat{\beta}_U-(\overline{X}_R\hat{\beta}_U-\overline{X}_R\hat{\beta}_U)-\overline{X}_U\hat{\beta}_R$$

$$=(\overline{X}_U-\overline{X}_R)\hat{\beta}_U+\overline{X}_R(\hat{\beta}_U-\hat{\beta}_R) \tag{4-1}$$

其中，U 表示城镇居民，R 表示农民工，$\ln\overline{wage_U}$ 和 $\ln\overline{wage_R}$ 分别表示两个群体的月工资均值对数，$\overline{X}_U$ 和 $\overline{X}_R$ 分别表示城镇居民与农民工的特征变量的样本均值向量，$\hat{\beta}_U$ 和 $\hat{\beta}_R$ 分别表示两个群体工资方程的回归系数的估计值向量。据此可以将城镇居民和农民工之间的收入差异分解为可解释部分与不可解释部分，可解释部分即由城镇居民和农民工个人特征的差异引起的工资差异，不可解释的部分归结为歧视。

从均值工资差异的分解来看（见表 4-3），歧视导致的工资差异占比为 29.59%，歧视的作用较弱。从特征效应的构成来看，管理水平解释了特征效应的 30%，工作年限解释了 26%，说明这两个人力资本要素的禀赋差异是引起工资差异的主要来源，也说明了如果农民工提高管理岗位、增加在劳动力市场的工作年限，就能显著地提高农民工工资水平、有效缩小两组群体的工资差异。从歧视构成来看，教育解释了歧视的 195%左右，也就是说，如果控制了教育变量，农民工的工资水平有可能高于城镇居民。即教育上的歧视是造成农民工和城镇居民工资差异最根本的因素。教育回报率的不平等的原因来自统计性歧视理论，在信息不对称的条件下，因为不能有效鉴别农民工的真实生产力水平，雇主（企业）根据全社会农民工的平均生产力水平来决定自己雇佣的农民工工资水平。因此，生产能力超过平均水平的农民工受到了工资歧视。教育年限作为一种信号，在一定程度上反映了农民工的真实生产力（农民工工资方程，教育对工资水平的影响达到了 1.6%），但与此同时，同等教育背景的农民工，其教育回报率大大低于城镇居民。教育回报率的不平等导致两组人群工资差异扩大。管理水平能大幅度提高个人工资水平，和教育变量不同的是，管理变量在歧视中所占比重较小。健康程度作为人力资本的重要构成部分，对工资差异的影响排到了其他因素之后，但对缩小工资差异有帮助。

表 4-3 均值工资 Oaxaca-Blinder 分解

变 量	特征效应	相对值（%）	歧 视	相对值（%）
总值	0.120	71.006	0.050	29.586
教育	0.025	14.793	0.329	194.675
年龄	0.020	11.834	-0.095	-56.213
工作年限	0.044	26.036	-0.068	-40.237
工作经验	-0.038	-22.485	0.031	18.343
技术水平	0.019	11.243	-0.024	-14.201
管理水平	0.052	30.769	0.010	5.917
健康程度	-0.002	-1.183	-0.029	-17.160
常数项			-0.103	-0.609
对数总差异	0.169			

4.3　农民工收入歧视解决路径的总体设计

一个多层次的劳动力市场，工资不仅由劳动者的人力资本决定，也与非市场化因素有关。劳动力市场分割影响到劳动力转移，进而导致了农民工就业歧视和工资歧视，农民工收入歧视的效应又加剧了农民工和城镇居民收入差异的扩大，收入差异的扩大又恶化了劳动力市场的区域分割、行业分割和部门分割、城乡分割。正如刘精明（2006）所说，政府干预和市场力量常常以不同的结合形态相互交织在一起，通过不同的方式改变着各分割部门的结构特征和劳动力市场条件，从而共同决定着当前人力资本回报的基本格局及其变化路径。因此，笔者在研究农民工收入歧视问题前，对决定农民工收入的影响因素按重要性进行了排序。在某种意义上讲，这就相当于对控制收入差距的政策措施就其重要性进行了排序，对认识和解决农民工收入歧视问题也有一个总体的切入点。

在已有的文献中，学者们从宏观视角和微观视角提出了影响工资差异的因素。如邢春冰（2008）指出，教育水平的差异是导致农民工和城镇居民收入差距的最重要原因。职业、年龄、工作性质和行业差异也是非常重要的因素。Chi 等发现，性别歧视、教育回报、行业、所有制、地区因素能够解释工资差异变动上升的大部分，但在不同时期这些因素在不同分位点的作用程度是不同的。张车伟和薛欣欣（2008）指出，工资水平与人力资本水平有关，但也因为性别、户籍、职业、企业所有制结构等因素所导致的错位与偏向，使得某些企业、行业工资偏离了市场化工资水平。

笔者在考虑市场分割和人力资本的条件下，通过逐步控制变量来判断劳动力市场分割对农民工工资的影响程度（见表 4–4），并根据各因素的排序，提出了解决农民工收入歧视的总体解决路径。

模型 1 是 Mincer 原始工资方程，用公式表示为：

$$\ln Y=\sum X_i+u \tag{4–2}$$

其中，Y 是劳动者的个人工资收入，X_i 是一组代表教育、工作经验的个人特征向量，u 是随机误差项。模型 1 重点考虑了在完全竞争的劳动力市场条件下，劳动力的教育、工作经验对工资的影响；模型 2 是扩展的 Mincer 工资方程，加入了人力资本的其他因素，考虑了技术水平、健康程度对工资收入的影响；模型 3~7 都是在模型 2 的基础上加入不同控制变量的模型。模型 3 加入了地区因素，考虑了区域经济发展水平对收入的影响；模型 4 加入了单位类型，考虑了不同部门所有制与工资收入的关系；模型 5 加入了行业因素，考虑了行业类别对工资收入的影响；模型 6 加入了岗位因素，考虑了岗位层次对收入的影响；模型 7 加入了收入级别，考虑了不同收入阶层对收入的影响。模型 8 是总模型，考虑了所有的因素对工资收入的影响。

从农民工工资方程模型来看，模型 1、模型 2、模型 4 的解释力不强，模型 3、模型 5、模型 6 的确定系数分别为 11.29%、10.4%和 19.1%，模型的解释力比前面的模型有所增加，模型 7 和模型 8 的确定系数达到了 62.1%和 64.93%，模型解释力比未增加“不同收入阶层”变量时一下增加了 69%以上，[①] 可以看出：“不同收入阶层”变量的作用极其显著，比其他变量的标准回归系数的数值都高，统计推断意义很强。从模型 7 和模型 8 不难发现，在没有区域、行业、岗位的变量时，不同收入阶层对收入的影响率达到了 31.6%，加上所有的控制变量后，不同收入阶层对工资的影响率为 29%，影响力度仅下降了 8.2%，表明即使在模型中增加了“区域水平”、“单位类型”、“行业”、“岗位层次”等变量后，其对“不同收入阶层”的解释力仍未构成显著的影响。模型 1~8，教育回报率表现出随影响因素的增加而下降，但在加入“不同收入阶层”变量后急剧下降了 69.59%，所以，相比起其他因素，“不同收入阶层”对收入分配具有最明显的影响。

从模型 3、模型 4、模型 5、模型 6 发现，按照模型的确定系数从大到小来比较，是 Mincer 扩展方程中分别加入了“区域水平”、“单位类型”、“行业”、“岗位层次”的结果。模型 6 总体解释力最高，岗位层次对于收入的影响率达到了 39.5%，教育对收入的影响下降到了 1.9%，教育回报率的下降幅度要大于控制变量为“区域”、“单位类型”和“行业”的结果。因此，对于农民工工资影响幅度较大的第二个因素是“岗位层次”因素的影响。岗位层次使得人力资本对于工

① 计算方法为（模型 7 的确定系数-模型 6 的确定系数）/模型 7 的确定系数×100%，选择模型 6 的确定系数是因为其在模型 1~6 中，是最高的模型系数。

资的影响力度整体下降，岗位层次也使得农民工内部工资差异扩大。

模型 3 的解释力高于模型 5，模型 3 对模型 1 教育回报率的削弱效果大于模型 5，所以笔者将“区域”放在了影响农民工工资因素的第三位，行业放在了第四位。行业划分越细，各个行业的特征差异将越小，这事实上等于弱化了工资收入的行业特征。

模型 4 的整体解释力低于模型 5，各单位类型对工资的影响都没有通过统计上的显著检验，出现这种结果的原因可能在于：第一，单位类型的就业性质没有行业中的工种性质造成工资变化的幅度大。第二，不同所有制部门的工作时间正在趋于一致，所有制之间分割大大减弱（李实等，2011），相对来说，因各行业劳动强度不同、生产率不同，行业对工资的影响更显著。因此，笔者将“单位类型”放在第五位，排在“行业”因素之后。由于人力资本因素对工资的影响整体小于以上几个因素，因此“人力资本”因素放在第六位。

从城镇居民工资方程模型来看，工资影响因素按从大到小的顺序则是：收入阶层、岗位、区域、单位类型、行业、人力资本。单位类型对工资的影响大于行业对工资的影响，这一点和农民工工资方程不同，但对于城镇居民来说是成立的：城镇居民在国有部门和政府事业部门、外资企业样本较多，他们又大多是正式工编制，拥有较好福利待遇、工作环境，享受所有制带来的特定优势。相比之下，农民工即使在这些部门，也是从事最低层的工作，大多是临时工性质，工资按临时工性质来决定。教育回报率、工作年限回报率变化图反映的是教育、工作年限随控制变量的改变对工资的影响程度的变化走势（见图 4–1），可以看出，模型 1~8，人力资本的要素回报率呈现逐步下降趋势，这种现象反映出宏观经济因素对工资的影响力度要远远高于个人微观因素对工资水平的影响，也暗示出分割的劳动力市场对人力资本回报率的削弱作用，这种削弱作用被经济学家定义为非市场化因素，也是工资差异研究中“不可解释的部分”的重要组成。比较四组曲线可以看出，在劳动力市场上，农民工的工作年限的回报率高于教育回报率，城镇居民的教育回报率高于工作年限回报率。农民工教育回报率远低于城镇居民，但工作年限回报率高于城镇居民。

表 4–4　影响工资的因素

农民工方程	模型 1	模型 2	模型 3	模型 4	模型 5	模型 6	模型 7	模型 8
常数项	7.368***	6.939***	6.660***	6.942***	6.65***	6.425***	6.731***	6.241***
教育年限	0.030***	0.026***	0.024***	0.026***	0.027***	0.019***	0.009***	0.006***

续表

农民工方程	模型 1	模型 2	模型 3	模型 4	模型 5	模型 6	模型 7	模型 8
工作年限	0.036***	0.037***	0.036***	0.036***	0.035***	0.030***	0.011***	0.008***
工作经验	−0.001	−0.001	−0.001	−0.001***	−0.001	−0.001	−0.001	0.001***
技术水平		0.0966***	0.095***	0.096***	0.087***	0.062***	0.031***	0.017***
健康程度		0.081***	0.076***	0.079***	0.077***	0.066***	0.02***	0.016**
区域水平			0.146***					0.057***
政府事业				−0.037				0.112
国有企业				0.097				0.138
集体				−0.01				0.129
私营				0.027				0.138
外资				0.172				0.163
个体企业				0.067				0.17
自由职业者				−0.084				0.083
岗位层次						0.395***		0.167***
制造业					0.408***			0.226**
建筑业					0.479***			0.235**
交通运输业					0.409***			0.213**
邮电业					0.366**			0.205**
餐饮业					0.216*			0.11
零售业					0.248**			0.151**
金融业					0.465***			0.188**
科教文卫					0.242*			0.207**
其他服务业					0.271**			0.171**
政府机关					0.298**			0.146*
不同收入阶层							0.316***	0.290***
调整 R^2	0.044	0.078	0.1129	0.0872	0.104	0.191	0.621	0.6493
F 值	90.04	99.37	122.83	46.57	45.4	227.58	1572.35	424.11
样本数	5746	5746	5746	5723	5738	5746	5746	5715
城镇居民方程	模型 1	模型 2	模型 3	模型 4	模型 5	模型 6	模型 7	模型 8
常数项	7.0533	6.774***	6.408***	6.477***	6.498***	6.532***	6.613***	6.270***
教育年限	0.061***	0.053***	0.047***	0.057***	0.056***	0.041***	0.023***	0.018***
工作年限	0.032***	0.030***	0.031***	0.030***	0.031***	0.022***	0.013***	0.011***
工作经验	−0.0008	−0.000807	−0.0008	−0.001***	−0.0008	−0.0006	−0.00034	0.000***
技术水平		0.088***	0.09***	0.098***	0.081***	0.050***	0.028***	0.015***
健康程度		0.067***	0.061***	0.061***	0.067***	0.059***	0.029***	0.025***
区域水平			0.197***					0.081***
政府事业				0.085				−0.035

续表

农民工方程	模型 1	模型 2	模型 3	模型 4	模型 5	模型 6	模型 7	模型 8
国有企业				0.265				–0.022
集体				0.135				–0.049
私营				0.283				–0.003
外资				0.535**				0.085
个体企业				0.306*				0.022
自由职业者				0.127				–0.062
岗位层次						0.400***		0.188***
制造业					0.36**			0.171**
建筑业					0.41***			0.185**
交通运输业					0.28**			0.186**
邮电业					0.27**			0.172**
餐饮业					0.17			0.084
零售业					0.201			0.088
金融业					0.37**			0.210**
科教文卫					0.093			0.114
其他服务业					0.194			0.103
政府机关					0.137			0.121
不同收入阶层							0.296***	0.262***
调整 R^2	0.088	0.1148	0.1687	0.1401	0.1382	0.2404	0.5961	0.6361
F 值	445.86	358.3	466.86	187.75	147.94	727.61	3389.2	960.58
样本数	13776	13776	13776	13761	13742	13776	13776	13727

注：*、** 和 *** 分别表示在 10%、5%和 1%水平上显著。

区域水平中按照经济类型区的经济水平赋值：1 代表经济类型Ⅳ区，2 代表经济类型Ⅲ区，3 代表经济类型Ⅱ区，4 代表经济类型Ⅰ区。不同收入阶层按照收入分位点分成了五个级别：1 为月收入小于 1500 元；2 为月收入在 1500~3000 元；3 为月收入在 3000~4000 元；4 为月收入在 4500~6500 元；5 为月收入在 6500 元以上。

图 4–2 为农民工收入歧视总体解决路径图。影响农民工工资的因素，按其作用力影响从大到小的顺序是：不同收入阶层、岗位层次、区域水平、行业、单位类型、人力资本因素。按照人力资本的要素回报率来排序，则是技术水平、健康程度、工作年限、教育年限。

针对前面的实证研究，设计全国农民工收入歧视的解决路径。将不同收入点、区域的农民工收入歧视问题归为第一层面，这个层面实质上研究的是农民工的“同工不同酬”问题，即工资歧视问题。将单位类型放在第二层面，这个层面的农民工收入歧视问题研究的不仅有农民在不同单位类型的工资歧视问题，也有

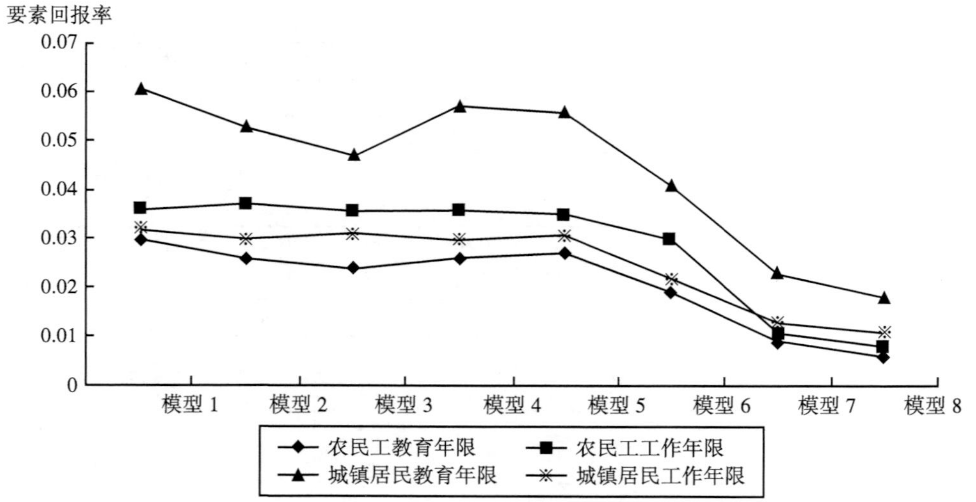

图 4-1　教育、工作年限回报率

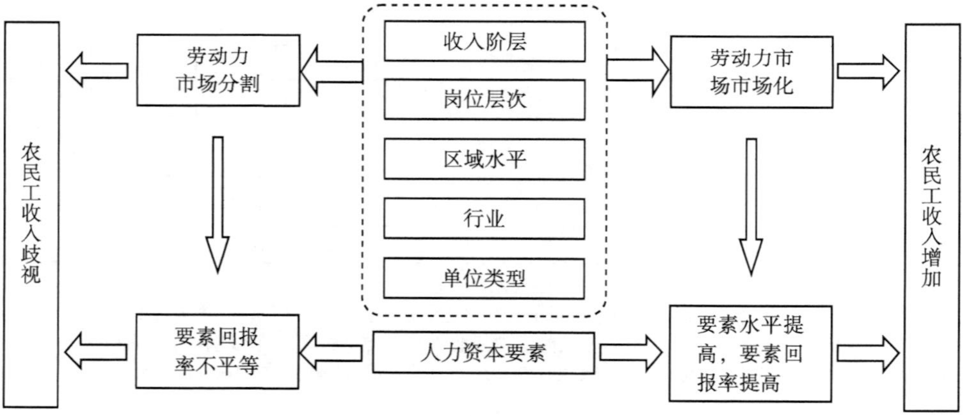

图 4-2　农民工收入歧视总体解决路径

在不同部门就业机会不平等的就业歧视问题。第三个层面是行业、岗位的农民工收入歧视问题，这个层面的农民收入歧视问题最复杂：第一，农民工在不同行业的就业歧视问题；第二，行业工资歧视问题和岗位工资歧视问题；第三，已就业农民工的岗位晋升歧视问题。因此，本书依照这三个层面，分别在第 4~7 章里深入详细地进行了实证研究，并针对各个层面设计农民工收入歧视的解决路径，为政策决策提供参考。

4.4 结论与政策含义

4.4.1 主要结论

第一，农民工总体工资方程结果显示，技术水平、工作年限和健康程度对于农民工的工资增长更有利。教育年限对于农民工工资的正向作用小于城镇居民。

第二，农民工和城镇居民工资差异的29.58%来自歧视，工资差异主要是特征效应的结果。

第三，教育是影响个体工资水平的重要因素，工资方程里的教育回报系数体现教育对个体工资的平均影响。但教育回报率不同以及由此造成的差距效应是导致农民工和城镇居民工资差异的主要原因。

第四，从农民工工资收入影响因素的水平来看，要素回报率是随着模型中加入“阶层”、“区域”等变量而逐步下降的，农民工教育回报率低于城镇居民，但工作年限回报率高于城镇居民。

第五，总体解决路径设计为：不同收入阶层、区域的农民工收入歧视问题为第一层面，单位类型的农民工收入歧视问题为第二层面。行业、岗位的农民工收入歧视问题为第三层面。

4.4.2 政策含义

第一，农民工受教育机会的增加和教育水平的提高都将有效地促进农民工就业人群的工资增长，缩小与城镇居民的工资差异。但与此同时，教育背景较高的农民工得到的却是比自己生产能力低的教育回报率，对农民工受教育水平的歧视会影响收入分配的公平性、合理性。因此，政府应提高农民工教育水平，尤其是低收入群体的教育水平和质量，发挥教育对工资水平的正向影响作用。政府还应保证农民工和城镇居民教育回报率相同，减少因教育回报率不同导致的工资歧视问题。

第二，管理水平是对工资方程非常显著的变量，因此，政府要针对农民工建立比较全面的社会保障制度，提高农民工参与管理的机会，重视中高技术人员的培养，使其公平享有发展机会和晋升机会。工作年限、技术水平是对农民工工资水平影响比较显著和公平的因素，因此，政府应通过确保雇佣合同的法律效应来保障农民工受雇佣的稳定性，发挥农民工工作时间年资积累对工资的正效应，增加本地的劳动技能培训服务、有组织有阶段地提供外出就业的机会来确保提高农民工整体收入和再就业。虽然健康因素对农民工工资水平的影响排到了工作经验、技术水平之后，但健康状况有利于缩小两组群体的工资差异。因此，政府应关注农民工的生活环境和工作环境。

第三，农民工收入歧视与劳动力市场环境紧密相关，因此，政府应提供机制化的社会服务来降低农民工的就业成本，重视农民工就业的行业进入、岗位限制、工种设置、工资拖欠等问题，相应地减少城镇居民在就业过程中享受的诸多利益和制度特权，为农民工就业提供真正公平的劳动力市场环境。

4.5 本章小结

本章基于 2012 年全国调研数据，首先采用 Mincer 工资方程和 Oaxaca-Blinder 工资分解方法，研究农民工和城镇居民工资差异的总体表现、歧视导致的工资差异问题；其次通过引入控制变量来判断影响农民工工资水平的因素，并依据影响因素设计了农民工收入歧视的总体解决路径；最后提出了基于全国视角的政策建议，为后续子市场的研究提供依据。本章对农民工收入歧视进行总体判断，结果表明，人力资本要素对工资水平影响不同，技术水平、健康程度对于农民工总体工资增长更有利。教育年限对于农民工工资的正向作用远远小于城镇居民。农民工和城镇居民工资差异的 29.58%来自歧视，差异主要是特征效应的结果。本章研究了影响农民工收入的因素，按其作用力影响从大到小的顺序是：不同收入阶层、岗位层次、区域水平、行业、单位类型、人力资本因素。按照人力资本的要素回报率来排序，则是技术水平、健康程度、工作年限、教育年限。这一结论为全国总体路径设计和局部市场的路径设计提供了有益的思路。

5 不同收入分位点的农民工收入歧视分析

第 4 章对农民工收入歧视从均值工资差异角度进行了分析，本章对农民工收入歧视的研究从均值扩展到工资分布的不同分位点上。分位点的农民工收入歧视的分析对于比较农民工和城镇居民工资差异的表现及解决路径的设计更具有针对性。

传统的 Oaxaca-Blinder 工资分解的方法不能反映两组群体在不同分位点的工资差异水平。如果能够估计出条件分布的若干重要条件分位数，则会对条件分布有更全面的认识。分位数分解的优点是能够明确地找出传统回归方法分析无法充分掌握的不同样本群在基准线上的差异性，进而进行准确的因果分析。国外基于此方法分析的有 Machado 和 Mata（2005）、Nguyen（2007）等著作，国内的研究屈指可数：巫锡炜（2011）、邹伟等（2010）、段景辉等（2009）应用了分位数分解考察了城乡家庭收入差异；郭凤鸣和张世伟（2012）、张涛（2011）应用分位数分解研究了城镇工资收入的性别差距；刘瑶（2012）、夏庆杰等（2012）、李红梅(2012)、魏下海和余玲铮（2012）应用此方法研究了城镇工资收入的部门差异。葛玉好（2007）、郭震（2013）应用此方法研究了城镇工资收入的户籍差异，他们以城镇居民和流动人口工资为研究对象，并得出较为一致的结论：低收入人群中，歧视是导致工资差异的主要原因，高收入人群中，人力资本差异是工资差异的主要原因。在城镇工资收入户籍差异的研究中，针对农民工与城镇居民工资差异采用分位数分解的文献非常有限：姜励卿（2012）利用浙江省抽样调查数据，采用分位数分解法得出，收入分布的最低端的 15%和最高端的 10%的人群，歧视是影响城镇居民和农民工间工资差异的主要原因，处于收入条件分布的中端的人群，工资差异来源于人力资本特征的差异。

本章的研究是对目前文献的扩展和补充。笔者将全国整体收入分位点 0.05、

0.10、0.25、0.5、0.75、0.9、0.95 分别用以代表工资水平极低、低、较低、中、较高、高、极高的收入人群，分位点 0.01 和分位点 0.99 分别代表工资水平的最低层和最高层。首先利用 2012 年全国 31 个省的微观调查数据，以收入不同分位点上农民工和城镇居民工资差异为研究对象，应用分位数分解方法之一的 Machado 和 Mata（2005）（M&M）方法测算和探讨农民工收入歧视问题，并针对不同分位点农民收入歧视的分布，设计出解决路径并提出相应的政策建议。本章回答了以下几个问题：城镇居民和农民工工资差距在不同收入分位点上是如何表现的？不同收入分位点的工资差距主要是来自个人特征，还是来自歧视？不同收入分位点的农民工收入歧视解决的先后顺序是什么？这些问题的解释对于研究全国总体工资差距及变化趋势来说，能够提供更丰富的信息和针对性的参考建议。

5.1 农民工和城镇居民收入分位点的人员特征和工资差异

5.1.1 人员特征

表 5-1 给出了农民工样本和城镇居民样本收入九等分组的统计描述结果，可以发现，从低收入组到高收入组，劳动者的受教育年限、平均技术水平逐步升高。劳动者的工作经验在低收入组至中高收入组大致呈现递减的走向，到了较高收入组以后又呈现递增的状态。年龄的变化则相对较小。这些说明劳动力的收入水平是随着教育水平、技术水平及这两个指标隐含的学习能力而增加的，符合 Mincer 的人力资本理论预期。

除了收入最低层的 1%组外，城镇居民的各个变量的数值均高于农民工。从教育水平来看，收入最低层的人群的平均教育年限仅有 10 年左右，相当于小学三年级以下水平，几乎可以被看成是文盲，这个收入阶层农民工的教育水平反而高出城镇居民 0.36 年。这意味着最低层收入阶层贫困可能是由于教育水平的低

表 5-1 样本九等分组人员特征

分位点	收入最低层		收入极低层		低收入阶层	
个体属性	农民工	城镇居民	农民工	城镇居民	农民工	城镇居民
样本数	70	122	331	405	392	593
平均教育水平	10.671	10.311	10.712	11.68	11.11	12.155
平均年龄	32.014	37.5	32.685	34.92	30.676	33.333
平均工作时间	12.657	17.295	13.175	14.58	11.094	13.076
平均技术水平	1.257	1.328	1.311	1.395	1.398	1.449
分位点	较低收入阶层		中等收入阶层		较高收入阶层	
个体属性	农民工	城镇居民	农民工	城镇居民	农民工	城镇居民
样本数	1334	2009	1271	2486	1481	4364
平均教育水平	12.175	12.911	12.461	13.722	13.058	14.46
平均年龄	29.16	31.817	30.027	32.203	30.026	32.244
平均工作时间	9.286	11.31	9.826	11.357	9.521	10.96
平均技术水平	1.463	1.638	1.557	1.744	1.747	1.928
分位点	高收入阶层		极高收入阶层		收入最高层	
个体属性	农民工	城镇居民	农民工	城镇居民	农民工	城镇居民
样本数	469	1917	143	789	129	647
平均教育水平	13.348	14.973	13.517	15.051	13.14	15.331
平均年龄	31.049	33.504	31.524	33.973	31.473	34.046
平均工作时间	10.392	11.995	10.497	12.389	10.977	12.419
平均技术水平	1.821	2.226	1.741	2.266	1.938	2.263

下，尤其对城镇居民来说，这种现象更明显。此后，同等收入水平的城镇居民的教育年限高于农民工，而且随着收入分位点的增高，两组间教育水平差异越来越大：收入极低层的城镇居民的教育水平比农民工高 0.968 年，中等收入阶层，两组教育水平差异为 1.261 年，收入最高层，两组教育水平相差 2.191 年。技术水平也是同样的变化趋势，即随着分位点的升高，两组人群的文化水平、技术水平的差异越来越明显。这一规律就意味着，在低收入组（收入最低层、极低层、低收入阶层），假如两组间存在工资差异，则有可能是农民工受歧视的结果，因为低收入组的农民工和城镇居民人力资本水平差距不大。在高收入组（高收入阶层、极高层、收入最高层），农民工和城镇居民工资差距即使很大，有可能农民工歧视水平并不高，因为两组人群教育年限、技术水平差异很大，要素的差异导致工资水平的显著不同。因此，需要进一步分析解释农民工歧视是如何在各分位点表现的。

5.1.2 不同分位点的工资差异

为了考查农民工和城镇居民样本的不同分位点的工资水平，笔者分别考虑了月工资和小时工资，从表 5-2 可以看出，小时工资形式更好地显示了农民工和城镇居民在不同分位点的工资差异情况。考虑到小时工资之后，农民工和城镇居民工资差距水平变大了（见图 5-1）。农民工和城镇居民月工资均值的差异为 19.64%，而小时工资均值的差异达到 26.64%。从月工资水平的分位点来看，农民工和城镇居民在收入 0.01 分位点、0.1 分位点、0.25 分位点和 0.5 分位点几乎没有差异，0.75 分位点以上，工资差距达到 20%左右。从小时工资水平的分位点来看，在收入分布的低端的 0.01 分位点，农民工与城镇居民小时工资差为 0.183 元，随着分位点的升高，两组群体小时工资差异逐渐扩大，在 0.5 分位点时，小时工资差异是 4.5 元，差异度达到了 27.97%，在 0.95 分位点时，小时工资差异是 19.23 元，差异度达到了 33.33%。这一规律反映了经济地位上升的部分人群拉开了两组群体之间的工资差异。

表 5-2 农民工和城镇居民收入分位点的工资差异

单位（元）	样本	均值	0.01	0.05	0.1	0.25
月工资	全国总体	3969.607	800	1200	1500	2000
	城镇居民	4213.33	800	1200	1500	2000
	农民工	3385.281	800	1000	1500	2000
小时工资	全国总体	21.781	2.826	4.945	6.294	9.615
	城镇居民	23.645	2.93	5.357	6.699	10.256
	农民工	17.347	2.747	4.121	5.495	8.242
农民工和城镇居民小时工资的分位点差距（%）		26.635	6.246	23.073	17.973	19.637
单位（元）	样本	0.5	0.75	0.9	0.95	0.99
月工资	全国总体	3000	4500	6500	10000	20000
	城镇居民	3000	5000	7000	10000	21000
	农民工	2900	4000	5000	7000	15000
小时工资	全国总体	14.423	23.077	35.897	53.846	144.231
	城镇居民	16.154	24.038	40.385	57.692	153.846
	农民工	11.635	17.308	28.846	38.462	98.901
农民工和城镇居民小时工资的分位点差距（%）		27.974	27.997	28.572	33.332	35.714

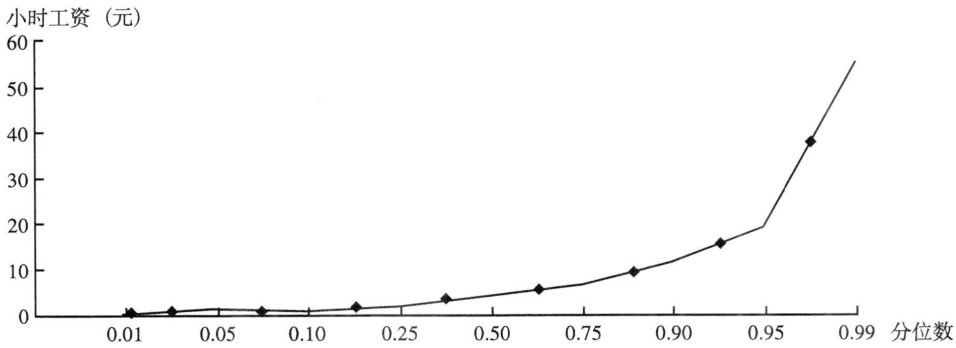

图 5-1　农民工和城镇居民的各分位点的小时工资差异

从两组群体内部不同收入分位点之间的工资差异来看，农民工群体低收入阶层的 0.1 分位点和高收入阶层的 0.9 分位点之间的小时工资差距达到 80.95%，对于城镇居民来说，这两个阶层之间的收入差距达到 83.41%。由此可见，收入的阶层性不仅拉大了农民工和城镇居民之间的工资差异，也拉大了农民工群体内部的工资差异水平。

5.2　工资方程分位数回归分析

分位数回归可以把人力资本要素对工资的影响在整个分布上都显示出来。根据分位数回归的思想，现将小时工资对数作为被解释变量，根据 Mincer 工资方程，将分位数工资方程设定为如下形式：

$$\ln(\text{wage})_{q_i} = \beta_{q_0} + \beta_{q_e}\,\text{edu}_{q_i} + \beta_{q_w}\,\exp_{q_i} + \beta_{qw2}\exp^2_{q_i} + \sum \alpha_{q_i} X_{q_i} + u_q \tag{5-1}$$

其中，$\ln(\text{wage})_{q_i}$ 表示各分位点小时工资的对数值，下标 q 表示分位数，edu 表示劳动力的受教育年限，exp 表示劳动力实际工作时间，$\exp^2$ 表示工作年限的平方项，$\sum X_i$ 表示一系列的控制变量，在这里指劳动力个人的技术程度、管理水平、健康程度，β 表示相应变量的回归系数。

表 5-3、表 5-4 是农民工与城镇居民的工资决定方程的分位数回归结果，能直观地看出各要素在不同收入水平的边际回报率。对于样本收入最低端的 1%和

收入最高端的1%人群，各因素的回归系数显著性较弱：对于农民工工资方程来说，分位点最低端的各要素回归系数都没有通过显著性检验，反映了收入低端的农民工人力资本水平极其低下，他们的工作性质不需要智力支持，收入水平与人力资本因素无相关性。对于城镇居民工资方程来说，分位点最高端的各要素回归系数大部分都没有通过显著性检验，说明收入最高端的城镇居民，其高收入水平来自非人力资本的因素较多，行业、部门垄断或工作权责方面带来的收入优势大

表 5-3　农民工工资方程的分位数回归

分位点	教育年限	年龄	工作年限	工作经验	技术程度	管理水平	健康程度	截距项
0.01	0.024	0.022	−0.037	0	0.046	0.303	0.108	−0.473
0.05	0.042***	0.012	0.006	−0.001***	0.059**	0.311***	0.066**	−0.001
0.1	0.046***	0.016*	0.011	−0.001***	0.059***	0.320***	0.055***	0.102
0.25	0.042***	0.023***	0.004	−0.001***	0.070***	0.345***	0.075***	0.202**
0.5	0.035***	0.025***	0.007	−0.001***	0.080***	0.366***	0.073***	0.551***
0.75	0.029***	0.020***	0.012**	−0.001***	0.075***	0.444***	0.076***	0.966***
0.9	0.028***	0.023**	0.008	−0.001***	0.066***	0.518***	0.093***	1.147***
0.95	0.025**	0.030*	0.001	−0.001**	0.056**	0.633***	0.089**	1.189***
0.99	0.062*	−0.047	0.128**	−0.002**	−0.037	0.608***	0.188**	2.766**

注：将劳动力受教育程度转变成教育年限，将未受正规教育、小学、初中、高中、中专、大专、本科、研究生转变成教育年限为0年、6年、9年、12年、12年、15年、16年、19年。技术水平分成正高、副高、中级、中低级和初级五个等级，管理水平分为高层管理、中层管理、操作层三个层次。技术程度、管理水平和健康程度按等级水平分别加权计算而得。*** 表示在0.01显著性水平下显著，** 表示在0.05显著性水平下显著，* 表示在0.1显著性水平下显著。

表 5-4　城镇居民工资方程的分位数回归

分位数	教育年限	年龄	工作年限	工作经验	技术程度	管理水平	健康程度	截距项
0.01	0.086***	0.004	0.01	−0.001	0.052	0.316***	0.106*	−0.915*
0.05	0.083***	0.003	0.018**	−0.001***	0.081***	0.323***	0.063***	−0.337**
0.1	0.075***	0.008	0.015**	−0.001***	0.087***	0.331***	0.076***	−0.163
0.25	0.073***	0.008**	0.001**	0.001***	0.074***	0.339***	0.072***	0.256***
0.5	0.067***	0.012***	0.008**	−0.001***	0.067***	0.350***	0.072***	0.580***
0.75	0.056***	0.016***	0.004	−0.001***	0.061***	0.424***	0.068***	0.930***
0.9	0.053***	0.021***	0.001	−0.001***	0.059***	0.555***	0.073***	1.095***
0.95	0.055***	0.024**	0.001	−0.001***	0.046**	0.652***	0.103***	1.084***
0.99	0.069***	0.029	−0.002	0.001	0.026	0.674***	0.165**	1.231**

注：将劳动力所受教育程度转变成教育年限，将未受正规教育、小学、初中、高中、中专、大专、本科、研究生转变成教育年限为0年、6年、9年、12年、12年、15年、16年、19年。技术水平分成正高、副高、中级、中低级和初级五个等级，管理水平分为高层管理、中层管理、操作层三个层次。技术程度、管理水平和健康程度按等级水平分别加权计算而得。*** 表示在0.01显著性水平下显著，** 表示在0.05显著性水平下显著，* 表示在0.1显著性水平下显著。

于人力资本要素的贡献。在这两端之间的分位数，人力资本对工资的贡献显著。

农民工工资方程里，教育年限、技术程度、管理水平、健康程度在各个分位点上都显著。健康程度、技术程度对工资的影响水平大于教育和工作年限，年龄对工资水平的影响较为稳定。在分位点 0.01~0.1 时，教育对工资水平的影响逐渐上升，分位点 0.1~0.5 时，教育回报率较高且稳定，分位点 0.5~0.95 时，教育对工资水平的影响略有下降但还是保持在 2.5%左右。分位点 0.95 以后，教育对工资水平的影响又快速增加。在分位点 0.05~0.5 时，年龄表现出对工资水平的影响逐渐变大的走向。这表明随着年龄的增长，劳动者的知识、阅历和经验不断积累和丰富，工资水平相应地增加。在分位点 0.5 以后，年龄对工资水平的影响处于稳定的状态。工作年限回报率几乎在各分位点都小于教育回报率，在分位点 0.75 以下时，工作年限对工资的影响没有通过统计显著性检验。工作年限随分位点的变化大致呈波浪型。工作年限平方即工作经验为负数，表明工龄到达一定阶段后，劳动者知识更新和积累的速度下降，年龄、身体健康方面没有优势，工资随之减少。技术程度对工资水平的影响表现出随分位点升高，先上升后下降的趋势，在收入分位点 0.01 和收入分位点 0.99 的位置时，技术程度对工资水平的影响没有通过显著性检验。在城镇居民的工资方程中也是如此，这一现象暗示了技术人员在社会阶层中的身份和地位：有技术的人员绝对可以凭技术解决生存和温饱问题，甚至高技术水平人员的生活可以达到小康状态。但纯粹的技术人员在国家社会阶层的分布中，是在行政领导者和公司经理层之下的，很难成为社会阶层的最高层。管理水平和健康程度对工资水平的影响要高于其他要素，随着分位点升高，影响逐渐加大。

城镇居民中，除了高分位点 0.99 不显著，教育水平、技术程度、管理水平、健康程度在各个分位点上都比较显著，教育年限、工作年限、技术程度的参数估计值随着分位点增加而减少，年龄、管理水平、健康程度、截距项的参数估计值则随着分位点的增加而增大。城镇居民数据结果反映的经济现象更具有全国代表性，个人工资水平，尤其是中高工资水平是与管理水平、教育程度、技术程度紧密相关的。

比较城镇居民和农民工收入分位点的回归方程发现，教育年限对于城镇居民的影响大于农民工（见图 5-2），尤其是工资分布中端，这种现象更明显，反映了教育是造成两组群体工资差异不断增大的主要影响因素。0.25 分位点以下，工

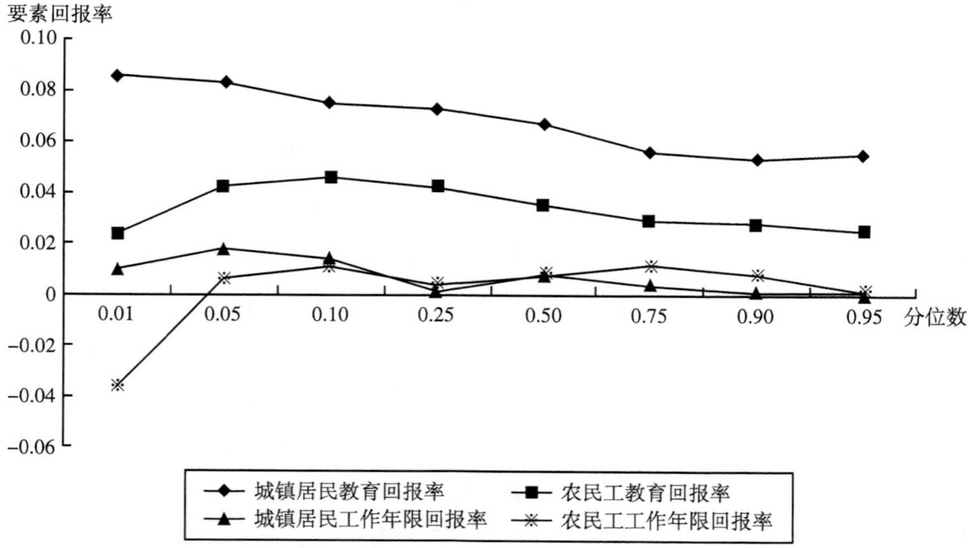

图 5–2　教育、工作年限回报率

作年限对城镇居民的影响大于对农民工的影响，表明工作年限对城镇居民工资的增长更有利，这可能与农民工就业流动性强、稳定性差有关。农民工就业行为短期性、兼职性不利于工作经验的积累，降低了工作年限的回报率。0.25 分位点以后，工作年限对农民工的影响大于对城镇居民的影响，这种现象反映出，一定工资水平的城镇居民，因为有更多的工作选择机会，劳动力工作变迁的频率增加，工作年限对城镇居民工资水平的影响相对减弱。健康程度对于农民工的工资增长更有利，这一结果反映了样本中建筑业、运输业、服务业的农民工占大多数，这些行业技术要求不高，且与体力相关，健康因素是企业雇人的重要标准。

5.3　工资差异的分位数分解

本书工资差异的分位数分解采用 Machado 和 Mata（2005）方法，参考 Nguyen（2006）的实证的具体做法，定义反事实分布 $F(y^*|Z^U, b^R)$，其中 Z^U 表示影响城镇居民小时工资的变量分布，b^R 表示农民工的小时工资的变量在每个分

位数上的回归参数，y^* 表示如果城镇居民按农民工的各种技能回报率（农民工分位数回归参数）得到报酬的话，其小时工资收入的大小。首先将农民工样本的数据进行 $q=0.01, 0.02, \cdots, 0.99$ 的分位数回归，得到分位数影响因素参数向量 $b^R(q)$；其次采用城镇居民数据拟合 $y^*(q)=Z^U b^R(q)$，对于每一个 q 产生 N 个拟合值，其中 N 表示城镇居民调查的样本量；最后在每个 q 分位数下，从拟合值 $y^*(q)$ 随机选择 S = 100 个值，构建一个 99*100 元素向量 y^*，y^* 的经验累积分布就是待估反事实分布，这里的反事实状态是指赋予农民工以城镇居民的特征，但特征回报率仍保持不变。假定在 q 分位数下农民工的本年平均工资为 $y^R(q)$，反事实样本平均工资为 $y^*(q)$，城镇居民平均工资为 $y^U(q)$，则 q 分位数下城镇居民和农民工平均工资分布差异可表示为：

$$y^U(q)-y^R(q)=\{y^U(q)-y^*(q)\}+\{y^*(q)-y^R(q)\} \tag{5-2}$$

$\{y^U(q)-y^*(q)\}$ 称为“特征差异”，表示在不同的分位数下，由于各样本的个人特征回报率不同所导致的工资收入差异部分，$\{y^*(q)-y^R(q)\}$ 称为“歧视”，表示不同分位数下，影响工资差异的因素变量的分布不同所导致的差异部分。

从各分位数上农民工和城镇居民的对数小时工资差异分解结果来看（见表 5-5），整体工资差异主要是中高端收入阶层的工资差距拉大而引起的。在收入分位点 0.25 以下，歧视构成工资差异的主体，尤其在收入分位点 0.01 时，歧视占到了工资差异的 94.07%，反映出收入低端的人群，劳动力市场分割更严重，农民工收入歧视问题更突出。可能的原因是城镇低收入者能享受社会保险、社会救助、城镇低保管理制度在内的社会福利和社会保障，就业成本低。而户籍在农村的农民工没有享受到相同待遇，就业机会少、社会资源少的现实又进一步恶化了农民工收入机会和收入水平。在收入分位点 0.25~0.75 时，工资差异是特征效应和歧视共同作用的结果。随着收入分位点的上升，农民工和城镇居民的工资差异逐渐扩大，来自人力资本差异的特征效应比重尽管略有增加，但歧视比重减少的幅度不大，所以，歧视占工资差异的总体比重仍在 40%以上。这一现象反映了收入水平在中间范围内的农民工，人力资本的积累能够减少歧视对工资水平的绝对影响，但不能完全有效地改变个人工资方面遭受的不平等待遇。在分位点 0.75 以上时，特征效应居于主导，歧视程度相对减弱。观察差异分解图可以看出（见图 5-3），特征效应曲线和总差异曲线的变化趋势几乎一致，说明特征效应对于减少工资差异的力度在逐步增加，人力资本的优势渐渐凸显，到了分位点 0.95

以后，人力资本上升速度超过了工资差异扩大速度，这种收入的向上流动性导致的收入分配格局的变化，有一定的合理性。在分位点 0.99 时，歧视不存在，个人的生产率的差异完全解释工资差异。这预示着收入分位点高端的劳动力市场几乎处于完全竞争状态，人力资本理论得到很好的验证。

表 5-5　各分位数上农民工和城镇居民工资差异分解

收入阶层	收入最低层	极低收入阶层	低收入阶层	较低收入阶层	中等收入阶层	较高收入阶层	高收入阶层	极高收入阶层	收入最高层
分位点	0.01	0.05	0.10	0.25	0.50	0.75	0.90	0.95	0.99
总差异	0.064	0.262	0.198	0.219	0.328	0.328	0.336	0.405	0.442
特征效应	0.004	0.102	0.063	0.119	0.170	0.138	0.201	0.224	0.482
百分比（%）	6.17	39.06	31.87	54.34	51.95	41.95	59.82	55.31	109.00
歧视	0.061	0.160	0.136	0.100	0.159	0.191	0.135	0.181	-0.040
百分比（%）	94.07	60.94	68.68	45.66	48.38	58.06	40.18	44.69	-9.00

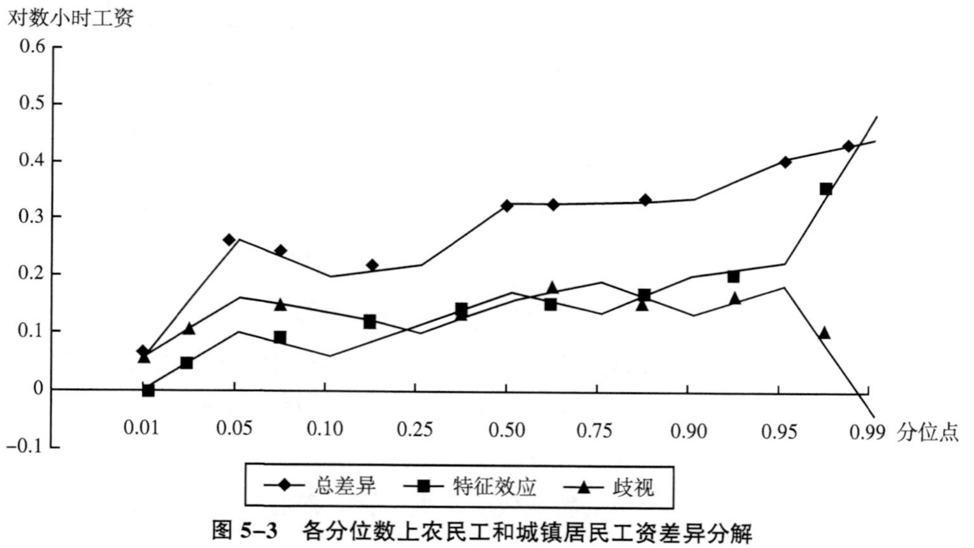

图 5-3　各分位数上农民工和城镇居民工资差异分解

从工资差异的 M&M 分解可以得出，对于低收入阶层的农民工而言，歧视带来的收入不平等问题相当严重；对于中等收入水平的农民工而言，尽管劳动者在人力资本方面的优势会提高工资，但因其没有城市户口而在社会身份、经济地位上受到一定的歧视，社会阶层等级分化造成歧视在工资差异中比重很高的现象；对于高收入阶层的劳动者，提高人力资本水平可以有效提高收入，可以改善因户籍问题带来的收入不平等的现状。这一结论和前面描述性统计预测的结论是一致的，也和邓曲恒（2007）结论相同。[①]

5.4　不同分位点的农民工收入歧视的解决路径

表 5–6 是不同收入分位点农民工歧视分布，计算方法为：歧视总值是歧视导致的农民工和城镇居民对数小时工资差异值，去掉自然对数的歧视总值×农民工小时工资=农民工虚拟工资，农民工虚拟工资–实际工资=歧视工资，用样本中农民工的各收入分位点占比的相对值×歧视工资=农民工各分位点的收入歧视分布。根据前面的实证研究，仅从不同收入分位点的小时工资差异的绝对值来看，随着收入分位点的增大，工资差异越来越大，歧视工资值也呈现出增加走向，收入高端时，歧视工资消失（见图 5–4）。

表 5–6　歧视分位数分布

分位点	0.01	0.05	0.10	0.25	0.50	0.75	0.90	0.95	0.99
歧视总值	0.061	0.160	0.136	0.100	0.159	0.191	0.135	0.181	–0.040
歧视总值（去自然对数）	1.063	1.174	1.146	1.105	1.172	1.210	1.145	1.198	0.961
农民工小时工资（元）	2.747	4.121	5.495	8.242	11.635	17.308	28.846	38.462	98.901
农民工虚拟工资（元）	2.920	4.836	6.296	9.109	13.640	20.951	33.015	46.093	95.023
歧视工资（元）	0.173	0.715	0.801	0.867	2.005	3.643	4.169	7.631	–3.878
农民工占比（%）	5.777	6.841	23.281	22.182	25.846	8.185	2.496	2.251	1.920
歧视分布	0.010	0.049	0.186	0.192	0.518	0.298	0.104	0.172	–0.074

笔者将不同分位点农民工收入歧视分成三个梯队（见图 5–5），总体来看，解决的顺序是先中间，后两端。第一梯队是解决在收入分位点 0.5 的中等收入阶

① Quantile 分解结果显示，在低收入和中等收入人群中，歧视是造成城镇居民和农民工收入差距的主要原因。但对处于收入的条件分布最高端的 10% 的人群而言，农民工与城镇居民之间的收入差距主要是特征效应所致。

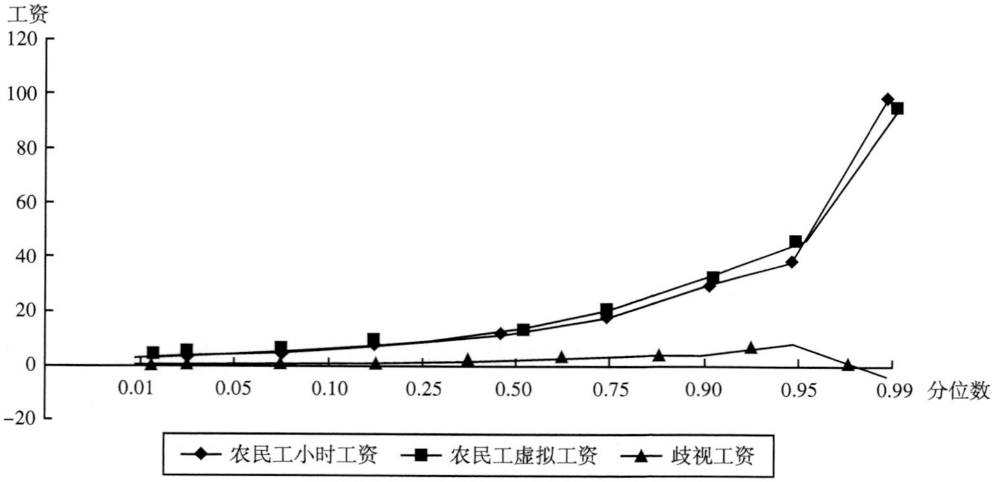

图 5–4　农民工工资分位点分布

层的农民工收入歧视问题。一方面，这一部分农民工中长期工人较多，同时也是遭受歧视导致受到收入不平等待遇最明显的群体；另一方面，他们是农民工样本中占比最多的部分，这部分农民工收入歧视问题的解决不仅照顾了绝大多数农民工，而且有利于全国工资水平的整体提高。第二梯队是重点解决工资收入水平在低收入阶层、较低收入阶层和较高收入阶层的农民工收入歧视问题。对于低收入阶层、较低收入阶层来说，农民工和城镇居民的工资差异虽然不大，但歧视程度较深，歧视问题的解决可以缓解贫困压力；对于较高收入的阶层来说，农民工收入歧视问题虽然不具有全国代表性，但如果解决这个阶层的歧视问题，能够对歧视起到遏制作用，也有利于控制农民工和城镇居民工资差异越来越大的趋势。第三梯队是解决其他收入阶层的农民工收入歧视问题。收入歧视问题在第三梯队不是最突出的矛盾焦点。极低收入阶层及收入最低层的农民工，往往短期打工的非常多，就业流动性强，当他们在城镇劳动力市场无法立足时，他们可以选择回到农村，所以对这个阶层的农民工来说，解决他们的收入问题更重要。高收入和极高收入阶层的农民工虽然歧视工资较高，但由于工资水平较高、歧视在工资差异中所占的百分比低，歧视没有影响他们对未来生活的预期和信心，因此，相比起城镇丰富的文化生活、子女城市入学、优越方便的公共设施及较好的物质生活，收入歧视是可以接受的。

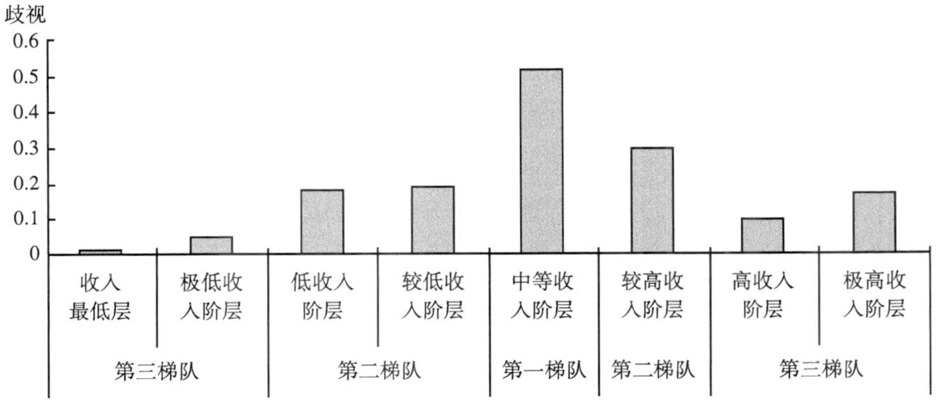

图 5-5　农民工工资歧视分布

5.5　结论与政策含义

5.5.1　结论

农民工收入歧视在各分位点几乎都存在，农民工为什么还能够安然于城市之中？其原因在于，我国初步建立社会主义市场经济体制以来，收入分配制度不完善，城乡统一的劳动力市场尚未健全，1998 年之后，城镇居民人均收入实际增长率快于农村居民，城镇居民工资性收入也远高于农村居民经营性收入。相对于务农来说，农民工选择在城市打工的收益比较高，只要能够在城市就业，“苦、脏、乱、差”的工作他们也愿意接受，而且这些低层次的工作不会造成同城镇居民的竞争，因为城镇居民有生活依靠和保障，有更多选择工作职业类型和岗位的机会，他们往往会排斥这种性质的工作。另外，由于城市的社会文化环境好、就业机会多、子女受城市教育的机会大，农民工即使受到歧视性工资待遇，也很少会因此而辞去工作。

第一，农民工和城镇居民工资差异呈现出随收入增加而扩大的趋势。收入的差距不仅表现在不同群体之间，在同一群体内部，收入的阶层性也拉大了工资差异。

第二，对于低收入及以下阶层的农民工而言，歧视带来的收入不平等问题相当严重；对于较低、中等、较高收入阶层的农民工来说，工资差异来自特征效应和歧视两个方面，但歧视占比情况不容忽视；对于高收入阶层来说，歧视在工资差异中的比例大幅度减少；对于极高收入阶层来说，农民工收入歧视消失。

第三，农民工收入歧视的解决路径是按工资分布的情况，先中间后两端。

5.5.2 政策含义

第一，人们的阶层位置对其收入具有显著影响，这种影响是独立于劳动者受教育程度、工作经验、行业选择、生活区域和部门类型之外的。因此，政府要加强税收对收入的调节和转移支付作用，实现税制结构和税种对收入分配的合理的调节作用。

第二，歧视直接导致了社会阶层等级分化进而形成收入差距的恶性累积循环。因此，政府仅依靠落实最低工资的方法以保障弱势群体、通过扶贫来提高低收入者的绝对收入等政策还不能从根本上缓解收入不平等，在就业选择、住房、医疗教育等方面对农民工存在歧视的户籍制度恶化了收入不平等的现实。政府应取消户籍制度背后的利益，给予农民工更多的就业机会、受教育机会、参加培训的机会，通过机会的公平来打破工资收入的不平等。

第三，政府应致力于完善公平就业制度和工资分配制度，着重落实“保护农民工劳动所得”，让就业时间较长、工作经验较丰富的农民工能够留在城市工作，保证城市化建设和工业化发展的劳动力支持。

5.6 本章小结

本章对不同收入分位点的农民工收入歧视问题进行了研究。结果表明，农民工和城镇居民的工资差异随分位点升高而拉大，但歧视正好表现出相反的趋势。

对于低收入及以下阶层的农民工而言，歧视带来的收入不平等问题相当严重；对于较低、中等、较高收入阶层的农民工来说，工资差异来自特征效应和歧视两个方面，但歧视占比情况不容忽视；对于高收入阶层来说，歧视在工资差异中的比例大幅度减少；对于极高收入阶层来说，农民工收入歧视消失。

6 农民工收入歧视的区域研究

计划经济时期，政府在地区之间推行基本平等的就业和工资制度，地区之间工资差异不显著。随着经济转型，尽管劳动力流动性增加，但经济区域增长的差异却变得越来越明显（Fujita 和 Hu，2001；Demurger 等，2002；Candelaria 等，2009）。地区的经济发展水平、优惠政策、市场化程度、外商直接投资、地区发展战略、产业结构、人口分布发生了显著变化，地区之间的工资水平存在显著差异。改革后不断调整的工资体制、区位因素、自然地理条件又拉大了地区间的工资水平。

区域工资差异引起了学者们的关注，从地区的经济发展来解释地区工资差距的较多。如 Rusinek 和 Rycx（2004）认为，地区交易水平对蓝领及白领的工资水平有影响。王小勇（2006）指出，全国总体工资差异近 57%的变化是由东部省际差异引起的。姚亚文和越卫亚（2010）认为，地区的市场潜力、就业密度影响地区工资水平。万广华等（2005）、张华和梁进社（2007）、王睿和黄森（2010）指出，地区经济水平、地貌特点带来地区歧视的问题，地区歧视是造成地区工资差异的原因。也有部分学者从个人方面来解释地区工资差异。如刘修岩和殷醒民（2008）、任重（2009）的研究，他们认为，除了区域因素影响总体工资水平外，劳动力个体属性也决定工资走向。Au 和 Hedersong（2006）指出，农民工流动的限制因素构成了城乡不平等和地区不平等。中国劳动力市场资源配置更趋于市场化，不可忽视的是以户籍为载体的城乡分割和地域分割依然在中国劳动力市场扮演重要角色（姚先国等，2009）。但遗憾的是，鲜有学者从地区的农民工收入歧视的视角来解释区域工资差异，也没有深入到农民工和城镇居民的工资差异的区域表现进行研究，更缺乏因农民工收入歧视导致的区域劳动力市场扭曲的验证。

本章全面考察经济区域发展和农民工收入歧视的关系，弥补现有研究的不足。首先，利用 2012 年《中国统计年鉴》的数据对全国 31 个省（直辖市、自治区）进行了聚类分析，聚类结果将全国划分为四个不同经济发展类型区；其次，测算和分析不同经济发展类型区域间及同一经济发展类型区域内的农民工和城镇居民工资差异情况、农民工收入歧视情况和歧视分布；最后，基于区域视角，提出农民工收入歧视问题的解决路径。本章回答这样几个问题：农民工和城镇居民工资差异与区域经济发展水平是否相关？不同区域的农民工收入歧视是怎样表现的？区域经济发展对农民工收入歧视有无规律性影响？这些问题的解决有利于解释地区因素、个人因素对工资差异的作用路径，为培育公平竞争的劳动力市场提供参考。

6.1 农民工和城镇居民就业的地域特征及工资差异

由于劳动力市场的区域分割，农民工的分布在地域间的差异很大，[①] 地区间工资水平不同，农民工和城镇居民工资差异表现也不同。表 6–1 给出了农民工和城镇居民就业的地域特征及地区户籍工资差异。

江苏、上海、福建、浙江、广东地区，农民工在城市劳动力市场的比重较大；甘肃、贵州、江西、宁夏、青海等地区，农民工在城市劳动力市场的比重很低。由于本书调研的农民工不仅包括外来务工的农民，也包括本地农业户口的农民工，因此，河南、河北、陕西的农民工在城市劳动力市场的比重较高，和以往研究结论[②] 相比有些差异，因为样本范围不同，所以结论并不相悖。

从 2012 年调查样本的各地工资情况来看，上海工资最高，平均工资达到 6438 元左右；其次是浙江、北京、广东，平均工资都达到了 5000 元以上；甘肃、河南、海南、广西、吉林、辽宁、宁夏这些地区工资偏低，平均工资在 3100~3400 元；云南省平均工资最低，只有 2903 元左右。总体来看，东部工资

① 农民工分布占比测算的是农民工样本的地区分布，算法为：农民工某个区域的样本数/农民工样本总数。

② 邢春冰在《农民工与城镇职工的收入差距》指出：例如在广东、浙江和福建，农民工在城市劳动力市场的比重分别达到了 56%、49%和 46%，而在其他一些省份如山西、吉林、黑龙江、河南、甘肃，农民工在城市劳动力市场的比重仅为 4%左右。

较高，中西部、东北部工资较低，个别少数民族地区的工资水平最低，工资最高与工资最低的地区之间的差异达到了 54.91%。

从各地农民工工资水平来看，浙江省最高，达到了 5000 元；上海、江苏、内蒙古、青海农民工工资水平也较高，达到了 4000 元以上；宁夏、吉林、湖南、安徽、河南、黑龙江、新疆农民工工资水平较低，月工资没有超过 3000 元；云南农民工工资最低，仅有 2570 元左右。农民工最高工资水平与最低水平之间的差距绝对数为 2431.69，相对值为 48.61%。城镇居民工资水平整体比农民工工资水平高。上海最高，月工资水平达到了 6875.57 元；浙江、广东、北京、江苏、湖北地区，城镇居民的工资水平超过了 5000 元；工资水平最低的云南省，城镇居民的工资也超过了 3000 元。

从农民工与城镇居民的工资差异情况来看，广西、河北、辽宁、新疆地区，农民工与城镇居民工资差异幅度在 3%~9%，可能的解释是这些地区本身经济水平不高，本地农村劳动力输出也比较多，农民工的工资与城镇居民的工资差异不显著。北京、湖南、上海、湖北、广东地区，农民工与城镇居民工资差异悬殊，其中广东省两组群体工资差异达到了 37%左右。可能的解释是这些地区经济增长较快，经济实体多样，增收渠道较多，吸引大量的农民工迁移到这些地区就业，外来农民工加入使得劳动力市场竞争激烈。城镇居民可以利用工会组织维护自己的利益，运用法律武器维护自己的工资水平和权益。而农民工相对分散，农民工为了在城市立足，宁愿接受比城镇居民工资水平低的相同工种的工作，尽管农民工和城镇居民工资水平存在差异，但农民工得到的工资还是高于其他地区和农业的收入水平。随着农民工在这些地区劳动供给量的增加，工资差异表现出扩大的趋势。青海、海南和内蒙古这三个地区，农民工工资水平高于城镇居民，可能的解释是这三个地区是农业大省，第一产业比重较高，农民工比城镇居民从业更具优势。总体来看，农民工工资水平低于城镇居民，经济越发达的地区，两组人员工资差异越大。

表 6–1　农民工和城镇居民就业的地域特征及工资差异

	河南	青海	新疆	贵州	海南	湖北	云南	山西	甘肃	吉林	江苏
总样本数	4192	235	437	252	457	442	390	438	185	788	908
农民工	1263	109	132	78	141	170	184	184	74	145	293
地区平均工资（元）	3307.869	4013.404	3136.224	3729.345	3302.407	4468.267	2903.605	3937.991	3390.027	3197.792	4954.623
农民工平均工资（元）	2907.555	4028.440	2936.212	3173.077	3302.837	3354.471	2570.272	3673.098	3034.459	2797.103	4114.812
城镇居民平均工资（元）	3480.487	4000.397	3222.787	3978.707	3302.215	5164.390	3201.340	4129.882	3627.072	3288.149	5354.728
工资差异	16.461	–0.701	8.892	20.249	–0.019	35.046	19.713	11.060	16.339	14.934	23.156
	浙江	广东	湖南	广西	江西	西藏	宁夏	陕西	四川	天津	
总样本数	666	682	698	445	314	249	299	679	602	202	
农民工	209	225	235	128	81	91	84	221	101	53	
地区平均工资（元）	5721.787	5116.449	3600.400	3279.730	3791.678	4145.984	3156.789	3529.278	3695.183	4355.990	
农民工平均工资（元）	5001.962	3672.8	2791.915	3210.156	3385.185	3628.022	2620.833	3184.977	3004.802	3696.226	
城镇居民平均工资（元）	6050.985	5827.217	4010.754	3307.823	3932.991	4444.304	3366.186	3695.415	3834.361	4590.671	
工资差异	17.336	36.972	30.389	2.953	13.928	18.367	22.142	13.813	21.635	19.484	
	黑龙江	重庆	辽宁	内蒙古	福建	山东	北京	上海	河北	安徽	
总样本数	569	404	575	394	703	469	453	1255	421	719	
农民工	84	56	99	157	230	176	135	251	211	146	
地区平均工资（元）	3661.019	4186.807	3189.130	4200.381	4012.959	4152.985	5055.673	6438.938	3403.753	3631.238	
农民工平均工资（元）	2905.714	3432.143	3046.970	4236.943	3550.261	3863.636	3895.926	4692.430	3280.853	2894.795	
城镇居民平均工资（元）	3791.835	4308.247	3218.697	4176.160	4237.949	4326.792	5548.019	6875.565	3527.238	3818.883	
工资差异	23.369	20.336	5.335	–1.455	16.227	10.704	29.778	31.752	6.985	24.198	

6.2　经济区域的划分及特征

6.2.1　经济区域的划分

不同经济区域之间，不论是市场化程度还是经济发展水平，都存在着显著的差异，即使是一个经济区域内部，收入不平等的原因是来自人力资本要素回报率的差距，还是来自制度的错位或偏向都不相同。基于 Mincer 工资收入差异分解之前先进行聚类分析，这样既可以减少计量偏差，又可以考察不同经济区域的劳动者的工资差异情况。

聚类分析中过程为：首先对 2012 年《中国统计年鉴》31 个省（直辖市、自治区）的第二产业占 GDP 的比重、第三产业占 GDP 的比重、人均 GDP、按行业分城镇单位就业人员工资总额四大类指标进行标准化处理（见表 6-2）；其次利用 Spss19.0 软件进行聚类分析，选用分层聚类法，以 WARD 方法计算各类距离，使各类类间距离最大，而类内距离最小。聚类结果显示，全国 31 个省（直辖市、自治区）划分成 4 个经济发展类型区（见表 6-3）。

表 6-2　聚类分析标准化处理结果

地区	第二产业占 GDP 的比重（%）	标准化	第三产业占 GDP 的比重（%）	标准化	人均 GPD（元）	标准化	按行业分城镇单位就业人员工资总额（亿元）	标准化
北京	23.1	0.00	76.1	1.00	81658	0.95	5099.7	0.91
天津	52.4	0.82	46.2	0.36	85213	1.00	1483.2	0.25
河北	53.5	0.85	34.6	0.11	33969	0.26	1975.3	0.34
山西	59.0	1.00	35.2	0.12	31357	0.22	1598.9	0.27
内蒙古	56.0	0.92	34.9	0.11	57974	0.60	1122.0	0.18
辽宁	54.7	0.88	36.7	0.15	50760	0.50	2242.7	0.39
吉林	53.1	0.84	34.8	0.11	38460	0.32	940.3	0.15
黑龙江	50.3	0.76	36.2	0.14	32819	0.24	1486.0	0.25
上海	41.3	0.51	58.0	0.61	82560	0.96	3735.5	0.66

续表

地区	第二产业占 GDP 的比重（%）	标准化	第三产业占 GDP 的比重（%）	标准化	人均 GPD（元）	标准化	按行业分城镇单位就业人员工资总额（亿元）	标准化
江苏	51.3	0.79	42.4	0.27	62290	0.67	3673.3	0.65
浙江	51.2	0.78	43.9	0.31	59249	0.62	4440.1	0.79
安徽	54.3	0.87	32.5	0.06	25659	0.13	1590.1	0.27
福建	51.6	0.79	39.2	0.20	47377	0.45	2270.3	0.39
江西	54.6	0.88	33.5	0.08	26150	0.14	1080.6	0.18
山东	52.9	0.83	38.3	0.19	47335	0.45	3956.1	0.70
河南	57.3	0.95	29.7	0.00	28661	0.18	2775.3	0.49
湖北	50.0	0.75	36.9	0.16	34197	0.26	2083.9	0.36
湖南	47.6	0.68	38.3	0.19	29880	0.20	1869.6	0.32
广东	49.7	0.74	45.3	0.34	50807	0.50	5574.9	1.00
广西	48.4	0.70	34.1	0.09	25326	0.13	1113.5	0.18
海南	28.3	0.14	45.5	0.34	28898	0.18	306.1	0.04
重庆	55.4	0.90	36.2	0.14	34500	0.26	1298.8	0.22
四川	52.5	0.82	33.4	0.08	26133	0.14	2268.9	0.39
贵州	38.5	0.43	48.8	0.41	16413	0.00	856.8	0.14
云南	42.5	0.54	41.6	0.26	19265	0.04	1176.3	0.19
西藏	34.5	0.32	53.2	0.51	20077	0.05	114.6	0.00
陕西	55.4	0.90	34.8	0.11	33464	0.25	1537.0	0.26
甘肃	47.4	0.68	39.1	0.20	19595	0.05	643.3	0.10
青海	58.4	0.98	32.3	0.06	29522	0.19	250.6	0.02
宁夏	50.2	0.75	41.0	0.24	33043	0.24	266.4	0.03
新疆	48.8	0.72	34.0	0.09	30087	0.20	1124.6	0.18

注：标准化计算方法为：(实际值 – 地区最低值) /(地区最高值 – 地区最低值)。

表 6–3　聚类结果

案例号	地　区	聚　类	距　离
1	北京	2	2228.000
2	天津	2	2847.716
3	河北	1	2974.575
4	山西	1	364.137
5	内蒙古	3	4822.356
6	辽宁	3	3118.628
7	吉林	1	7424.513
8	黑龙江	1	1770.996
9	上海	2	654.469

续表

案例号	地 区	聚 类	距 离
10	江苏	3	8612.448
11	浙江	3	5674.944
12	安徽	1	5394.177
13	福建	3	6395.252
14	江西	1	4910.552
15	山东	3	6380.799
16	河南	1	2754.907
17	湖北	1	3219.830
18	湖南	1	1259.455
19	广东	3	3652.340
20	广西	4	5201.459
21	海南	1	2415.610
22	重庆	1	3451.646
23	四川	1	4992.563
24	贵州	4	3722.980
25	云南	4	955.815
26	西藏	4	668.998
27	陕西	1	2417.765
28	甘肃	4	557.495
29	青海	1	1913.993
30	宁夏	1	2294.515
31	新疆	1	1002.459
类别	样本量	省（市）	
经济发展类型Ⅰ区	2057	北京、天津、上海	
经济发展类型Ⅱ区	4705	江苏、浙江、福建、山东、广东、内蒙古、辽宁	
经济发展类型Ⅲ区	12890	河北、山西、吉林、黑龙江、安徽、江西、河南、湖北、湖南、海南、重庆、四川、陕西、青海、宁夏、新疆	
经济发展类型Ⅳ区	1707	广西、贵州、云南、西藏、甘肃	

发展类型Ⅰ区包括北京、天津、上海，是中国的经济政治中心；经济发展类型Ⅱ区包括江苏、浙江、福建、山东、广东、内蒙古、辽宁，大部分是东部地区；经济发展类型Ⅲ区包括河北、山西、吉林、黑龙江、安徽、江西、河南、湖北、湖南、海南、重庆、四川、陕西、青海、宁夏、新疆，大部分是中西部地区；经济发展类型Ⅳ区包括广西、贵州、云南、西藏、甘肃，大都属于较偏远的少数民族自治区。可以看出，经济发展类型Ⅰ 区和Ⅱ区的经济发展水平较高，

市场化程度较高，经济发展类型Ⅲ区、Ⅳ区的经济发展水平和市场化程度较落后。经济Ⅰ区至Ⅳ区也代表了区域经济从发达到欠发达的阶梯性分布。

6.2.2 各个区域的人员特征

图 6-1 是各区域的人员特征，无论是哪个经济区域类型，城镇居民的人力资本水平普遍高于农民工。从经济不发达的Ⅳ区到经济发达的Ⅰ区，劳动者的平均受教育年限、技术水平呈现递增的趋势，劳动者的工作经验、年龄则呈现递减状态。这种现象反映了中国重工业优先发展的赶超战略使得欠发达地区缺失高素质劳动力，而经济发展较好的区域，地区吸引力较强，高素质高学历的人才流动到这些区域的比例较大。经济发达地区第三产业的繁荣也使得劳动者的工作经验作用减弱，人员流动性较强，劳动力年龄结构日趋年轻化。这也是欠发达的经济地区的经济增长速度和工资水平低于发达地区的原因之一。

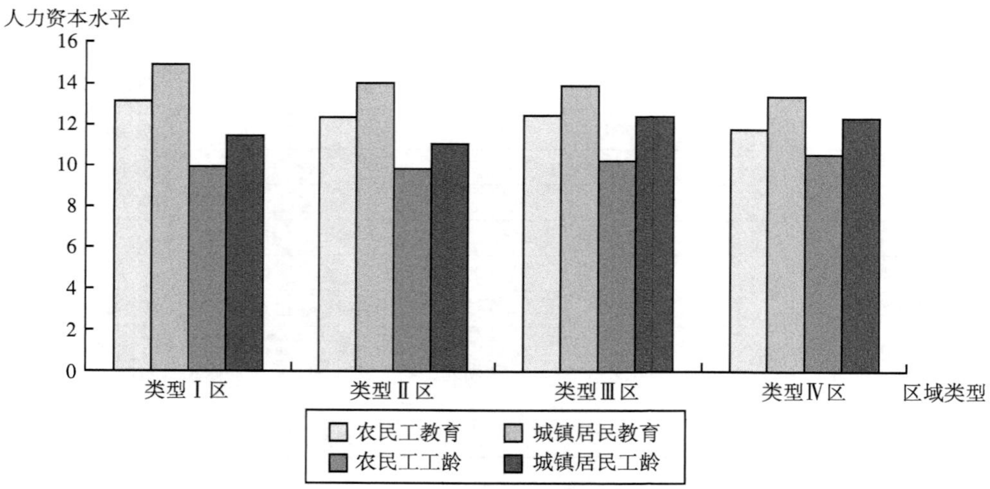

图 6-1 各区域的人员特征

从区域的劳动力教育结构来看（见表 6-4），小学以下文凭的劳动者比例和本科以上高学历劳动者的比例在各区明显不同，其中经济发展类型Ⅰ区，本科学历的劳动者比例最高，而小学文化水平的劳动者比例最低。可能的原因是经济发展类型Ⅰ区是高校集中的区域，教育资源丰富，受教育机会也较多。与之形成鲜明对比的是经济发展类型Ⅳ区，本科学历的劳动者比例最低，而小学水平的劳动者比例也是四个区域中最高的，其中，文盲的农民工达到了10.47%左右，可能的解释是Ⅳ区大部分是西部地区，少数民族较为集中，山区较多，教育资源有限，义务教育没有能够很好地在这些偏远地区得到重视和普及，经济发展的原因又使得人力资本投资减少，劳动者的后继教育和后代教育面临着恶性循环的状态。

表 6-4 各区域的人员特征

人力资本水平	农民工部门所有制就业人员特征统计				城镇居民部门所有制就业人员特征统计			
	类型Ⅰ区	类型Ⅱ区	类型Ⅲ区	类型Ⅳ区	类型Ⅰ区	类型Ⅱ区	类型Ⅲ区	类型Ⅳ区
平均教育水平	13.097	12.360	12.488	11.718	14.944	13.950	13.929	13.215
小学及以下（%）	3.42	5.42	4.89	10.47	0.55	1.13	1.74	4.97
初中（%）	17.77	24.22	23.40	22.92	5.23	11.87	11.25	12.75
高中（%）	20.50	22.27	20.55	21.84	12.24	18.68	17.52	20.08
中专（%）	9.11	7.23	8.15	11.19	5.71	7.08	7.05	7.35
大专（%）	18.68	19.81	22.27	16.25	20.53	22.27	24.19	24.64
本科及以上（%）	30.52	21.04	20.75	17.33	55.74	38.96	38.27	30.23
平均年龄	30.248	29.8018	30.46	30.6	32.95	32	33.471	33.2
30岁以下（%）	61.96	60.23	59.42	59.39	46.30	50.90	44.22	48.76
31~40岁（%）	19.82	23.57	21.50	20.76	31.68	26.73	28.59	23.91
41~50岁（%）	12.76	12.51	14.31	13.00	13.46	16.36	19.27	18.22
50岁以上（%）	5.47	3.69	4.77	6.86	8.57	6.02	7.92	9.11
平均工作时间	9.931	9.769	10.22	10.480	11.420	11.068	12.33	12.218
小于1年（%）	8.20	8.89	9.33	9.93	5.03	7.08	3.83	7.35
1~10年（%）	54.90	52.13	50.63	49.10	49.83	47.94	44.85	43.27
10~20年（%）	17.77	21.84	20.21	20.04	24.95	23.47	25.46	23.29
20~30年（%）	12.76	12.80	13.89	14.26	12.10	15.26	18.08	18.43
30年以上（%）	6.38	4.34	5.93	6.68	8.09	6.25	7.78	7.66
平均技术水平	1.651	1.631	1.559	1.619	1.9408	1.898	1.875	1.884
无技术（%）	63.10	62.18	66.64	64.44	51.39	52.49	53.33	50.98
初级（%）	14.35	16.27	14.79	14.08	15.23	15.03	15.68	16.98
中级（%）	18.45	18.73	15.77	18.41	24.68	25.53	24.10	26.70
高级（副高以上）（%）	4.10	2.82	2.83	3.07	8.70	6.98	6.90	5.39

注：劳动力受教育程度转变成教育年限，将未受正规教育、小学、初中、高中、中专、大专、本科、研究生转变成教育年限为0年、6年、9年、12年、12年、15年、16年、19年。技术水平分成正高、副高、中级、中低级和初级五个等级，描述性统计按等级水平分别加权计算而得。

从年龄结构来看，各个区域的年龄结构大致相似：30岁以下的劳动力占到了绝对优势，这个年龄段的农民工比例高于城镇居民；31~40岁的劳动力在各区域的比例在 20%~30%，40~50 岁的劳动力在各区域的占比在 13%~20%，这两个年龄段的城镇居民比例高于农民工。

从劳动者的工作年限来看，尽管呈现经济区域水平越高而劳动者整体工作年限越小的走向，但各区域劳动者的工作年限之间的差异不是特别明显。10 年以下工作经验的劳动者，农民工比例高于城镇居民，10 年以上工作经验的劳动者，城镇居民比例高于农民工。

从劳动者的技术结构来看，区域之间的劳动者的技术水平差异不是特别突出，这可能由于各个区域内无技术的劳动者过多。区域内农民工和城镇居民技术水平相差较为明显，主要原因在于城镇居民中高级技术人员的比例占据绝对的优势。

6.2.3 各个区域的工资情况

表 6-5 是农民工和城镇居民在各区域的样本分布和工资情况，经济较发达的类型Ⅱ区，农民工比重较大，达到了 31.58%。可能的原因在于，相比起经济发展类型Ⅲ区和Ⅳ区，Ⅱ区经济发展速度快，区域工资水平较高。相比起经济发展类型Ⅰ区，Ⅱ区工业化、城镇化正处于高速发展阶段，需要大量的农民工参与城市经济的建设，因此，Ⅱ区成为吸纳农民工的主要经济区域。

表 6-5 各区域的农民工分布及工资差异

		类型Ⅰ区	类型Ⅱ区	类型Ⅲ区	类型Ⅳ区
样本数	总样本数	1910	4397	11694	1521
	农民工	439	1389	3363	555
区域工资	区域平均工资（元）	5890.574	4561.402	3505.729	3413.009
	标准差	6216.345	5501.893	3887.86	4172.831
	峰度	52.258	69.401	137.368	158.206
	偏度	5.800	7.076	9.373	10.383
农民工工资	农民工平均工资（元）	4327.221	3989.086	3070.267	3037.892
	标准差	4470.205	4672.983	3001.148	2565.591
	峰度	84.226	85.958	120.285	35.296
	偏度	7.794	7.964	8.786	4.423
城市工工资	城市工平均工资（元）	6357.136	4825.68	3681.514	3628.526
	标准差	6578.867	5826.903	4180.34	4849.817

续表

		类型Ⅰ区	类型Ⅱ区	类型Ⅲ区	类型Ⅳ区
城市工工资	峰度	47.814	63.737	130.350	133.367
	偏度	5.516	6.765	9.212	9.948
城市工与农民工	工资差异相对值（%）	46.91	20.972	19.909	19.442

从各区域工资水平来看，从经济发展类型Ⅰ区到经济发展类型Ⅳ区，区域经济水平逐渐下降，区域工资水平也呈现下降趋势，说明了区域工资水平与区域经济发展水平呈正相关关系。Ⅰ区工资水平最高，达到5890元左右，Ⅳ区工资水平最低，为3413元左右，Ⅰ区比Ⅳ区高出42.05%，工资差异最大，反映了全国区域经济不平衡的严酷现实；经济发展类型Ⅱ区和Ⅲ区，工资差异为23%，差异程度较明显，反映了东部和中西部地区经济水平的差别；经济发展类型Ⅲ区与Ⅳ区的工资差距大约为2.6%，区域工资差异不明显，由于两类型经济区域在经济地理分布上都属于中西部地区，中西部区域省际间经济发展较平衡。随着经济区域的阶梯性分布，工资的标准差、峰度、偏度也呈现阶梯性分布。这说明经济越发达的区域，工资的离散程度越大，经济欠发达的区域，工资水平相对集中。

从农民工和城镇居民工资差异的区域表现来看，经济发达的Ⅰ区农民工和城镇居民工资差距最大，达到了46.91%，经济较发达的Ⅱ区两组人群工资差异也达到了20%以上，高于全国平均水平。作为农业经济发展重要区域的Ⅲ区、Ⅳ区，两组人群工资差异相似，大致为19%左右。这说明经济区域越发达，农民工和城镇居民的工资差异越大。

6.3 区域工资方程回归

笔者在Mincer工资方程的基础上，将区域工资方程设定为如下形式：

$$\ln wage_{p_i} = \beta_{p_0} + \beta_{p_e} deu_{p_i} + \beta_{p_w} \exp_{p_i} + \beta_{p_w 2} \exp_{p_i}^2 + \sum \alpha_{p_i} X_{p_i} + u_p \quad (6\text{-}1)$$

p＝1，2，3，…，p表示经济类型区。

其中，$lnwage_{p_i}$表示月平均工资对数值，edu 表示劳动力的受教育年限，exp 表示劳动力实际工作时间，exp^2表示工作年限的平方项，$\sum X_i$表示一系列的控制变量，在这里指劳动力个人的技术程度、管理水平、健康程度，β 表示相应变量的回归系数。

表 6-6 是四个经济区域总样本的 Mincer 工资方程回归结果，可以看出各个变量的回报率不仅符合经济水平发展的结果，而且在统计上也较为显著。除了管理水平，教育回报率最高。随着区域经济水平由低至高的变化，教育对工资的正向影响逐渐增加。这反映了区域经济越发达，教育对于提升工资水平的效果越显著。健康程度对工资也是正向效应，随着区域经济水平由高至低的变化，健康对工资的正向影响逐渐增加，反映了区域经济越不发达，劳动密集型的行业越多，体力劳动为主的工作越多。工作年限对工资水平呈现出显著的正向影响，但影响力度区域间没有太大差异和规律。工作年限的平方系数为负数，表明劳动者工资水平与工作年限的关系表现出先上升至一定水平，而后慢慢下降的趋势。技术水平对工资水平也呈现显著的正向影响，对于后三个经济发展类型区的工资影响要大于对经济发展类型Ⅰ区工资水平的影响，反映了技术水平对于经济欠发达区的劳动力的工资水平的提高有着非常重要的作用，这种作用甚至大于劳动力的教育背景水平。人力资本的管理水平（管理等级）相对于其他变量来说，对工资的正向影响最大，劳动者管理水平提高一个层次，其工资水平会提高 35%~42%，暗示了岗位和管理层次拉大了工资差距水平。管理变量对工资水平的影响在各区域间无太大差异。年龄对工资水平有正向影响，但其显著性和影响力度远远小于其他几个变量，表明了无论哪个经济类型区，年龄与工资挂钩的现象正在减弱。年龄对经济发展型Ⅰ区、Ⅱ区劳动者的正向影响大于对经济发展类型Ⅲ区、Ⅳ区劳动者的影响，这可能和后两个区域样本中 41 岁以上劳动者比例较大有关。

表 6-6 总样本区域工资回归方程

变量	类型Ⅰ区	类型Ⅱ区	类型Ⅲ区	类型Ⅳ区
常数	6.346	6.460***	6.606***	6.415***
教育年限	0.069***	0.032**	0.022***	0.023***
年龄	0.010*	0.011***	0.004*	0.004
工作年限	0.023***	0.027***	0.018***	0.021**
工作年限平方	-0.001***	-0.001***	-0.001***	-0.001***

续表

变 量	类型Ⅰ区	类型Ⅱ区	类型Ⅲ区	类型Ⅳ区
技术水平	0.0446***	0.059***	0.050***	0.065***
管理水平	0.359***	0.427***	0.387***	0.372***
健康程度	0.0278*	0.043***	0.064***	0.092***
R^2	0.2836	0.2981	0.2181	0.1963
调整 R^2	0.281	0.297	0.2176	0.1926
F	107.59	266.33	465.58	52.78
N（样本量）	1910	4397	11694	1521

注：*** 表示在 0.01 显著性水平下显著，** 表示在 0.05 显著性水平下显著，* 表示在 0.1 显著性水平下显著。

总样本的回归结果反映了区域工资特点：工资与劳动力的教育、技术水平、工作年限、管理水平联系紧密，这也表明了劳动力市场在不断完善，市场竞争相对公平，尤其对经济发达区和经济较发达区而言，这种现象更为明显。经济越发达的区域，人力资本的教育背景对于工资提升越重要；而对于经济欠发达的区域，人力资本的技术水平、健康程度对于工资提升的作用更显著。

表 6–7 是农民工和城镇居民的工资方程的回归结果，和总样本的工资方程回归结果相比，能更清晰地反映这些对工资提升显著的变量在农民工群体和城镇居民群体中的作用程度。

表 6–7 农民工和城镇居民样本的区域工资回归方程

变 量	城镇居民				农民工			
	类型Ⅰ区	类型Ⅱ区	类型Ⅲ区	类型Ⅳ区	类型Ⅰ区	类型Ⅱ区	类型Ⅲ区	类型Ⅳ区
常数	6.324***	6.452***	6.624***	6.289***	6.757***	6.453***	6.612**	6.657***
教育年限	0.080***	0.043***	0.027***	0.022***	0.022**	0.015**	0.010**	0.025**
年龄	0.008	0.006	0.002	0.009	0.015	0.017**	0.008*	−0.007
工作年限	0.021**	0.029***	0.015***	0.0145*	0.017	0.024**	0.019***	0.033**
工作年限平方	−0.001***	−0.001***	−0.001***	−0.001***	−0.001***	−0.001***	−0.001***	−0.001**
技术水平	0.032**	0.050***	0.053***	0.061***	0.093***	0.083***	0.044***	0.072**
管理水平	0.367***	0.417***	0.392***	0.370***	0.308***	0.452***	0.368***	0.374***
健康程度	0.019	0.039**	0.059***	0.104***	0.034	0.042**	0.072***	0.067**
R^2	0.2787	0.296	0.2316	0.2111	0.2113	0.2889	0.1655	0.1525
调整 R^2	0.2753	0.295	0.2309	0.2053	0.1985	0.2853	0.1638	0.1417
F	80.76	180.76	358.3	36.62	16.5	80.17	95.06	14.07
N（样本量）	1471	3008	8331	966	439	1389	3363	555

注：*** 表示在 0.01 显著性水平下显著，** 表示在 0.05 显著性水平下显著，* 表示在 0.1 显著性水平下显著。

在经济发展类型Ⅰ区和经济发展类型Ⅱ区，教育变量对于城镇居民的工资水平的正向影响远远大于对农民工工资水平的正向影响，这就意味着，Ⅰ区、Ⅲ区两组群体的工资差异水平主要是教育背景差异引起的。在经济发展类型Ⅲ区和经济发展类型Ⅳ区，教育变量对于两组群体的作用效果差异不大。年龄对工资的影响在城镇居民工资方程中都没有通过显著性检验。对于农民工来说，经济发展类型Ⅱ区和Ⅲ区，年龄对农民工工资的影响比较明显，表明这两个区域年长的农民工工资水平更有优势。工作年限对两组群体工资水平的影响在不同区域有显著差别：经济发展类型Ⅰ区、Ⅱ区，工作年限对城镇居民工资的影响大于对农民工工资的影响；经济发展类型Ⅲ区、Ⅳ 区，工作年限对农民工工资的影响大于对城镇居民工资的影响。可能的解释是经济发达的区域，由于知识密集型和技术密集型企业的发展，表现出对城镇居民的工作经验更重视，而经济欠发达的区域，由于劳动密集型企业过多，对农民工的工作经验更重视。除了经济发展类型Ⅲ区，技术水平对农民工的工资影响大于对城镇居民工资的影响，经济区域越发达，技术水平对两组群体工资水平影响的差异度越大。管理水平对两组群体工资水平的影响区域间没有太大差异。在经济发展类型Ⅰ区，健康程度对工资水平的影响没通过显著性检验，在经济发展类型Ⅱ 区、Ⅲ区，健康程度对农民工工资的影响大于对城镇居民工资的影响。在经济发展类型Ⅳ区，健康程度对城镇居民工资水平的影响大于对农民工工资水平的影响。

6.4 区域户籍工资的 Oaxaca-Blinder 分解

将工资较为优势的城镇居民一方的工资水平作为参照，进行 Oaxaca-Blinder 分解，表 6-8 是四个区域的农民工和城镇居民工资差距及农民工工资歧视情况。

表 6-8 区域的工资差异的 Oaxaca-Blinder 分解

经济发展类型区	对数工资差异	特征效应	百分比（%）	歧视	百分比（%）
经济发展类型Ⅰ区	0.324	0.136	41.975	0.188	58.025
经济发展类型Ⅱ区	0.150	0.136	90.667	0.014	9.333
经济发展类型Ⅲ区	0.143	0.101	70.630	0.042	29.371
经济发展类型Ⅳ区	0.137	0.128	93.430	0.009	6.570

经济发展类型Ⅰ区，农民工和城镇居民之间的工资差异是特征效应和歧视共同的结果，其中，歧视占到了58%左右，是四个经济区域类型中歧视水平最高的；经济发展类型Ⅱ区、Ⅳ区的农民工歧视程度低，特征效应作用超过了90%；经济发展类型Ⅲ区，农民工歧视造成的工资差异占到30%左右。工资分解的结果也反映了经济发展类型Ⅰ区劳动力市场的城乡分割严重，其次是经济发展类型Ⅲ区，而经济发展类型Ⅱ区和Ⅳ区内部出现城乡劳动力市场的融合。

以上结果也与区域经济的发展、市场经济的繁荣、当地户口政策甚至是地理位置和经济资源都有关系。经济发展类型Ⅰ区的歧视水平最高，可能的原因在于，Ⅰ区的城市规模大、人力资本存量较大，[①] 就业竞争激烈，户口的解决和就业、享受公共资源与福利政策是紧密相关的，与劳动力流动相关的生活成本及迁移成本也高居不下，这些共同构成了区域就业的进入门槛。因此，没有城市户口就业难、歧视水平造成的工资差异大的问题特别突出。经济发展类型Ⅱ区，尽管农民工和城镇居民工资差异大，但歧视占比很小，可能的原因在于，经济发展类型Ⅱ区包括浙江、福建、广东等东部沿海地区，地理位置有优势，其市场化建设基础好，发展比较迅速，市场的运行机制也相对完善，市场关系比较规范，市场竞争相对有序。再加上私营经济活跃、外商直接投资总体较大，劳动力市场化水平程度高，农民工可以在相对公平的市场竞争中获得比较完全的市场信息，工资差异的大小和个人的要素禀赋相关性更大。经济发展类型Ⅲ区的农民工歧视仅次于Ⅰ区，可能的原因是，Ⅲ区中部省较多，国有经济、集体经济所占比重较大，第一产业、第二产业是经济发展的重点，劳动力就业以劳动密集型为主，农民工数量较多、人口密度较大，这些突出了农民工歧视问题。经济发展类型Ⅳ区大都是西部地区，且大都是远离高市场潜力的地区，同时也是农民工流出的主要区域。初始资源禀赋较差、市场信息不灵、交通落后，经济发展相对缓慢，人力资本存量处于劣势。农民工歧视问题虽然没有突出，但农民工工资收入水平堪忧。

表6-9是工资差异的要素分解结果，特征效应主要来自管理水平、工作年限、年龄、教育水平。经济发展类型Ⅰ区教育、年龄的回报率最高，经济发展类型Ⅱ区管理水平的回报率最高；经济发展类型Ⅲ区管理水平和工作年限回报率

① 笔者采用高等学校在校学生人数占区域全部人口的比重来表示。

高，经济发展类型Ⅳ区管理水平和工作年限回报率最高。歧视主要表现在教育水平上，经济发展类型Ⅰ、Ⅱ、Ⅲ区的农民工面临着教育回报率的不平等：Ⅰ区和Ⅱ区的教育歧视达到了260%以上，Ⅲ区的教育歧视达到了166%左右，表明一旦控制了教育水平之后，城镇居民的工资水平将失去优势，反而会低于农民工工资。但是，年龄因素以相反的方向控制着三个区域内部城镇居民和农民工工资的扩大：这三个区域的年龄的歧视分别为-73.77%、-222.67%、-143.36%，表明一旦控制了年龄变量之后，城镇居民的工资水平更有优势，两组人群的收入差距会进一步拉大。

表 6-9 要素的分解结果

变量	经济发展类型Ⅰ区				经济发展类型Ⅱ区			
	特征效应	相对值(%)	歧视	相对值(%)	特征效应	相对值(%)	歧视	相对值(%)
教育	0.041	12.65	0.861	265.74	0.024	16.00	0.394	262.67
年龄	0.041	12.65	-0.239	-73.77	0.037	24.67	-0.334	-222.67
工作年限	0.025	7.72	0.056	17.28	0.032	21.33	0.057	38.00
工作经验	-0.031	-9.57	0.034	10.49	-0.04	-26.67	0.016	10.67
技术水平	0.027	8.33	-0.119	-36.73	0.022	14.67	-0.06	-40.00
管理水平	0.033	10.19	0.083	25.62	0.064	42.67	-0.052	-34.67
健康程度	-0.001	-0.31	-0.056	-17.28	-0.002	-1.33	-0.011	-7.33
常数项			-0.432	-1.333			0.002	0.013
变量	经济发展类型Ⅲ区				经济发展类型Ⅳ区			
	特征效应	相对值(%)	歧视	相对值(%)	特征效应	相对值(%)	歧视	相对值(%)
教育	0.015	10.49	0.238	166.43	0.039	28.47	-0.049	-35.77
年龄	0.025	17.48	-0.205	-143.36	-0.018	-13.14	0.54	394.16
工作年限	0.04	27.97	-0.044	-30.77	0.058	42.34	-0.228	-166.42
工作经验	-0.038	-26.57	0.029	20.28	-0.025	-18.25	-0.002	-1.46
技术水平	0.014	9.79	0.017	11.89	0.019	13.87	-0.021	-15.33
管理水平	0.047	32.87	0.034	23.78	0.058	42.34	-0.005	-3.65
健康程度	-0.002	-1.40	-0.049	-34.27	-0.003	-2.19	0.135	98.54
常数项			0.02	0.139			-0.362	-2.642

可以看出，教育通过两方面来影响收入差异：一方面，教育的特征效应影响工资水平，样本中的城镇居民比农民工的教育水平高，农民工由于较低的教育水平而获得比城镇居民低的工资水平。另一方面，教育的歧视作用影响工资水平，两种样本的教育回报率是不同的，也就是说，拥有同样的教育水平的城镇居民的

工资水平高于农民工。经济越发达的区域，收入随着教育水平提高的幅度越大，但与此同时，教育回报率的不平等问题突出，可能的解释是经济发达区的劳动力资源相对丰富，高素质的人力资本相对密集，这种优势使得发达区域的企业更倾向于在同样的教育水平的情况下，优先雇佣城镇居民，甚至是面对同样教育背景的劳动者，故意压低农民工工资。

6.5　农民工收入歧视解决路径的区域视角

表 6–10 是农民工歧视的区域分布，从歧视总值来看，经济发展类型Ⅰ区的歧视相对突出，但由于农民工样本的原因，在歧视分布上还是略次于经济发展类型Ⅲ区。Ⅲ区的农民工歧视是值得首先重视的，解决Ⅲ区的农民工收入歧视问题，有利于最大范围地提高农民工的整体工资水平。其次是经济发展类型Ⅰ区，解决这个区域的农民工歧视问题是解决农民工收入歧视程度最严重的代表，可以为其他经济发展程度较好的地区做好示范和参考，最后是解决经济发展类型Ⅱ区和Ⅳ区的农民工收入歧视问题，由于歧视广度和深度都较小，这两个区域的农民工收入歧视问题不具代表性。

表 6–10　农民工歧视的区域分布

	歧视总值	农民工工资（元）	歧视总值（去掉自然对数）	农民工虚拟工资（元）	歧视工资（元）	农民工占比（%）	歧视分布
类型Ⅰ区	0.188	4327.221	1.207	5222.235	895.014	7.64	68.379
类型Ⅱ区	0.014	3989.086	1.014	4045.326	56.240	24.17	13.595
类型Ⅲ区	0.042	3070.267	1.043	3201.965	131.698	58.53	77.080
类型Ⅳ区	0.009	3037.892	1.009	3065.356	27.464	9.66	2.653

注：城镇居民和农民工歧视总值（去掉自然对数）= EXP（歧视总值），即歧视总值去掉自然对数后实际代表的意义。农民工虚拟工资 = 城镇居民和农民工歧视总值（去掉自然对数）× 农民工区域平均工资，其实这个变量也代表了在无歧视结构下的工资水平。歧视工资 = 农民工虚拟工资 – 农民工实际工资，歧视分布 = 歧视工资 × 农民工占比。

由于经济类型区划分较为粗糙，区域间的比较无法具体确定到各个省（直辖市）的工资差异和歧视水平，也无法提出具体的解决路径。因此，笔者将各省的工资差异、歧视占比、歧视分布进行估算。农民工占比采用 2013 年统计年鉴中 2012 年末非城镇人口占比数。由于歧视工资是由歧视总值推导出来的，歧视工资反映了歧视总值的数学意义和特点。表 6-11 是农民工收入歧视的地区分布。

表 6-11　农民工歧视的各省分布

地区	对数工资差异	歧视总值	总值（去掉自然对数）	农民工虚拟工资（元）	歧视工资（元）	人口占比（%）	歧视分布
贵州	0.226	0.274	1.315	4173.162	1000.085	63.59	635.954
山西	0.117	0.202	1.224	4495.504	822.414	48.74	400.844
湖北	0.431	0.219	1.245	4177.660	823.189	46.50	382.783
广东	0.462	0.231	1.260	4626.251	953.451	32.60	310.825
四川	0.244	0.145	1.156	3475.049	470.247	56.47	265.549
黑龙江	0.266	0.191	1.210	3516.141	610.427	43.10	263.094
湖南	0.362	0.151	1.163	3245.882	453.972	53.35	242.194
天津	0.217	0.222	1.248	4614.310	918.090	18.45	169.388
北京	0.354	0.267	1.307	5090.419	1194.493	13.80	164.840
安徽	0.277	0.090	1.094	3167.096	272.301	53.50	145.681
云南	0.220	0.078	1.082	2780.012	209.740	60.69	127.291
吉林	0.162	0.063	1.065	2978.406	181.303	46.30	83.943
上海	0.382	0.142	1.153	5408.373	715.943	10.70	76.606
重庆	0.227	0.046	1.048	3595.315	163.172	43.02	70.197
陕西	0.149	0.042	1.043	3322.707	137.730	49.98	68.836
江苏	0.263	0.042	1.043	4292.263	177.451	37.00	65.657
浙江	0.190	0.014	1.015	5074.962	73.000	36.80	26.864
河南	0.178	0.006	1.007	2931.810	18.938	57.57	10.903
西藏	0.203	0.001	1.001	3632.295	4.273	77.25	3.301
海南	0.000	0.000	1.000	3302.769	–0.068	48.40	–0.033
福建	0.177	–0.005	0.995	3531.953	–18.308	40.40	–7.396
青海	–0.007	–0.005	0.995	4007.429	–21.011	52.56	–11.044
宁夏	0.250	–0.013	0.987	2586.361	–34.472	49.33	–17.005
山东	0.116	–0.011	0.989	3809.083	–43.858	47.57	–20.863
内蒙古	–0.014	–0.037	0.964	4084.887	–152.056	42.26	–64.259
广西	0.027	–0.048	0.954	3071.514	–149.746	56.47	–84.561
辽宁	0.055	–0.089	0.915	2787.129	–259.841	34.35	–89.255
新疆	0.093	–0.066	0.936	2749.425	–186.787	56.02	–104.638
河北	0.073	–0.156	0.855	2805.869	–474.131	53.20	–252.238
甘肃	0.178	–0.208	0.812	2464.331	–570.128	61.25	–349.203
江西	0.150	–0.229	0.795	2691.053	–694.127	52.49	–364.347

注：歧视总值是歧视导致的农民工和城镇居民的地区对数工资差异。歧视总值（去掉自然对数）= EXP（歧视总值），农民工虚拟工资=农民工实际平均工资×歧视总值（去掉自然对数），歧视工资=农民工虚拟工资–实际工资，歧视分布 = 非城镇人口占比×歧视工资。

按照农民工歧视的地区分布（见图 6-2），笔者将农民工工资歧视严重、应该首先解决的地区作为第一梯队，第一梯队的地区有：贵州、山西、湖北、广东、四川、黑龙江、湖南，这些地区中，有五个省属于经济发展类型Ⅲ区，这些地区的特点是工资水平整体不高，城镇人口和非城镇人口相差不大，但农民工和城镇居民工资差异较大，这些地区农民工工资歧视问题的解决有利于提升全国农民工工资水平。将农民工工资歧视已经存在，影响在全国范围内虽然不是特别显著，但应当引起重视的地区作为第二梯队，第二梯队包括天津、北京、安徽、云南、吉林、上海、重庆、陕西、江苏。这些地区的特点是工资水平处于全国工资水平的两端，要么工资水平整体偏高但农民工较少，像上海、江苏、北京等地区，要么工资水平整体偏低但农民工占据了近一半的比例，像安徽、云南、吉林等地区，所以解决这些地区的农民工工资歧视问题有利于全国工资水平的区域平衡。将农民工歧视问题不是特别突出，但农民工比例很高的地区作为第三梯队，包括浙江、河南、西藏、海南、福建、青海、宁夏、山东等地区。可以看出，浙江、海南、福建、山东这四个地区地理位置和资源有优势，是外商投资的热点地区，市场化程度较好，多劳多得、按酬付劳的劳动力市场在这几个地区较为明显。随着国家西部大开发和中原区建设，国家对河南、西藏、青海、宁夏这些地区经济扶持力量较大。这个梯队地区的农民工歧视问题的解决最能体现“公平与效益”的原则。笔者将农民工歧视工资低于-100 元的地区作为第四梯队：包括内蒙古、广西、辽宁、新疆、河北、甘肃、江西等地区，可以看出，第四梯队的地区属于经济发展类型Ⅱ区和Ⅳ区的较多，经济资源、区位因素和自然条件都不占优势，第一产业比重较大，农业大省居多，青海、内蒙古和海南农民工的工资水平还略高于城镇居民。这些地区大都是远离高市场潜力的地区，同时也是农民工流出的主要区域。初始资源禀赋较差、市场信息不灵、交通落后，经济发展相对缓慢，人力资本存量处于劣势。农民工歧视问题虽然不是很突出，但农民工工资收入水平堪忧。歧视为负值不是经济发展的优势带来的，而是政策、制度优惠的结果。这一梯队的农民工工资收入的提高远比农民工工资歧视问题更值得关注。

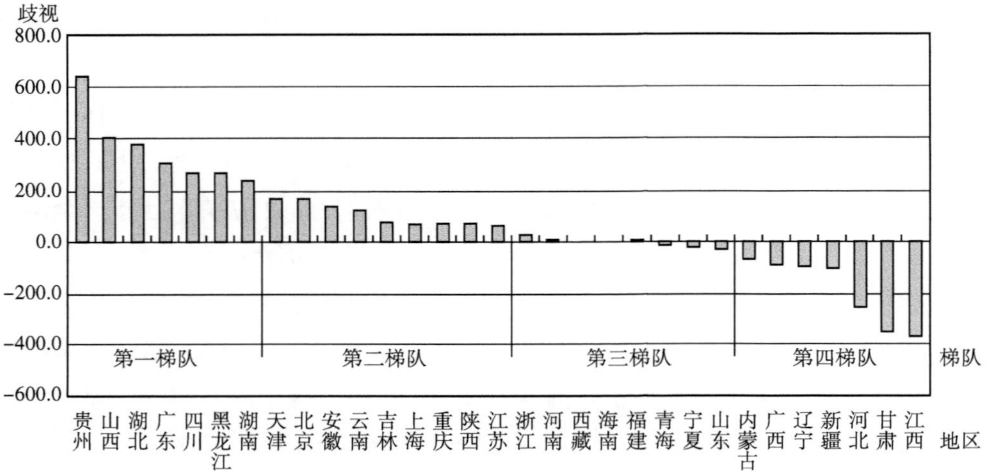

图 6-2　农民工歧视的地区分布

6.6　结论和政策含义

6.6.1　结论

第一，收入较高的省市全部集中于经济发展类型Ⅰ区和Ⅱ区，而收入较低的地区则全部集中在经济发展类型Ⅲ区和Ⅳ区，区域工资水平的高低和区域的发展水平密切相关。发达区域的工资收入增长速度显著高于经济落后区域，地域之间的收入差异比区域内的收入差异更为显著。

第二，无论是经济发展发达的区域，还是经济相对落后的区域，都存在农民工的收入歧视问题，但程度有所不同。经济发展类型Ⅰ区农民工收入歧视程度较深，经济发展类型Ⅲ区农民工收入歧视涉及面广，两个经济区域农民工收入歧视问题严重。农民工的工资歧视最严重的区域同时出现在农村劳动力主要吸收地（经济类型Ⅰ区）和主要供给地（经济类型Ⅲ区），[①] 这种现象值得进一步研究。

① Ⅲ区里包括迁移劳动力较多的四川、河南、安徽、湖南、江西等省。

经济发展类型Ⅱ区和Ⅳ区农民工收入歧视不具有代表性，也反映出这两个区域内出现了劳动力市场的城乡融合。

第三，经济发达区教育回报率较高，但教育回报率的不平等加大了农民工与城镇居民的工资差异的问题。反映了工资不平等问题不能仅仅依靠劳动者个人来解决，劳动者个人方面的特征如受教育程度、技术水平等的提高尽管会提高工资，但其社会身份和地位由于没有城市户口而受到歧视。这一结论进一步解释了姚先国等（2009）的“教育程度的提高能够降低受歧视程度的假说在中国城乡劳动力市场上得不到很好的验证”。

第四，根据各个地区的歧视分布情况，笔者划分四个梯队来依次解决农民工收入歧视问题。第一梯队是贵州、山西、湖北、广东、四川、黑龙江、湖南，第一梯队地区的农民工工资歧视问题的解决有利于提升全国农民工工资水平。第二梯队是天津、北京、安徽、云南、吉林、上海、重庆、陕西、江苏，第二梯队地区农民工工资歧视问题的解决有利于全国工资的区域平衡。第三梯队是浙江、河南、西藏、海南、福建、青海、宁夏、山东，这个梯队地区的农民工歧视问题的解决最能体现“公平与效益”的原则。第四梯队是内蒙古、广西、辽宁、新疆、河北、甘肃、江西，这个梯队的农民工工资收入的提高远比农民工工资歧视问题更值得关注。

6.6.2 政策含义

第一，针对区域工资不平衡，政府应对各个区域实行机会均等化政策，通过基础设施建设投资的均等化来建立区域工资平等的硬环境，通过区域市场获得的空间均衡化来缩减工资水平的区域差距。政府还应通过转移支付、投资补贴、财政贴息贷款等措施，加大对落后地区的财政支持以促进区域经济平衡发展。政府还应特别加大第四梯队地区的经济环境的建设，区域经济发展水平与工资水平呈正相关的关系，地区经济环境越好，就会创造更好的投资环境吸引更多的投资，也会吸引更多的高技术人力资本，地区的工资水平随着时间提高的空间更大。

第二，针对教育对工资的两方面作用，一方面政府应通过加大经济欠发达地区的教育投资和建设，吸引高科技、高学历的人才，提高人力资本存量和积累，提高欠发达区域的教育回报率，进而缩小区域间工资差异水平。另一方面政府要注重社会公平性，保障经济发达区农民工教育回报率的公平性，杜绝人力资本的浪费，以缩小区域内的工资差异水平。

第三，和以往研究结论“如果地区之间的教育和技能差别存在的话，劳动力流动反而可能会扩大地区间的收入差距”（钟笑寒，2006）相同，笔者认为，由于教育回报率存在区域差异，农民工教育回报率存在歧视，区域间劳动力流动会扩大区域工资差异。中西部地区应大力推动本地城镇化建设和工业化发展，提高劳动生产率的同时，增加本地就业、就近就业的机会，以达到消除农民工收入歧视和缩小区域工资水平差异的目的。

6.7 本章小结

本章对不同区域的农民工收入歧视问题进行了研究。结果表明，区域经济发展越好，农民工和城镇居民工资差异越大。区域经济发展越好，教育回报率也越高，但教育回报率的不平等加大了农民工与城镇居民的工资差异的问题。农民工收入歧视在不同经济发展区域都存在，但农民工收入歧视与区域经济发展和经济环境没有显示出太大的相关性。经济发展水平最高的Ⅰ区，农民工收入歧视程度较深，经济发展欠发达的Ⅲ区，农民工收入歧视涉及面广，另外两个经济区域农民工收入歧视不具有代表性。

7 不同单位类型的农民工收入歧视分析

我国在改革进程中，对国有部门采取了渐进式的改革，同时鼓励竞争性的非国有部门产生，不同单位类型的企业，由于经济环境不同、工资决定机制不同、企业规模不同、技术条件和市场化程度不同，部门之间工资水平也出现较大程度的差异：国有部门工资水平一般高于非国有部门工资水平（李荻等，2005；张车伟和薛欣欣，2008；张晓蓓和亓明，2010；张涛，2011；刘瑶，2012），国有垄断企业和其他企业之间的工资收入差距也在快速扩大（夏庆杰等，2012）。目前，国有企业比重下降，个体和私营企业比重上升，国有企业的工资支付体制越来越趋于市场化，但中国不同所有制企业的市场分割仍然存在（杨娟等，2011），不同所有制单位的工资差异也是造成城市劳动力市场工资差异的重要组成部分。

在以往不同单位类型之间工资差异的研究中，探求差异因素的文章较多，如陈弋等（2005）指出“纯所有制差别和工作小时差别是观测到的工资差距的主要决定因素”。陈斌开等（2010）认为，所有制结构和工资结构变革导致工资收入差距扩大。刘瑶（2012）认为，不同部门的报酬率差异导致了部门的工资差异。夏庆杰等（2012）认为，工资差异和国有就业份额有关。以上的研究没有涉及不同单位类型内部农民工和城镇居民的工资差异问题。对于农民工而言，他们不仅要受到部门分割带来的就业歧视，而且已就业的农民工在部门内仍受到工资歧视，这种双重歧视导致了部门间和部门内的工资差异的扩大。

本章的研究就是为了弥补以上研究的不足。本章首先使用 Multinomial Logit 模型分别分析了农民工和城镇居民在不同所有制类型单位的就业机会和影响因素，研究市场分割带来的农民工就业歧视。其次采用 Oaxaca-Blinder 方法对不同单位类型的农民工和城镇居民的工资差异进行分解，分析了部门内部的农民工工资歧视问题。最后在农民工收入歧视部门分布的基础上，设计解决路径及提出政策含义。本章回答了以下几个问题：农民工和城镇居民就业单位类型是否存在结构性差异？农民工就业歧视与单位类型是否具有相关性？农民工工资歧视在不同所有制部门是如何表现的？这些问题的解决为不同部门工资决定因素的研究提供了有效途径，也为不同单位类型的工资差异的解决提供参考。

7.1 农民工和城镇居民在不同单位类型的就业特征和工资差异

7.1.1 人员特征

本书将劳动者所在工作单位类型分成七类：政府事业单位、国有及国有控股企业、集体企业、私营企业、外资企业、个体企业和自由职业者。表 7–1 是不同类型单位的人员特征情况。其中政府事业单位和国有企业属于公有制部门，集体企业属于半公有制部门，私营企业、个体企业属于私营部门。外资部门包括外商、华侨和合资的“三资”企业。自由职业者作为非正规就业的一种重要形式，也被包括在工作单位类型里。

表 7–1 不同单位类型的人员特征

人力资本水平	农民工不同所有制部门就业人员特征统计						
	政府事业单位	国有及国有控股企业	集体企业	私营企业	外资企业	个体企业	自由职业者
平均教育水平	14.413	13.42	12.645	12.53	13.559	11.354	11.399
小学及以下（%）	3.07	4.59	4.07	5.26	1.76	7.31	7.12
初中（%）	8.94	13.77	21.27	21.28	14.71	33.05	33.38
高中（%）	9.22	13.80	20.14	21.18	14.12	28.50	24.44
中专（%）	5.87	8.18	11.31	8.46	11.18	6.89	8.24
大专（%）	20.95	25.55	19.46	24.70	27.65	13.24	12.71
本科及以上（%）	51.95	34.13	23.75	19.13	30.58	11.02	14.11
平均年龄	32.517	29.932	29.17	29.529	27.8	32.248	30.944
30 岁以下（%）	56.70	62.87	65.61	63.58	71.18	47.14	56.15

续表

人力资本水平	农民工不同所有制部门就业人员特征统计						
	政府事业单位	国有及国有控股企业	集体企业	私营企业	外资企业	个体企业	自由职业者
31~40 岁（%）	18.44	20.36	16.06	20.75	21.76	29.98	20.95
41~50 岁（%）	13.97	12.57	12.22	12.68	5.88	17.37	15.36
50 岁以上（%）	10.89	4.19	6.11	3.00	1.18	5.51	7.54
平均工作时间	11.061	9.146	9.192	9.241	7.118	12.674	11.388
小于一年（%）	6.15	10.18	13.35	9.22	10.00	6.14	11.31
1~10 年（%）	54.75	56.69	52.26	54.94	63.53	39.94	43.16
10~20 年（%）	17.04	15.97	16.74	19.29	18.24	28.07	21.79
20~30 年（%）	11.45	11.78	10.86	12.91	7.06	18.22	15.36
30 年以上（%）	10.61	5.39	6.79	3.65	1.18	7.63	8.38
平均技术水平	1.793	1.852	1.923	1.555	1.729	1.359	1.499
无技术（%）	51.40	50.50	49.10	66.85	54.71	77.54	71.51
初级（%）	25.42	19.36	17.42	14.18	22.94	11.97	10.61
中级（%）	17.88	25.75	27.38	16.79	19.41	8.37	15.22
高级（副高以上）（%）	5.30	4.39	6.11	2.19	3.53	2.12	2.66

人力资本水平	城镇居民不同所有制部门就业人员特征统计						
	政府事业单位	国有及国有控股企业	集体企业	私营企业	外资企业	个体企业	自由职业者
平均教育水平	15.406	14.715	13.678	13.745	15.049	12.061	12.567
小学及以下（%）	1.00	1.09	1.76	1.21	0.70	3.54	4.82
初中（%）	2.47	5.62	12.09	12.58	2.96	23.61	19.81
高中（%）	6.80	12.85	18.79	18.47	11.32	32.78	27.64
中专（%）	4.59	5.57	8.35	7.82	5.23	10.32	6.51
大专（%）	20.49	25.46	25.38	26.67	26.31	16.39	18.77
本科及以上（%）	64.67	49.42	33.63	33.27	53.49	13.35	22.45
平均年龄	36.53	34.909	32.095	30.732	30.902	33.656	31.753
30 岁以下（%）	32.69	40.81	53.19	54.93	51.39	40.57	53.40
31~40 岁（%）	30.10	28.20	22.31	27.53	34.67	30.63	24.15
41~50 岁（%）	24.28	19.09	16.48	14.10	10.45	22.47	15.38
50 岁以上（%）	12.93	11.90	8.02	3.44	3.48	6.33	7.08
平均工作时间	14.631	13.245	11.099	9.88	9.268	13.439	11.414
小于一年（%）	4.40	5.91	8.90	6.30	5.40	4.87	9.34
1~10 年（%）	36.55	42.01	47.58	53.36	57.49	36.71	44.81
10~20 年（%）	24.78	23.92	20.99	23.66	25.26	30.25	23.02
20~30 年（%）	22.66	16.60	15.49	13.02	8.36	21.52	15.94

续表

人力资本水平	城镇居民不同所有制部门就业人员特征统计						
	政府事业单位	国有及国有控股企业	集体企业	私营企业	外资企业	个体企业	自由职业者
30 年以上（%）	11.62	11.56	7.03	3.65	3.48	6.65	6.89
平均技术水平	2.317	2.163	1.999	1.732	1.789	1.434	1.533
无技术（%）	34.85	39.85	45.54	58.74	56.27	76.14	69.25
初级（%）	17.75	18.64	18.68	15.73	21.25	7.91	10.94
中级（%）	33.73	31.28	29.12	21.04	16.55	13.54	17.83
高级（副高以上）（%）	13.66	10.27	6.71	4.51	5.92	2.40	1.99

注：劳动力受教育程度转变成教育年限，将未受正规教育、小学、初中、高中、中专、大专、本科、研究生转变成教育年限为 0 年、6 年、9 年、12 年、12 年、15 年、16 年、19 年。技术水平分成正高、副高、中级、中低级和初级五个等级，描述性统计按等级水平分别加权计算而得。

政府事业单位是高学历人才比例、中高技术人才比例最大的部门，也是人力资本水平最高的部门，但也是 50 岁以上的样本比例最多的部门。可以看出，政府事业单位由于工作的稳定性，成为高学历人才的就业热点，而已在这个部门就业的个体不会轻易流动到其他部门。国有及国有控股企业样本数比政府事业单位略有提高。从劳动力教育背景来看，样本大部分集中在大专和本科学历水平上，本科学历的劳动者比例略低于政府事业单位。年龄构成方面 30 岁以下比例最多，工作经验 10 年以下的较多。其中，城镇居民中工作经验 10~30 年的人员比例也占到了 40%左右，技术水平仅低于政府事业单位。集体企业人力资本水平呈现出下降的趋势，高中学历劳动力的比例、无技术的劳动力比例明显增加、本科学历的样本比例明显减少，年龄、工作经验占比情况和公有制部门相似，工作经验小于 1 年的样本比例比其他部门多。这反映了除了自由职业者外，集体企业是劳动力最容易进入的部门。私营企业人力资本的教育水平和集体企业相似，但农民工集中在初中、高中学历水平，而城镇居民集中在大专和本科学历水平。无技术水平的样本占到了 60%左右。个体企业和自由职业者是教育水平、技术水平总体最低的类型，样本中初中、高中样本比例比较大，无技术人员比例占到 70%左右。外资企业虽然属于私有部门，但人力资本水平仅次于政府事业单位。其高工资、高科技和较为规范透明的工资机制吸引到越来越多年轻、高学历的优秀人才。从教育背景来看，农民工大专和本科的比例占到了 58%左右。外资企业也是所有单位类型中劳动力最年轻的部门，从年龄构成来看，农民工 30 岁以下的占到了 70%。

政府事业单位劳动者的教育水平、技术水平都处于绝对的优势，其次是国有企业和外资企业，而个体企业和自由职业者的教育水平和技术水平处于最低端；政府事业单位和国有企业的员工年龄较大，而外资企业和私营企业劳动力的平均年龄较小；政府事业单位的工作年限较长，外资企业的工作年限较短，集体企业则是吸引刚进入劳动力市场的劳动者的重要部门。无论是哪种所有制类型，城镇居民在教育、工作经验、技术水平上有明显优势（见图 7–1）。

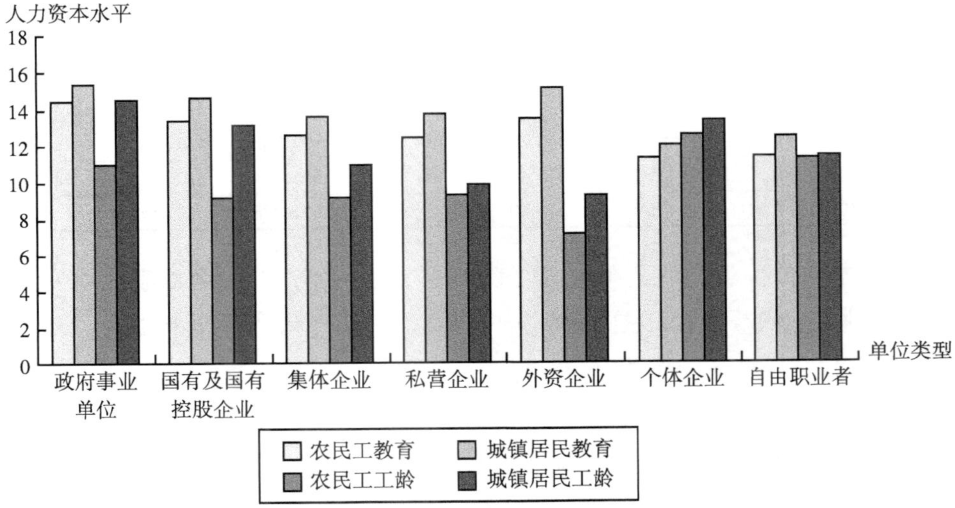

图 7–1 不同所有制部门的人员特征

无论是城镇居民还是农民工，教育水平高的劳动者更倾向于到公有制部门、外资企业就业，可能的解释是外资企业工资水平是所有单位类型中工资水平最高的，公有制部门工资虽然不是部门工资最高的，但公有制部门的福利、稳定的就业和较好的工作环境吸引学历较高的劳动者。

7.1.2 就业特征和部门工资差异

从企业规模劳动力组成情况来看（见表 7–2），样本中，微型企业所占比例较小。自我雇佣、中小型企业所占比例较大。相对来说，农民工自我雇佣的比例较大，大型和超大型企业中，城镇居民所占比例及绝对数远远高于农民工，说明农民工非正规就业的比例大。[①] 从企业规模大小和工资水平来看，企业规模越大，工资水平越高，但工资的绝对差异不显著。自我雇佣和超大型企业的农民工和城镇居民的工资差异不显著，而大型企业内这两组群体的工资差异较大，超过了24%，可能的解释是大型企业中，国有及国有控股的企业较多，工资相对于小型和中型企业来说，没有完全发挥市场机制的作用。

表 7–2 不同企业规模的农民工分布及工资差异

企业规模		自我雇佣	微型	小型	中型	大型	超大型
农民工	样本数	1532	435	1292	1760	979	285
	平均工资（元）	3633.734	2966.759	3206.734	3352.179	3344.854	3945.895
城镇居民	样本数	3302	1361	3184	4861	3611	1483
	平均工资（元）	3756.087	3482.229	3848.883	4091.933	4451.35	4293.198
工资差异	绝对值	122.353	515.47	642.149	739.754	1106.496	347.303
	相对值（%）	3.257	14.803	16.684	18.078	24.858	8.09

从样本的单位类型的分布来看（表 7–3），公有制部门（政府事业单位和国有或国有控股企业）的农民工比例为 14.99%，城镇居民占到了 36.26%，其比例高于农民工近一半。尽管农民工占公有制部门的比例不高，但相对于邢春冰 2008 年调研样本 10%的比例有所增高。这反映了近几年来，随着城市化进程的推进和工业化的建设，农民工也越来越多地进入到公有制部门工作，但大部分属于正规部门的临时工性质，按就业性质来看，仍属于非正规就业。私营企业、个体企业、自由职业的农民工比例高于城镇居民，其中，私营企业吸纳农民工的数量比例达到了 45.43%，反映了私营企业的市场化程度较高，用人机制较灵活。农民工在集体企业的比例比城镇居民略高，集体企业也成为吸纳农民工的一个重要的单位类型。

表 7–3 不同单位类型的农民工分布及工资差异

		政府事业单位	国有及国有控股企业	集体企业	私营企业	外资企业	个体企业	自由职业者
农民工	样本数	358	501	442	2603	170	944	716
	部门占比（%）	6.248	8.743	7.714	45.428	2.967	16.475	12.496
	平均工资（元）	3221.307	3558.911	3375.973	3285.547	3820.765	3836.459	3002.022

① 非正规就业即指在非正规部门的就业，国际上，通常非正规部门被视为这样一类生产单位：主要表现为自我雇佣、家族企业和微型企业。

续表

		政府事业单位	国有或国有控股企业	集体企业	私营企业	外资企业	个体企业	自由职业者
城镇居民	样本数	2591	2404	910	4653	574	1580	1060
	部门占比（%）	18.808	17.451	6.606	33.776	4.167	11.469	7.695
	平均工资（元）	3698.086	4475.758	3689.89	4429.348	6143.847	4273.602	3234.565
工资差异	绝对值	476.779	916.847	313.917	1143.801	2323.082	437.143	232.543
	相对值（%）	12.893	20.485	8.507	25.823	37.812	10.229	7.189

从各单位类型的工资水平来看，外资企业工资水平最高，政府事业单位、自由职业者工资水平较低，和姚先国、盛乐“单位间收入差异主要表现为公有制单位的收入水平要高于非公制单位的收入水平”的结论不大一致。对城镇居民来说，不同所有制企业的工资差别较大，可能的解释是“个体和私营经济收入显著增长而公有部门的总收入和小时工资增加较慢（李实等，2011）”。对农民工来说，不同所有制部门工资差别不大，可能的解释是虽然农民工就业单位类型不同，但农民工大都处于岗位最低层，从事的工作性质相似。

从各单位农民工和城镇居民的工资差异来看，外资企业农民工和城镇居民工资差异最大，达到了37.81%左右。国有及国有控股、私营企业的农民工与城镇居民的工资差异超过了20%，说明最具特权的部门、市场化程度最高的部门工资差距在显著增加（Demurger等，2007）。自由职业者两组人群工资差异最小，仅有7.189%。政府事业单位工资水平的绝对优势正在消失。

7.2 农民工就业歧视分析

7.2.1 职业选择方程

假定在统一、竞争的劳动力市场条件下，劳动力获得在某种类型单位工作的机会概率是由劳动力市场和个人人力资本要素共同决定的，可以通过 Multinomial

Logit 模型来估计农民工和城镇居民选择工作单位类型的影响因素。

$$P_{im}=prob(y_i=type_i)=\frac{e^{a_m' x_i}}{\sum_{k=1}^{M} e^{a_k' x_i}},\quad i=1,\ \cdots,\ M \tag{7-1}$$

其中，a_m' 对应于第 m 类工作单位类型的系数，x_i 表示决定劳动力供给和需求的外生变量，除了人力资本因素外，还加上了区域的虚拟变量。

尽管部门所有制对工资差异有显著影响，但个体在何种所有制部门的就业选择还是与人力资本因素显著相关，因此，在分析不同部门工资决定方程之前，先采用 Multinomial Logit 模型考察劳动力市场个人就业的选择偏好。Multinomial Logit 模型考虑了人力资本的要素。加入了区域虚拟变量，以自由职业者为参照组，使用极大似然法进行估计。

7.2.2 各单位就业机会的影响因素分析

表 7-4 是农民工、城镇居民单位类型进入机会的模型结果。从农民工进入机会来看，当单位类型是政府事业单位时，教育年限的系数是 0.347，说明若教育年限增加一年，样本中个体平均选择政府事业单位的概率相对于选择自由职业者（参照组）的概率的对数增加 0.347；年龄的估计系数是 0.137，说明年龄增加 1 年，样本中个体平均选择政府事业单位的概率相对于选择自由职业者的概率的对数增加 0.137。由于 Multinomial Logit 不是线性模型，[①] 因此，笔者又计算出边际影响。

表 7-4 Multinomial logit 结果（参考组：自由职业者）

农民工方程	政府事业单位		国有及国有控股企业		集体企业	
	系数	边际影响	系数	边际影响	系数	边际影响
教育年限	0.347***	0.015***	0.158***	0.006***	0.089***	0.001
年龄	0.137***	0.004***	0.107***	0.004**	-0.009	-0.005**
工作年限	-0.097**	-0.004**	-0.088**	-0.005**	-0.021	0
工作经验	0	0.000**	0	0.000*	0.001	0.000***

① 对于线性模型边际影响就是系数，但对于非线性模型边际影响不是系数，Stata11.0 边际影响的命令为 margins。

续表

农民工方程	政府事业单位		国有及国有控股企业		集体企业	
	系数	边际影响	系数	边际影响	系数	边际影响
技术水平	0.227**	0.011***	0.298***	0.022***	0.380***	0.026***
管理水平	0.122	-0.014**	0.335**	-0.001	0.295**	-0.004
健康程度	0.170**	0.002	0.259***	0.010**	0.086	-0.004
经济发展类型Ⅰ区	0.197	-0.017	0.328	-0.013	0.569*	0.007
经济发展类型Ⅱ区	-0.323	-0.033**	0.135	-0.007	-0.124	-0.026**
经济发展类型Ⅲ区	-0.405*	-0.024**	-0.049	-0.004	-0.26	-0.020*
常数项	-9.387***		-6.514***		-2.425***	
农民工方程	私营企业		外资企业		个体企业	
	系数	边际影响	系数	边际影响	系数	边际影响
教育年限	0.062***	-0.007**	0.142***	0.002*	0.018	-0.008***
年龄	0.081***	0.010**	0.082*	0.001	0.019	-0.006**
工作年限	-0.045*	-0.009**	-0.021	0	0.072**	0.015***
工作经验	-0.001***	0.000**	-0.003**	0.000*	-0.002***	0.000***
技术水平	-0.006	-0.013*	0.118	0.002	-0.289***	-0.047***
管理水平	0.349***	-0.005	0.645***	0.008	0.736***	0.059***
健康程度	0.129**	-0.003	0.137	0	0.208***	0.012**
经济发展类型Ⅰ区	0.693**	0.101**	2.222***	0.051***	-0.011	-0.073**
经济发展类型Ⅱ区	0.463**	0.108***	1.081**	0.025**	-0.033	-0.040**
经济发展类型Ⅲ区	0.122	0.052**	0.575	0.017	-0.116	-0.02
常数项	-2.279***		-7.293***		-2.008***	
LRchi2 (60)	924.85					
Log Likelihood	-8723.2195					
Pseudo R^2	0.0503					
城镇居民方程	政府事业单位		国有及国有控股企业		集体企业	
	系数	边际影响	系数	边际影响	系数	边际影响
教育年限	0.472***	0.043***	0.281***	0.012***	0.101***	-0.005***
年龄	0.108***	0.007***	0.109***	0.008***	0.051**	0
工作年限	-0.028	0	-0.079***	-0.009***	-0.070**	-0.003***
工作经验	0	0	0	0.000***	0.001**	0.000***
技术水平	0.526***	0.037***	0.486***	0.033***	0.439***	0.012***
管理水平	-0.241**	-0.064***	-0.008	-0.027***	0.113	-0.005
健康程度	0.177***	-0.003	0.216***	0.004	0.07	-0.008**
经济发展类型Ⅰ区	-0.185	-0.089***	0.559**	0.041**	-0.182	-0.033***
经济发展类型Ⅱ区	-0.112	-0.066***	0.272*	-0.001	-0.131	-0.028***
经济发展类型Ⅲ区	0.086	-0.039***	0.307**	-0.001	-0.082	-0.027***
常数项	-10.348***		-7.787***		-3.578***	

续表

城镇居民方程	私营企业		外资企业		个体企业	
	系数	边际影响	系数	边际影响	系数	边际影响
教育年限	0.095***	-0.023***	0.278***	0.003***	-0.048***	-0.020***
年龄	0.022	-0.009***	0.087***	0.001	0.015	-0.003**
工作年限	-0.002	0.005**	-0.038	-0.001	0.062**	0.008***
工作经验	-0.001**	0.000***	-0.001**	0.000**	-0.002***	0.000***
技术水平	0.160***	-0.023***	0.179**	-0.004**	-0.185***	-0.041***
管理水平	0.458***	0.079***	0.302**	0.005*	0.536***	0.031***
健康程度	0.215***	0.006	0.246***	0.002	0.338***	0.015***
经济发展类型Ⅰ区	0.605***	0.087***	2.031***	0.068***	-0.125	-0.049***
经济发展类型Ⅱ区	0.656***	0.112***	0.997***	0.028**	0.141	-0.020*
经济发展类型Ⅲ区	0.559***	0.072***	0.703**	0.015	0.397**	0.005
常数项	-2.482***		-9.141***		-1.767***	
LRchi2（60）	4409.43					
Log Likelihood	-21816.329					
Pseudo R^2	0.0918					

注：*** 表示在 0.01 显著性水平下显著，** 表示在 0.05 显著性水平下显著，* 表示在 0.1 显著性水平下显著。

将劳动力的受教育程度转变成教育年限，将未受正规教育、小学、初中、高中、中专、大专、本科、研究生转变成教育年限为 0 年、6 年、9 年、12 年、12 年、15 年、16 年、19 年。技术水平分成正高、副高、中级、中低级和初级五个等级。

从教育变量的边际影响来看，教育对农民工进入政府事业单位、国有及国有控股企业、集体企业、外资企业就职的概率都有提升作用：相对于自由职业者（参照组）而言，农民工教育年限每提高 1 年，进入政府事业单位就职的概率提高 1.5 个百分点，进入国有及国有控股企业就职的概率提高 0.6 个百分点。教育年限对农民工进入私营和个体企业就职的概率有降低作用：相对于自由职业者而言，农民工教育年限每提高 1 年，进入私营企业的概率降低了 0.7 个百分点，进入个体企业就业的概率降低 0.8 个百分点。从农民工年龄变量的边际影响可以看出，年龄对农民工进入政府事业单位、国有及国有控股企业、私营企业、外资企业就职的概率具有提升作用，对农民工进入集体、个体企业就职的概率有降低作用。技术水平、健康程度的边际影响作用和教育年限相似。

对于城镇居民来说，教育年限、年龄、技术水平的提高将增加公有制部门的就业概率，降低私营和个体企业的就业概率。

比较农民工和城镇居民单位类型进入机会的模型结果，教育和技术水平对劳动力进入公有制部门的工作概率会有提高作用，但农民工教育和技术水平的边际影响都小于城镇居民，这意味着在同样的教育程度或同样的技术水平的情况下，农民工进入公有制单位的工作机会少于城镇居民。尽管两个因素的边际影响方向相同，但对于农民工来说，技术水平对就职概率的作用大于教育年限，而对于城镇居民来说，教育年限对就职概率的作用大于技术水平。工作年限会增加劳动者进入个体企业就职的概率，但会降低其进入公有制部门和外资企业就职的概率，这种现象可能的原因在于，由于人力资本培训成本的问题，个体企业更欢迎有工作经验、管理经验的劳动者。而在提供考核机会选拔人才的政府事业单位和外资企业，选择员工时考虑人力资本的重要依据是教育和技术水平，而不是工作经验。从区域虚拟变量的边际影响来看，区域的经济发展对劳动者进入政府事业单位、国有及国有控股企业就职的概率呈现负相关，但对劳动者进入私营部门和外资企业就职的概率呈现正相关。

7.2.3　部门就业歧视

基于 Multinomial Logit 城镇居民就业单位类型分布的概率方程，预测了农民工样本就业单位类型的分布概率，同时以农民工就业单位类型分布的概率方程，预测了城镇居民的就业单位类型分布的概率（见表 7–5）。笔者将预测的农民工就业概率和实际就业概率的差异值定义为就业歧视程度，[①] 负值表明具有和城镇居民同等人力资本的农民工被部门排斥的概率，负值绝对值越大，则表明农民工就业歧视越大，负值绝对值越小，则农民工就业歧视越小。正值则表明按其人力资本的水平本应能到其他部门就业，但歧视导致其不得已从事比自己人力水平低的部门或职业。

表 7–5　农民工不同所有制部门的就业歧视

农民工就业概率（%）			
单位类型	实际值	预测值	就业歧视
政府事业单位	6.230	13.095	–6.865
国有及国有控股企业	8.730	13.343	–4.613
集体企业	7.710	8.458	–0.748

① 有研究者将其定义为职业或部门隔离程度，大多数研究者标为差异值。

续表

农民工就业概率（%）			
单位类型	实际值	预测值	就业歧视
私营企业	45.410	41.090	4.320
外资企业	2.970	3.843	-0.873
个体企业	16.460	17.950	-1.490
自由职业	12.500	2.210	10.290

正如 Knight 和 Song 所指出的“不同制度和经济环境的企业不仅在收入结构方面存在着差异，也在就业体制上存在差异”。从农民工不同单位类型的就业分布的实际值、预测值来看，农民工在政府事业单位的实际就业比例为 6.23%，在国有及国有控股企业的就业比例为 8.73%，农民工在公有制部门的实际就业比例仅为 15%左右。公有制部门的入职比例低，一方面是因为这些部门要求的劳动力人力资本水平较高，另一方面是由于就业歧视导致部分相同人力资本水平的农民工被排挤到这些部门之外。

如果享有城镇居民的进入单位类型的条件，农民工进入政府事业单位、国有及国有控股企业的概率都将会增加 13 个百分点，农民工在私营企业、自由职业的就业概率就会减少 14.5 个百分点。外资企业和集体企业实际和预测的就业概率差异不大，说明这两个部门的就业歧视较小。相比之下，城镇居民如果按照农民工劳动力市场的就职条件，则在公有制部门就业概率会降低，在私营企业的就业概率会增加。[①] 由此可以证明，农民工和城镇居民在不同类型单位就职机会是不平等的，政府事业单位和国有企业最为明显，这个结果反映了劳动力市场的部门分割使得人力资本水平相当的城镇居民受到了优待而农民工受到了歧视。

7.3 农民工工资歧视分析

将本书的各单位类型工资方程设定为如下形式：

① 笔者也进行了城镇职工的就业实际值和预测值测算，结果表明如果按照农民工市场条件，城镇职工在政府事业单位就业的概率将降低 9 个百分点，在私营企业就业的概率将会增加 15 个百分点。

$$\ln(wage)_{M_i} = \beta_{M_0} + \beta_{M_e} edu_{M_i} + \beta_{M_w} exp_{M_i} + \beta_{M_w2} exp_{M_i}^2 + \sum \alpha_{M_i} X_{M_i} + u_M \quad (7-2)$$

M＝1，2，…，7

其中，M 表示单位类型，本书涉及政府事业单位、国有或国有控股企业、集体企业、私营企业、外资企业、个体企业、自由职业者七类所有制类型，其他变量意义同前。①

从各单位类型的工资方程结果来看（见表 7-6），教育对工资水平的影响在公有制部门较为突出，一方面说明公有制部门工资水平与教育学历挂钩比较明显；另一方面也说明在私营和个体部门教育回报率没有公有制部门显著。年龄对工资水平的影响在外资企业较为突出。工作年限对工资水平影响较大的是自由职业者和个体企业。健康程度对工资影响较大的是个体企业和自由职业者。经济发展类型Ⅰ区对各单位类型的工资水平都有正向影响，尤其对外资企业、集体企业作用突出。

表 7-6　工资方程回归结果

变　量		政府事业单位	国有及国有控股企业	集体企业	私营企业	外资企业	个体企业	自由职业者
农民工	教育年限	0.050***	0.025**	0.024**	0.019***	-0.002	0.012	0.018**
	年龄	-0.014	0.004	0.01	0.015**	0.067**	0.022**	-0.014
	工作年限	0.024	0.008	0.024*	0.027***	0.009	0.030**	0.037***
	工作经验	0	0	-0.001**	-0.001***	-0.002***	-0.001***	-0.001**
	技术水平	0.112***	0.082***	0.091***	0.099***	0.025	0.094***	0.111***
	健康程度	0.042	0.058**	0.042	0.035**	0.081*	0.152***	0.131***
	类型Ⅰ区	0.297**	0.306***	0.472***	0.323***	0.157	0.429***	0.177
	类型Ⅱ区	0.143	0.199**	0.400***	0.227***	0.067	0.249***	0.163**
	类型Ⅲ区	-0.1	0.024	0.118	-0.013	-0.148	0.04	0.057
	常数项	7.089***	7.092***	6.688***	6.806***	6.076***	6.243***	6.998***
	调整 R^2	0.158	0.081	0.158	0.14	0.169	0.108	0.084
	F 统计量	8.43	5.92	9	47.87	4.82	13.7	8.32
城镇居民	教育年限	0.049***	0.063***	0.043***	0.050***	0.088***	0.038***	0.040***
	年龄	-0.002	0.006	-0.007	0.019***	0.025*	0	-0.01
	工作年限	0.009**	0.020***	0.029***	0.030***	0.016	0.041***	0.036***
	工作经验	0	-0.001***	-0.001***	-0.001***	-0.001***	-0.001**	-0.001***

① 部门所有制、行业岗位的工资方程去掉了管理水平变量，一方面突出教育收益率，另一方面管理水平和岗位层次重复。

续表

变量		政府事业单位	国有及国有控股企业	集体企业	私营企业	外资企业	个体企业	自由职业者
城镇居民	技术水平	0.080***	0.117***	0.099***	0.100***	0.143***	0.050**	0.115***
	健康程度	0.034**	0.038**	0.041*	0.044***	0.052	0.136**	0.078***
	类型Ⅰ区	0.321***	0.445***	0.645***	0.482***	0.596***	0.173*	0.333***
	类型Ⅱ区	0.150***	0.172***	0.263***	0.260***	0.382**	0.190**	0.245***
	类型Ⅲ区	−0.099**	−0.02	0.097	0.029	0.065	−0.057	0.006
	常数项	6.970***	6.528***	6.913***	6.274***	5.571***	6.765***	6.883***
	调整 R^2	0.191	0.261	0.167	0.181	0.345	0.088	0.123
	F 统计量	68.89	95.46	21.18	115.28	34.53	17.86	17.45

注：*** 表示在 0.01 显著性水平下显著，** 表示在 0.05 显著性水平下显著，* 表示在 0.1 显著性水平下显著。

从农民工工资方程来看，教育对工资水平的影响在公有制部门、半公有制部门突出，其中，政府事业部门的教育回报率最大，而且两组群体教育回报率非常接近。① Montgomery 和 Powell 认为“高学历能够提升个体在劳动力市场的地位，增强他们抵抗歧视的能力”，政府事业单位体现出这种作用。教育对农民工工资水平的影响在私营经济企业的作用减弱，这种现象没有表现在城镇居民工资里，反映了以外资企业、个体企业为代表的私营经济对农民工教育背景的歧视性对待。工作年限对工资水平的影响在私营企业、个体企业和自由职业者中显著，在政府事业单位、国有及国有控股企业没有通过显著性检验。技术水平对工资影响明显的单位类型为政府事业单位、自由职业者，劳动者技术水平每增加一个等级，工资水平就会增加 11%左右。农民工技术回报率在各个部门的表现和城镇居民较为相似。

从工资差异分解来看（见表 7-7），外资企业农民工和城镇居民工资差异最大，其次是私营企业、政府事业单位。集体企业两组群体的工资差异最小。部门之间工资差异也反映了劳动力市场的部门分割和各部门市场化程度的差异。从工资差异的组成来看，集体企业的特征效应比例最大，达到了 95.603%，歧视仅有 4%左右，表明集体企业的报酬差异几乎都是由个体特征差异引起的。政府事业

① Appleton 分析发现，城市中城镇居民与农民工教育回报率非常接近，城镇居民教育回报率为 6%，农民工教育回报率为 5.6%，和笔者在政府事业单位得到的结论相似。

单位、国有及国有控股企业和个体企业的特征效应占工资差异的比重超过了50%，略高于歧视比重。这一方面说明这些部门所有制存在对农民工的工资歧视，歧视影响着农民工的工资待遇，歧视导致的农民工和城镇居民的工资差异是劳动力市场分割在收入形成机制中的不合理部分；另一方面说明这些部门个人特征的优势能提高个人工资水平，人力资本导致的工资差异是劳动力市场化配置所造成收入差异的合理性部分。私营企业、外资企业和自由职业者歧视比重较大。总体来看，以政府事业单位和国有及国有控股企业为代表的公有制部门中歧视导致的工资差异小于以外资企业和私营企业为代表的私有部门，但大于个体企业和集体企业。

表 7–7 各部门的工资差异的分解

	政府事业单位	国有及国有控股企业	集体企业	私营企业	外资企业	个体企业	自由职业者
总差异	0.161	0.155	0.064	0.185	0.343	0.079	0.077
特征效应	0.110	0.082	0.062	0.071	0.128	0.042	0.017
百分比（%）	68.657	53.183	95.603	38.153	37.453	53.057	22.529
歧视	0.050	0.072	0.003	0.114	0.214	0.037	0.060
百分比（%）	31.343	46.498	4.397	61.847	62.547	46.943	77.471

归总各个单位类型的就业歧视和工资歧视，集体企业的就业歧视和工资歧视水平都是最低的，外资企业、私营企业就业歧视低但工资歧视高，政府事业单位就业歧视大但工资歧视较小。国有及国有控股企业既存在一定的就业歧视，也存在一定的工资歧视。

从要素分解来看（见表 7–8），政府事业单位特征效应主要来自劳动者的教育水平、工作年限、技术水平。歧视主要来自年龄，年龄估计系数的差异是造成城镇居民工资高于农民工的重要因素。国有及国有控股企业特征效应来自教育水平、工作经验、技术水平，但三个要素的回报率低于政府事业单位。从歧视来看，农民工在教育年限、工作经验方面受到歧视，工作经验和教育上的回报率的不同激化了国有企业部门内部工资的不平等。集体企业的教育回报率和工作年限的回报率均高于其他部门，工作年限、年龄、教育因素均能缩小两组群体的工资差异。外资企业、私营企业对农民工的教育水平的歧视较严重，超过 60%，说明私营部门里的两组群体存在教育回报率的显著不同。同样的教育背景下，农民工的工资水平低于城镇居民。外资企业年龄因素有利于缩小两组群体的工资差异。个体企业存在农民工教育回报率和工作回报率的不平等，但年龄因素能缩小两组群体的工资差异。对于自由职业者来说，教育回报率较高，但同时也存在对农民工教育水平、年龄的歧视，健康水平则对缩小两组群体工资差异有贡献。

表 7–8　要素的分解

	政府事业单位		国有及国有控股企业		集体企业			
	特征效应	歧视	特征效应	歧视	特征效应	歧视		
教育年限	0.050	–0.013	0.032	0.570	0.025	0.249		
年龄	–0.057	0.448	0.022	0.055	0.029	–0.528		
工作年限	0.087	–0.225	0.033	0.158	0.047	0.052		
工作经验	–0.020	0.060	–0.038	–0.135	–0.037	0.021		
技术水平	0.059	–0.075	0.026	0.075	0.007	0.016		
健康程度	–0.003	–0.030	–0.006	–0.074	–0.004	–0.005		
place1	0.002	0.002	0.020	0.019	–0.009	0.015		
place2	–0.001	0.001	–0.006	–0.006	–0.002	–0.029		
place3	–0.005	0.001	0.000	–0.026	0.004	–0.013		
常数项		–0.119		–0.564		0.225		
	私营企业		外资企业		个体企业		自由职业者	
	特征效应	歧视	特征效应	歧视	特征效应	歧视	特征效应	歧视
教育年限	0.023	0.427	–0.003	1.345	0.008	0.321	0.020	0.278
年龄	0.018	0.133	0.209	–1.306	0.031	–0.763	–0.011	0.133
工作年限	0.017	0.037	0.020	0.067	0.023	0.145	0.001	–0.012
工作经验	–0.008	–0.038	–0.118	0.214	–0.023	0.032	0.006	–0.037
技术水平	0.017	0.003	0.001	0.211	0.007	–0.063	0.004	0.006
健康程度	0.000	0.035	0.001	–0.111	0.000	–0.065	–0.008	–0.193
place1	0.007	0.016	0.016	0.135	0.000	–0.014	0.006	0.013
place2	–0.003	0.008	–0.003	0.070	–0.007	–0.012	0.002	0.018
place3	0.000	0.025	0.006	0.094	0.002	–0.065	–0.002	–0.030
常数项		–0.532		–0.505		0.522		–0.115

总体来看，农民工就业歧视和工资歧视在不同单位类型有不同表现。农民工工资歧视问题在私有部门较为严重，歧视的原因主要在于教育回报率、工作回报率的不平等。农民工就业歧视问题在公有制部门较为严重，歧视的原因在于所有制结构、部门垄断。对于就业歧视的解决一方面要解决部门市场分割问题，另一方面要提高农民工的综合人力资本素质，加大国有企业和外资企业的就业概率。对于工资歧视问题的解决重点在于教育回报率和工作回报率在农民工和城镇居民

两组群体中的公平性，尤其是在外资企业、私营企业，这种公平性尤其重要。相对来说，集体企业的农民工和城镇居民工资差异最小、工资歧视和就业歧视不明显，是农民工就业较为理想的部门。

7.4　农民工收入歧视解决路径的部门视角

表 7–9 是农民工歧视的部门分布，从部门工资的总差异来看，外资企业和私营企业是农民工和城镇居民部门工资差异的主要来源，自由职业者和集体企业的工资差异较小。从歧视总值来看，外资企业和私营企业的歧视问题较为突出，集体企业中，歧视造成的工资差异很小。农民工虚拟工资的水平都高于实际工资，其中外资企业的歧视工资水平最高，由于歧视工资是歧视总值去掉自然对数推算出来的，因此，歧视工资的排列情况和歧视总值的排列情况相同。如果考虑到农民工在各个所有制部门的样本比例，能更清楚地表明在这七种单位类型就业的农民工歧视的总体分布。笔者按照行业农民工歧视的解决顺序，将其分成三个梯队。

表 7–9　农民工歧视的部门分布

行　业	农民工平均工资（元）	歧视总值	歧视总值（去掉自然对数）	农民工虚拟工资（元）	歧视工资（元）	农民工占比（%）	歧视分布
政府事业单位	3221.307	0.05	1.051	3386.467	165.160	6.25	10.319
国有及国有控股企业	3558.911	0.072	1.075	3824.603	265.692	8.74	23.229
集体企业	3375.973	0.003	1.003	3386.116	10.143	7.71	0.782
私营企业	3285.547	0.114	1.121	3682.284	396.737	45.43	180.230
外资企业	3820.765	0.214	1.239	4732.486	911.721	2.97	27.051
个体企业	3836.459	0.037	1.038	3981.067	144.608	16.48	23.824
自由职业者	3002.022	0.06	1.062	3187.657	185.635	12.496	23.197

注：农民工占比这里指部门农民工样本人数/农民工总样本人数，歧视总值是歧视导致的农民工和城镇居民的部门对数工资差异。歧视总值（去掉自然对数）= EXP（歧视总值），农民工虚拟工资 = 歧视总值（去掉自然对数）× 农民工平均工资，歧视工资 = 农民工虚拟工资 – 农民工平均工资，歧视分布 = 农民工占比 × 歧视工资。

私营企业单独为第一梯队，第一，私营企业吸纳农民工人数最多，不存在就业歧视，是农民工最易就业的部门。第二，私营企业的农民工和城镇居民工资差异很大，月工资差异达到 1143.801 元，歧视工资水平达到了 396.7 元左右。第三，随着私营经济的发展，私营企业的地位相对于公有部门显著提高，公有部门工资的绝对优势相对私营企业来说正在消失，私营企业同时也是中小企业的主要所有制形式，得到国家的资金扶持，市场化程度较高，工资决定机制更倾向于以市场为导向。因此，解决了这种单位类型的农民工工资歧视问题不仅有利于农民工就业，而且有利于控制两组群体部门工资差异扩大的趋势，更有利于解决其他私有部门的工资歧视问题。

外资企业、国有及国有控股企业、个体企业和自由职业者为第二梯队。个体企业和自由职业者近年来成为吸纳农民工的主要单位类型。国有及国有控股企业和外资企业工资水平较高，但歧视较大，尤其是外资企业，通过雇佣较高素质的个体加大市场分割程度。国有及国有控股企业和外资企业同时又是行业的领先者和知识、科技的引领者，企业规模大，部门生产率高，因此，尽管农民工在这两个部门的比例不大，但重视这两个部门的农民工收入歧视问题不仅是对已进入这两个部门高素质农民工的保护，而且可以减少部门垄断力量，扩大农民工在大型企业的就业率。第二梯队收入歧视的解决将会进一步完善劳动力市场，提高农民工就业质量，也有利于减少劳动力市场非国有部门内部分割的现状。

集体企业和政府事业单位属于第三梯队，这两个部门农民工和城镇居民工资差异较小，个人特征可以解释工资差异中很大一部分，歧视不明显，教育回报率公平，体现出劳动者知识的价值和作用。第三梯队的农民工收入歧视问题的解

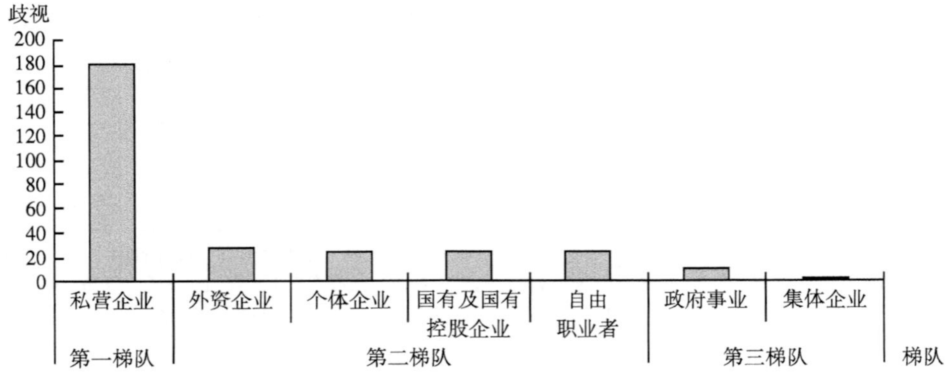

图 7–2　农民工歧视的部门分布

决，有利于减少劳动力市场的就业歧视，有利于公有制部门和半公有制部门的劳动力市场走向融合。

7.5 结论和政策含义

7.5.1 结论

第一，从农民工和城镇居民工资差异的情况来看，集体企业、个体企业和自由职业者农民工和城镇居民工资差异较小；外资企业、私营企业工资差异较大；政府事业单位和国有及国有控股企业两组群体存在工资差异，但不显著。

第二，从各单位类型的就业歧视来看，农民工和城镇居民在不同类型单位就职机会是存在不平等的，政府事业单位、国有及国有控股企业就业歧视最为明显，在同样的人力资本情况下，城镇居民进入公有制部门的机会远大于农民工。私营企业和自由职业者不存在就业歧视。歧视的原因主要在于所有制差异和部门垄断。

第三，从各单位类型的工资歧视来看，集体部门、政府事业单位、国有及国有控股企业歧视比例较低，工资差异大部分是由人力资本要素的差异引起的，教育、工作年限的回报率水平均高于私有部门和外资企业。外资企业、私营企业工资歧视严重，歧视的原因在于教育回报率的不平等。

第四，从农民工收入歧视解决路径来看，私营企业为第一梯队，外资企业、国有及国有控股企业、个体企业、自由职业者为第二梯队，政府事业单位和集体企业为第三梯队。第一梯队是在最大范围内集中解决农民工收入歧视问题，第二梯队问题的解决有利于劳动力市场融合、公平，第三梯队问题的解决是对高等教育背景的农民工的保护。

7.5.2 政策含义

第一，从消除农民工就业歧视角度来看，政府应加强农民工的技术培训和职业教育，提高农民工总体就业率的同时，促使一些高技术的农民工公平进入技术水平较高、规模较大的企业或具有重要战略地位的大型国有企业。政府应加强公有制部门、外资企业入职考核的公平性，打破部门垄断，取消户籍门槛，消除农民工劳动参与和部门选择的障碍。

第二，从消除农民工工资歧视来看，政府一方面应加大农村教育投资，加大对农民工人力资本投资的扶持力度，保证农民工享受免费的就业指导和培训，通过提高农民工的教育水平来提高工资水平；另一方面应保证农民工在私营经济企业的教育回报率的公平性，发挥政府事业单位教育回报率透明、公平的示范作用，针对私营经济企业，设计和实施公平的工资制度。

第三，政府应加快发展混合所有制经济，破除国有企业、外资企业为代表的大企业人才选拔、薪酬待遇的不合理之处，打破行政垄断体制，增加农民工就业机会。同时加快私营经济的发展，活跃其他非公有制经济，通过吸纳更多的农民工来解决农民工就业，通过私营企业的经济效益的提高带动农民工整体收入的增加。

7.6 本章小结

本章对不同所有制部门农民工收入歧视问题进行了研究。结果表明，集体企业、个体企业和自由职业者中农民工和城镇居民工资差异较小，外资企业、私营企业中工资差异较大，政府事业单位和国有及国有控股企业两组群体存在工资差异，但不显著。集体企业的就业歧视和工资歧视水平都是最低的，外资企业就业歧视和工资歧视都较严重。私营企业不存在就业歧视，但工资歧视较高，政府事业单位、国有及国有控股企业就业歧视大但工资歧视小。

8 农民工收入歧视的行业、岗位研究

改革开放以来，中国经济快速增长的同时，行业间工资收入差异水平也不断扩大。除了部门所有制的制度差异原因外，各行业的技术水平、资本积累及行业政策也导致行业间生产率的差异非常明显。2012 年数据显示：就业人员年平均工资最低的行业是农、林、牧、渔业，年平均工资最高的行业是金融业，两个行业的工资差异达到 74.72%。

行业工资差异在世界范围内都存在，中国尤其显著。关注这一问题的研究者们从造成差异的原因入手来探讨。蔡昉（1996）认为，不同行业的劳动效率不同，所能达到的最优点是不一样的，因此，使各个行业达到最优效率的工资也就不同。朱世宏（1998）认为，行业的技术特征、进入该行业就业所需付出的先期成本、专业的可进入程度决定了行业职工的工资水平，所以不同行业职工的平均工资是有差距的。岳昌君和吴淑姣（2005）认为，人力资本的外部性也是影响行业工资差异的一个重要因素。但是行业间工资差异的原因并不能完全用以上专家学者们探讨的市场化因素来解释：对于巴西的研究发现，劳动力市场上存在巨大的行业间工资差距，工作的质量以及职工的异质性、在特定部门的短期过度需求或者宏观经济状况和政策的变化都不能解释行业间的工资差距。即使在控制了职工的生产力和工作的特征差别之后，行业间工资差距仍然持续存在。Krueger 和 Summers（1988）发现，即使控制了劳动力质量、工作条件、额外福利、短期的需求冲击、工会化的威胁、工会谈判力量、企业规模等因素，行业间工资差距仍然存在。因此，在中国就业形式越发严峻的情况下，探讨引起行业工资差异的非市场化因素的作用路径和影响程度能更深层次地解释行业工资差异的问题。本章基于行业、岗位视角研究的农民工收入歧视就是引起行业工资差异的非市场化因素之一。

本章首先采用 Cotton 分解方法分析农民工和城镇居民在十个行业的工资差距

的表现，衡量了农民工的行业工资歧视和就业歧视。其次采用 Brown 收入分解方法，分析了城镇居民和农民工岗位间和岗位内工资差异表现，衡量了农民工岗位工资歧视和晋升歧视。最后设计了基于行业视角的农民工收入歧视的解决路径。本章回答以下几个问题：农民工就业歧视和工资歧视在行业间是怎样分布和表现的？哪些行业存在农民工和城镇居民在同一岗位但却“同工不同酬”的问题？哪些行业存在较为严重的晋升歧视问题？这些问题的解释不仅能考察我国当前的劳动力市场的城乡差异，还反映了户籍因素对工资行业差异、岗位差异的影响力度，提高了对中国收入不平等事实的认识，为科学地设计和实施公平的劳动就业制度、消除劳动者之间的歧视，提供了理论参考依据。

8.1 农民工和城镇居民的行业、岗位的就业特征和工资差异

8.1.1 人员特征

在中国城镇劳动力市场上，工资在职业、行业以及所有制的分布上都存在显著差异：王美艳（2005）将工资差异分解为岗位内差异和岗位间差异，张车伟和薛欣欣（2008）将工资差异分解为国有部门和非国有部门，魏下海和余玲铮（2012）将工资差异分解为正规就业市场和非正规就业市场，田丰（2010）将工资差异分解为所有制内和所有制间的差异。本章研究视角是调查样本的十个行业岗位内和岗位间农民工和城镇居民工资差异及农民工歧视问题。

从行业的人员特征来看（见表 8-1），对于金融保险业、邮电通信业来说，劳动者的受教育水平较高，城镇居民和农民工的教育背景差异较小。但就业者年龄普遍较小，劳动者的工作时间较短，说明这两种行业内“年龄对收入的影响已经具有人力资本理论给出的下拱形曲线形状，以往那种早到者优先的原则正在被削弱（李春玲等，2008；郝大海等，2006）”。科教文卫、政府机关的就业者教育水平、技术水平比较高，两组群体教育水平、技术水平差异不大。人力资本要素

的差异表现在年龄和工作年限上。对于制造业、建筑业和交通运输业来说，就业者文化水平普遍不高，城镇居民和农民工的教育背景差异较大，但是这三个行业的劳动者的技术水平、工作经验较高，两组人群工作经验水平相近，反映了这三个行业的人力资本的技术水平、工作经验可以弥补教育水平较低导致的工资水平较低的缺陷。对于餐饮业、零售业和其他服务业来说，就业者的文化水平普遍偏低，技术水平也偏低，行业内部城镇居民和农民工的教育背景、技术水平差异较小。这意味着餐饮业、零售业入职门槛较低，劳动供给增加可能压低了这些行业的工资水平。

表 8–1 各行业人员特征

行 业	农民工				城镇居民			
	教育水平	年龄	工作经验	技术水平	教育水平	年龄	工作经验	技术水平
制造业	12.493	29.703	9.5573	1.7359	13.95865	33.236	12.06	2.1296
建筑业	11.466	33.916	14.2	1.673	13.7908	32.513	11.583	2.0953
交通运输业	11.437	33.248	13.423	1.7113	13.488	34.847	14.208	2.0419
邮电通信业	14.11	27.785	6.83	1.735	15.103	30.5498	8.9432	1.9398
餐饮业	11.4527	29.213	9.799	1.516	12.37	32.123	12.156	1.5332
零售业	12.155	28.857	8.929	1.416	12.853	31.6698	11.164	1.4815
金融保险业	14.994	27.525	5.762	1.541	15.4032	31.18602	9.4332	1.8776
科教文卫	14.978	30.155	8.365	1.793	15.687	34.2054	12.167	2.3451
其他服务业	12.473	29.692	9.471	1.505	13.5527	33.362	12.207	1.697
政府机关	14.239	31.085	9.7	1.452	15.3872	35.86	14.266	1.996

注：将劳动力的受教育程度转变成教育年限，将未受正规教育、小学、初中、高中、中专、大专、本科、研究生转变成教育年限为 0 年、6 年、9 年、12 年、12 年、15 年、16 年、19 年。技术水平分成正高、副高、中级、中低级和初级五个等级。

8.1.2 农民工的行业、岗位分布

农民工和城镇居民在不同行业、不同岗位的分布也存在着显著的差异（见表 8–2、表 8–3）。

表 8–2 农民工的行业分布

单位：%

行 业	制造业	建筑业	交通运输业	邮电通信业	餐饮业
样本农民工占比数	13.64	16.46	5.97	3.48	8.84
样本城镇居民占比数	11.59	10.58	6.40	4.23	6.98
农民工行业占比数	32.77	39.23	27.70	25.19	34.42

续表

行　业	零售业	金融保险业	科教文卫	其他服务业	政府机关
样本农民工占比数	16.60	3.15	5.73	24.49	2.04
样本城镇居民占比数	12.80	5.81	11.91	23.60	6.92
农民工行业占比数	35.00	18.23	16.66	30.46	10.84

注：样本农民工占比数 = 某个行业农民工人数/农民工总样本数，农民工行业占比数 = 行业农民工人数/行业总人数。

表 8–3　农民工的岗位分布

单位：%

职业	制造业		建筑业		交通运输业		邮电通信业		餐饮业	
岗位	中高层	低层	中高层	低层	中高层	低层	中高层	低层	中高层	低层
城镇居民岗位占比数	41.330	58.670	42.170	57.830	26.770	73.230	32.130	67.870	29.110	70.890
农民工岗位占比数	25.80	74.20	22.85	77.15	21.11	78.89	25.50	74.50	25	75
职业	零售业		金融保险业		科教文卫		其他服务业		政府机关	
岗位	中高层	低层	中高层	低层	中高层	低层	中高层	低层	中高层	低层
城镇居民岗位占比数	31.810	68.190	39.250	60.750	35.420	64.580	30.790	69.210	43.070	56.930
农民工岗位占比数	22.78	77.22	35.36	64.64	23.78	76.22	20.58	79.42	37.07	63

注：行业内农民工岗位占比数=农民工岗位人数/农民工行业总人数。

从样本农民工占比数来看，农民工就业比例高于城镇居民的行业有制造业、建筑业、餐饮业、零售业及其他服务业，农民工就业比例低于城镇居民的行业有金融保险业、科教文卫和政府机关。这一现象反映了农民工主要集中在劳动密集型、技术含量低的行业，城镇居民从事职业较为分散，但是在技术密集型行业和与科技文化相关的行业中城镇居民比例高于农民工。从农民工行业占比数来看，吸纳农民工较多的行业有建筑业、制造业、餐饮业、零售业，其中，建筑业农民工比例最高，说明农民工是城市化建设的中坚力量。吸纳农民工较少的行业有政府机关、科教文卫、金融保险业，说明垄断性质行业的进入门槛很高，农民工即使进入，也是从事着行业里低层临时工的工作。

农民工在劳动力市场上处于“非正规就业”状态，包括非正规部门的就业和正规部门里短期临时的就业。从岗位分布来看，农民工岗位低层的比例普遍高于中高层，说明城镇劳动力中高层的岗位优势使得城镇居民在行业内工资获得上有相对优势。建筑业和零售业的低层农民工比例较大，餐饮业的中高层农民工比例较大，这可能与餐饮业农民工密度有关。农民工行业、岗位的分布表明职业选择的偏好不同使得劳动资源的最佳配置受到限制，当前中国城市就业人口还存在较为严重的行业岗位的隔离现象。

8.1.3 农民工和城镇居民的行业、岗位工资差异

从行业工资水平来看（见表 8-4），制造业、建筑业标准差大，反映了这两个行业内部工资分布离散程度大，表明内部工资差异有扩大之势。政府机关、餐饮业、零售业标准差相对较低，表明这三个行业内部工资分布较为集中。金融保险业、制造业偏度、峰度较低，表明这两个行业的工资分布更符合正态分布。金融保险业平均工资为 4885 元，行业工资最高。制造业、建筑业、交通运输业和邮电通信业的平均工资都超过了 4000 元，这是生产率增长和产出增长、资本的密集度、商品市场垄断地位的结果。餐饮业平均工资 3316.88 元，行业工资最低。如果按小时工资计算，农民工的工资水平更低。工资最高行业与最低行业的差异为 32%左右。从农民工和城镇居民工资差异水平来看，十种行业城镇居民的工资水平均高于农民工，其中，科教文卫、政府机关，农民工和城镇居民的工资差异不大，月工资差异的绝对值在 620 元以下。制造业、建筑业、邮电通信业、金融保险业，农民工和城镇居民工资差异大，月工资差异的绝对值超过 1000 元。

表 8-4 农民工各行业的工资水平

	观测值	平均工资（元）	标准差	偏 度	峰 度	农民工平均工资（元）	城镇居民平均工资（元）
制造业	2380	4848.18	7399.65	7.267	67.774	3794.462	5249.534
建筑业	2404	4666.10	5646	8.972	120.068	3866.451	5048.092
交通运输业	1224	4200.80	5355	11.263	179.460	3557.552	4217.284
邮电通信业	782	4233.27	5142.38	10.595	169.518	3238.832	4377.284
餐饮业	1470	3316.88	4107.96	10.544	162.318	2782.713	3588.010
零售业	2717	3541	4483.80	10.406	167.148	3067.123	3720.152
金融保险业	982	4885	5034.50	5.502	53.037	3980.226	5099.223
科教文卫	1969	3867.70	5218.60	12.675	208.994	3308.212	3802.473
其他服务业	4622	3783.45	5476.33	9.950	139.850	3229.950	3877.756
政府机关	1070	3770.13	3853.75	15.854	372.110	3123.158	3742.897

从行业内岗位工资水平比较来看（见表 8-5），制造业、零售业、服务业的中高层工资比低层工资高出了近一倍，政府机关、科教文卫、邮电通信业的中高层与低层工资差异相对较小。从农民工和城镇居民的岗位工资差异来看，中高层岗位中，邮电通信业、交通运输业、餐饮业的两组群体工资差异较大，超过了30%；其他服务业的两组群体工资差异最小，只有 4.58%。低层岗位中，金融保险业两组群体的工资差异最大，达到了 26.09%；交通运输业、政府机关两组群体工资差异较小。交通运输业的低层岗位就业者，农民工的工资高于城镇居民工资 2.82%，这种现象可能的解释是，城镇居民宁愿失业也不愿意从事生命风险系数较高性质的低层岗位的工作，企业不得不拿出较高的工资吸引农民工从事此项工作。

表 8-5　农民工和城镇居民岗位工资差异[①]

	城镇居民		农民工		农民工与城镇居民工资差异	
	中高层平均工资（元）	低层平均工资（元）	中高层平均工资（元）	低层平均工资（元）	中高层工资差异（%）	低层工资差异（%）
制造业	8041.880	3488.383	5864.851	2992.220	27.071	14.223
建筑业	7022.150	3738.438	6120.000	3341.667	12.847	10.613
交通运输业	6303.723	3630.793	4273.611	3733.494	32.205	-2.829
邮电通信业	6363.209	3726.456	4292.157	2893.624	32.547	22.349
餐饮业	6030.893	2595.161	4204.331	2318.425	30.287	10.664
零售业	5789.677	2871.367	5084.954	2465.232	12.172	14.144
金融保险业	6956.943	3892.387	5967.188	2876.923	14.227	26.088
科教文卫	5246.742	3284.856	4763.462	2874.388	9.211	12.496
其他服务业	6118.289	3064.432	5838.339	2640.215	4.576	13.843
政府机关	4682.660	3232.061	3432.093	3003.562	26.706	7.070

① 鉴于农民工高层数据太少，将中高层合并算得平均数。由于管理水平和岗位设置有重复的地方，行业、岗位工资方程的控制变量中，没有考虑管理水平这个变量。

8.2 农民工就业、工资的影响因素分析

8.2.1 行业、岗位就业方程

本书选择二元 Probit 为个体就业选择方程。

假定 $y_{Kji} = \alpha + \beta x_{Kji}$ (8-1)

$$P_{Kji} = F(y_{Kji}) = \frac{1}{\sqrt{2\pi}} \int_{-\infty}^{y_{kji}} e^{-\frac{t^2}{2}dt} \tag{8-2}$$

$$y_{Kji} = \begin{cases} 0 \\ 1 \end{cases} \tag{8-3}$$

x 为定量解释变量，这里指教育背景、是否是党员、性别、年龄、年龄平方、婚姻状况、健康程度、地区变量，y 为二元选择变量，K = 1，2，…，10，K 表示行业类型，本书涉及十个行业，即制造业、建筑业、交通运输业、邮电通信业、餐饮业、零售业、科教文卫、金融保险业、其他服务业、政府机关。j = 1，2，3，j 表示岗位类型，即高层、中层、低层，y_{Kji} 等于 0 表示没有在 K 行业 j 岗位工作，等于 1 则表示在 K 行业 j 岗位工作。

将本书的岗位工资方程设定为如下形式：

$$\ln(wage)_{Kji} = \beta_{Kj0} + \beta_{Kje} edu_{Kji} + \beta_{Kjw} exp_{Kji} + \beta_{Kjw2} exp^2_{Kji} + \sum \alpha_{Kji} X_{Kji} + u_{Kj} \tag{8-4}$$

根据以往文献的研究，个体工资方程的其他解释变量，除了技术水平和健康程度外，还加上了性别、地区虚拟变量（以经济发展类型Ⅳ区域作为参照组）。其他变量意义同上。

8.2.2 回归分析

采用 Heckman 两阶段法，一个是待估的教育、工作经验等人力资本要素回

报率的工资方程，另一个是用来表示样本选择的就业方程，即劳动者是否在这个行业、岗位就业的方程。其结果如表 8-6、表 8-7 所示，逆米尔斯比系数仅在城镇居民的四个行业的低层岗位工资方程中显著，但在农民工方程里均不显著，表明这些方程的回归不存在样本选择偏差。

从就业方程结果来看（见表 8-6），教育水平对就业方程大都显著，对于制造业、建筑业、交通运输业、餐饮业、零售业、其他服务业行业来说，教育变量对城镇居民和农民工就业及岗位的提升作用方向大致相同，但力度不同。对于这些行业的中高层来说，教育回归参数的值都是正数，但农民工的回归系数低于城镇居民；对于低层来说，教育回归参数的值都是负数，但农民工的教育回归系数高于城镇居民。这反映了这六个行业的就业特点：第一，农民工进入中高层的概率要低于相同教育背景的城镇居民。第二，尽管低层岗位的就业门槛不高，但是由于城镇居民拥有户籍降低了入职门槛，而对农民工相对要求较高。如在教育水平、年龄、健康程度方面对农民工的要求高于对城镇居民的要求。

党员的身份对就业有帮助的行业很多，但对餐饮业、零售业和金融保险业这三个行业就业不显著，这可能和这三个行业属于第三产业有关。除了邮电通信业外，其他行业的中高层岗位都与党员正相关，而低层岗位与党员都是负相关，可能的解释是低层的职员大都没入党，而进入中高层管理者后，大多数入了党籍。

性别因素对于就业方程来说是较为显著的变量。中高层大都是男性，而低层大都是女性，尤其是对餐饮业和零售业低层来说，女性就职更为显著。年龄对于垄断程度较高的交通运输业、邮电通信业、政府机关的就业影响不显著，而对于餐饮业来说，年龄对职业进入是非常显著的变量。年龄对城镇居民的就业影响力度总体高于对农民工的就业影响。婚姻状况对金融保险和其他服务业影响显著，而对交通运输业、邮电通信业、餐饮业、科教文卫的影响不显著。已婚对中高层岗位有显著影响，而未婚对低层岗位有显著影响。婚姻状况对城镇居民就业的影响力度总体高于对农民工就业的影响。

健康程度对就业影响最显著的行业是餐饮业，不显著的行业是制造业、邮电通信业、金融保险业和科教文卫，健康程度对农民工的就业影响总体大于城镇居民。经济发展类型Ⅰ区、Ⅱ区的就业形势不容乐观，城镇居民在建筑业、交通运输业、零售业和政府机关的低层就业相对来说机会更大，农民工在制造业、交通运输业低层更容易就业；相对来说，城镇居民在经济发展类型Ⅲ区的建筑业、交

表 8-6 行业、岗位就业方程的结果（参照组：经济Ⅳ区）

城镇职工	制造业		建筑业		交通运输业		邮电通信业		餐饮业	
	中高层	低层	中高层	低层	中高层	低层	中高层	低层	中高层	低层
教育年限	0.132***	−0.130***	0.118***	−0.118***	0.187***	−0.182***	0.059*	−0.052	0.069***	−0.069***
党员	0.205**	−0.218**	0.172*	−0.160*	0.466***	−0.440***	−0.110	0.103	0.126	−0.126
男性	0.149*	−0.128	0.066	−0.057	0.248*	−0.260**	−0.137	0.163	0.305**	−0.305**
年龄	0.029	−0.037	0.048*	−0.049*	0.015	−0.010	0.031	−0.028	0.077*	−0.077*
年龄平方	−0.000	0.000	−0.000	0.000	−0.000	−0.000	0.000	−0.000	−0.001**	0.001**
已婚	0.326**	−0.307**	0.301**	−0.302**	0.037	−0.038	0.093	−0.094	0.149	−0.149
健康程度	0.016	−0.027	0.063	−0.065	0.027	−0.030	−0.06	0.049	0.154**	−0.154**
经济Ⅰ区	−0.148	0.145	−0.544**	0.575***	−0.434*	0.465**	0.031	−0.04	−0.036	0.036
经济Ⅱ区	0.108	−0.111	−0.408*	0.433**	−0.138	0.170	0.084	−0.092	−0.069	0.069
经济Ⅲ区	−0.182	0.160	−0.476**	0.503***	−0.373**	0.389**	0.001	−0.008	−0.218	0.218
常数项	−3.096***	3.249***	−2.990***	2.970***	−3.798***	3.670***	−2.161**	2.037**	−3.336***	3.336

城镇职工	零售业		金融保险业		科教文卫		其他服务业		政府机关	
	中高层	低层	中高层	低层	中高层	低层	中高层	低层	中高层	低层
教育年限	0.088***	−0.085***	0.096***	−0.096***	0.032*	−0.037**	0.084***	−0.084***	0.030	−0.027
党员	0.132	−0.127	−0.101	0.109	0.309***	−0.285***	0.200**	−0.174**	0.115	−0.154
男性	0.342***	−0.345***	0.248**	−0.259**	0.347***	−0.315***	0.048	−0.043	0.334***	−0.305**
年龄	0.057*	−0.057*	0.124**	−0.117**	0.060**	−0.058**	0.051***	−0.043**	0.055	−0.063*
年龄平方	−0.001*	0.001*	−0.001**	0.001*	−0.000	0.000	−0.001***	0.000**	0.001	0.001
已婚	0.315***	−0.325***	0.442**	−0.468***	0.055	−0.064	0.264***	−0.263***	0.236*	−0.194
健康程度	−0.010	0.020	0.082	−0.077	0.035	−0.056	0.059*	−0.061*	−0.086	0.075
经济Ⅰ区	−0.051	0.096	−0.059	0.019	0.133	−0.02	−0.083	0.057	−0.483**	0.571**
经济Ⅱ区	0.318**	−0.292**	0.111	−0.112	0.361**	−0.207	−0.032	0.037	−0.407**	0.486*

续表

城镇职工	零售业		金融保险业		科教文卫		其他服务业		政府机关	
	中高层	低层	中高层	低层	中高层	低层	中高层	低层	中高层	低层
经济Ⅲ区	0.061	−0.047	−0.109	0.107	0.318**	−0.175	−0.156*	0.156*	−0.512**	0.567***
常数项	−3.079***	2.967***	−4.938***	4.795***	−3.140***	3.109***	−3.031***	2.890***	−1.671**	1.721**
农民工	制造业		建筑业		交通运输业		邮电通信业		餐饮业	
	中高层	低层	中高层	低层	中高层	低层	中高层	低层	中高层	低层
教育年限	0.104***	−1.04E+07	0.089***	−0.086***	0.122***	−0.119***	0.089*	−0.089*	0.045*	−0.045*
党员	0.352**	−0.352**	0.307*	−0.286*	0.390	−0.378	−0.616*	0.616*	−0.190	0.190
男性	0.166	−0.166	0.241	−0.275*	−0.531**	0.566**	0.040	−0.040	0.381**	−0.381**
年龄	0.101**	−0.101**	0.018	−0.009	−0.010	−0.002	0.118	−0.118	0.093*	−0.093*
年龄平方	−0.001*	0.001*	−0.000	0.000	0.000	0.000	−0.001	0.001	−0.001	0.001
已婚	−0.174	0.174	−0.130	0.126	0.327	−0.259	0.060	−0.060	−0.099	0.099
健康程度	0.074	−0.074	0.124*	−0.098	0.266**	−0.274**	−0.046	0.046	0.222**	−0.222**
经济Ⅰ区	−0.217	0.217	−0.063	0.034	−0.316	0.250	0.623	−0.623	0.198	−0.198
经济Ⅱ区	0.075	−0.075	0.104	−0.069	0.006	0.077	0.570	−0.570	0.033	−0.033
经济Ⅲ区	−0.191	0.191	0.073	−0.033	−0.141	0.221	0.524	−0.524	0.309	−0.309
常数项	−4.267***	4.267***	−2.795***	2.455**	−2.676*	2.716*	−4.402**	4.402**	−3.986***	3.986***
农民工	零售业		金融保险业		科教文卫		其他服务业		政府机关	
	中高层	低层	中高层	低层	中高层	低层	中高层	低层	中高层	低层
教育年限	0.031*	−0.030	0.167**	−0.167**	0.041	−0.045	0.053***	−0.051***	−0.057	0.050
党员	0.046	−0.070	−0.288	0.288	−0.122	0.044	0.061	−0.053	0.625*	−0.567
男性	0.417***	−0.425***	0.127	−0.127	0.171	−0.141	0.399***	−0.383***	−0.720**	0.758**
年龄	0.070	−0.070	0.133	−0.133	0.142*	−0.108	0.025	−0.026	−0.126	0.153
年龄平方	−0.001	0.001	−0.002	0.002	−0.002*	0.001	−0.000	0.000	0.002	−0.002

续表

农民工	零售业		金融保险业		科教文卫		其他服务业		政府机关	
	中高层	低层	中高层	低层	中高层	低层	中高层	低层	中高层	低层
已婚	0.174	−0.166	1.184***	−1.184***	0.011	−0.022	0.215*	−0.221*	−0.019	−0.020
健康程度	0.185**	−0.187**	−0.121	0.121	0.169	−0.170	0.029	−0.028	−0.375**	0.372**
经济Ⅰ区	0.211	−0.150	−6.016	6.016	0.209	−0.072	0.379**	−0.354*	−0.227	0.242
经济Ⅱ区	0.331*	−0.272	−6.599	6.599	−0.094	0.226	0.154	−0.129	0.271	−0.248
经济Ⅲ区	−0.007	0.036	−6.478	6.478	0.098	0.010	0.028	−0.015	0.248	−0.303
常数项	−3.386***	3.361***	1.326	−1.326	−4.726***	4.140**	−2.444***	2.405**	3.703	−4.126*

注：*、** 和 *** 分别表示在 10%、5%和 1%水平上显著。

通运输业、其他服务业和政府机关的低层工作的就职概率更大一些。

比较农民工和城镇居民两组群体发现，教育水平、年龄和婚姻状况对城镇居民的就业影响总体大于农民工，而健康程度对农民工的就业影响总体大于城镇居民。对于农民工来说，教育水平是农民工职务岗位由低层向中高层提升的敲门砖，金融保险业、交通运输业这种现象最为显著。

从农民工和城镇居民的工资方程结果来看（见表 8-7），教育因素对于工资方程影响的显著性低于教育对就业方程的影响。制造业、交通运输业、餐饮业、零售业、金融保险业，教育变量没有通过显著性检验。教育变量与城镇居民工资显著正向相关的行业有其他服务业、政府机关。教育变量与农民工工资显著正向相关的行业只有邮电通信业，其他行业几乎都不显著，这个结果一方面反映了农民工的教育水平普遍低下，教育回报率低；另一方面体现了教育回报率作为反映人力资本价格的指标在劳动力市场没有充分发挥作用。

性别因素对工资方程的影响在行业间差异较大。对于餐饮业来说，无论是中高层岗位还是低层岗位，无论是城镇居民的样本还是农民工的样本，性别对其工资方程的影响均没有通过显著性检验。对于制造业、交通运输业来说，农民工男性工资高于女性；对于邮电通信业、其他服务业来说，城镇居民男性工资高于女性。这与传统人力资本理论中的“男性获得工资报酬要高于女性”相符。结合实际来看，这些部门与体力相关，可能由于男女生理存在差异，要求的劳动强度不同而产生了不同的工资报酬。

工作年限对中高层工资方程较为显著。对于制造业、建筑业来说，农民工和城镇居民的工作经验回报率大致相同。对于餐饮业、零售业来说，农民工的工作年限回报率高于城镇居民。对于邮电通信业、金融保险业来说，农民工的工作年限回报率低于城镇居民。对于交通运输业来说，工作年限对工资方程的影响没有通过显著性检验。

健康程度对农民工工资方程的影响比对城镇居民工资方程的影响更明显。尤其是交通运输业、其他服务业，健康程度对农民工工资影响较大。对于邮电通信业和餐饮业来说，健康程度对工资水平影响不显著。

技术水平对工资水平的影响显著。仅对零售业来说，技术水平对工资方程的影响没有通过显著性检验。对于制造业、金融保险业来说，技术水平对农民工工资水平影响较大。对于建筑业、科教文卫和政府机关来说，技术水平对城镇居民

表 8-7 行业、岗位工资方程的结果（参照组：经济Ⅳ区）

城镇居民工资方程	制造业		建筑业		交通运输业		邮电通信业		餐饮业	
	中高层	低层	中高层	低层	中高层	低层	中高层	低层	中高层	低层
教育年限	0.053	–0.019	0.051*	–0.056**	0.039	–0.01	0.006	0.065**	–0.008	–0.016
男性	0.358***	0.089	0.207**	0.129	0.474***	0.054	0.291**	0.209**	0.183	0.064
工作年限	0.053***	0.007	0.063***	–0.009	0.016	–0.001	0.051*	0.008	0.043	0.021*
工作经验	–0.001***	–0.001**	–0.002***	–0.0002	–0.0005	–0.0001	–0.002***	–0.001*	–0.001	–0.001**
健康程度	0.056	0.076**	0.074*	0.016	0.003	0.060**	–0.077	–0.043	–0.098	–0.005
技术水平	0.001	0.040**	0	0.108***	0.086**	0.038*	0.016	0.115***	0.02	0.002
经济Ⅰ区	0.568***	0.397**	0.181	0.702***	0.491**	0.416***	0.213	0.300**	0.061	0.591***
经济Ⅱ区	0.385**	–0.042	0.025	0.379**	0.498***	0.163*	0.049	0.158	0.247	0.173
经济Ⅲ区	0.104	–0.038	–0.166	0.331**	0.202	0.008	–0.202	–0.057	0.024	0.147
常数项	6.682***	7.366***	6.924***	7.640***	6.790***	7.649***	8.655***	6.736***	9.271***	7.369
逆米尔斯比系数	0.176	0.816	0.158	0.959**	0.176	0.376	–0.361	0.249	–0.816	0.656

城镇居民工资方程	零售业		金融保险业		科教文卫		其他服务业		政府机关	
	中高层	低层	中高层	低层	中高层	低层	中高层	低层	中高层	低层
教育年限	–0.006	–0.009	0.012	0.021	0.033**	0.014	0.038**	0.020*	0.033**	0.052**
男性	0.225**	0.083	0.02	0.148**	0.091	0.048	0.311***	0.175***	0.021	0.06
工作年限	0.02	0.006	–0.024	0.026*	0.013	–0.011*	0.044***	0.012**	–0.012	–0.001
工作经验	–0.001	0.000*	0.0004	–0.001**	–0.0002	0.0002	–0.001***	–0.001***	0.0001	–0.0001
健康程度	0.004	0.117***	–0.068	0.007	–0.017	0.050**	0.065**	0.058**	0.016	0.069
技术水平	0.017	–0.016	0.058*	0.099***	–0.022	0.085***	–0.002	0.071***	0.046**	0.060**
经济Ⅰ区	0.231	0.543***	0.717**	0.385**	0.401**	0.524***	0.657***	0.641***	0.396**	0.556**
经济Ⅱ区	–0.006	0.156*	0.416*	0.081	0.282**	0.255***	0.184**	0.265***	0.212*	0.289*

续表

城镇居民工资方程	零售业		金融保险业		科教文卫		其他服务业		政府机关	
	中高层	低层	中高层	低层	中高层	低层	中高层	低层	中高层	低层
经济Ⅲ区	−0.058	0.107	0.127	−0.019	−0.043	−0.007	0.016	0.07	−0.034	0.028
常数项	8.615***	6.963***	9.041***	7.242***	7.722***	7.136***	6.935***	6.684***	7.874***	6.196***
逆米尔斯比系数	−0.405	0.696**	−0.658	0.257	−0.031	0.395**	0.101	0.555**	−0.225	0.714
农民工工资方程	制造业		建筑业		交通运输业		邮电通信业		餐饮业	
	中高层	低层	中高层	低层	中高层	低层	中高层	低层	中高层	低层
教育年限	−0.008	0.003	−0.025	0.015	−0.04	0.001	0.029	0.040*	−0.022	0.02
男性	0.239*	0.235***	0.163	0.238***	0.695**	0.400**	0.168	0.171**	−0.002	0.089
工作年限	0.050**	0.013	0.067***	0.023***	−0.005	−0.005	−0.051	0.022	0.077**	0.024**
工作经验	−0.002***	0	−0.002***	−0.001***	0.001	0	0.002	−0.001	−0.002**	−0.001
健康程度	−0.012	0.001	−0.092	0.087***	−0.181	0.138**	0.055	−0.025	−0.18	0.079
技术水平	0.091**	0.073**	0.038	0.071**	−0.103**	0.093*	0.003	0.035	−0.02	0.087*
经济Ⅰ区	0.401*	0.319**	0.291	0.161	0.990**	0.339*	0.076	0.297**	−0.425	0.293**
经济Ⅱ区	0.242	0.151*	−0.077	0.11	0.283	−0.005	0.401	0.149	0.144	0.128
经济Ⅲ区	−0.035	−0.015	−0.121	−0.016	0.188	−0.153	0.025	−0.043	−0.246	0.045
常数项	7.963***	7.352***	9.351***	7.030***	9.471***	6.966	8.689***	7.140***	10.017***	6.648***
逆米尔斯比系数	−0.122	0.120	−0.608	−0.007	−0.562	0.184	−0.936	0.009	−0.822	0.243
农民工工资方程	零售业		金融保险业		科教文卫		其他服务业		政府机关	
	中高层	低层	中高层	低层	中高层	低层	中高层	低层	中高层	低层
教育年限	0.013	0.005	0.051	0.0005	0.003	0.032	−0.041	0.018	0.052	0.035
男性	0.385	0.146	0.336**	0.054	0.535**	0.159	−0.044	0.117	−0.759*	0.232

续表

农民工工资方程	零售业		金融保险业		科教文卫		其他服务业		政府机关	
	中高层	低层	中高层	低层	中高层	低层	中高层	低层	中高层	低层
工作年限	0.046	0.031**	0.037	0.006	0.083	-0.001	0.03	0.023**	0.087*	0.004
工作经验	-0.001	-0.001**	-0.0002	-0.0001	-0.002	-0.000	-0.001	-0.001**	-0.002*	-0.000
健康程度	0.174	0.032	0.074	0.168**	0.037	-0.022	0.135**	0.016	-0.400*	0.104
技术水平	-0.058	0.018	0.068	0.180**	0.01	0.029	0.012	0.047**	0.175	0.093
经济Ⅰ区	0.523**	0.369***	0.244	0.004	0.691	0.411**	-0.178	0.246**	1.351**	0.149
经济Ⅱ区	0.433*	0.188**	0.19	0.185	0.522	0.333*	-0.045	0.141*	1.085**	-0.391*
经济Ⅲ区	0.048	0.067	-0.067	(omitted)	0.551	0.039	-0.138	-0.076	0.355	-0.471**
常数项	6.122***	7.110***	6.612***	6.695***	5.718	6.949***	9.387***	6.965***	7.212***	6.719***
逆米尔斯比系数	0.549	0.217	0.188	0.365	0.825	0.576	-0.842	0.689	0.938	0.333

注：*、** 和 *** 分别表示在 10%、5%和 1%水平上显著。逆米尔斯比系数的结果是由 Heckman 两阶段法得出的，为了方便阅读，笔者将逆米尔斯比系数放在了工资方程里。

工资水平影响较大。

地区变量对行业、岗位工资的影响和前面区域视角的研究结论相同。经济越发达的区域，对工资水平的影响越显著。经济发展类型Ⅰ区对工资方程影响非常显著，Ⅰ区的制造业、交通运输业以及邮电通信业、餐饮业、零售业、科教文卫、其他服务业的低层就业者的工资明显高于其他经济区域。经济发展类型Ⅱ区变量在工资方程里也比较显著，其中零售业、科教文卫、其他服务业的低层的就业者以及政府机关的中高层就业者的工资比Ⅲ区和Ⅳ区工资高。

比较工资方程和就业方程，可以看出：

第一，教育变量对各行业就业方程的影响力度远远高于对工资方程的影响，反映了教育对劳动者的入职就业环节更重要，尤其是进入高工资行业及得到中高层管理岗位的重要标准。但在工作环节，工资水平的高低与工作经验和技术水平相挂钩的现象较为明显，教育变量的影响度减弱。对于农民工来说，教育水平是农民工的职务岗位由低层升向中高层的敲门砖，尤其是金融保险业、交通运输业最为明显，但对于提高工资水平的意义不显著。

第二，性别因素对工资方程和就业方程都十分显著。有些行业中高层的人员选择有性别差异，如交通运输业和零售业，对性别的要求可能会高于对户籍的要求；有些行业的工资水平有性别差异，如制造业、邮电通信业、交通运输业，男性工资水平远高于女性，这可能是这些行业与体力相关、要求劳动强度不同的结果。

第三，无论是农民工还是城镇居民，就业方程在经济Ⅱ区和经济Ⅲ区显著，而工资方程在经济Ⅰ区显著，说明Ⅰ区工资水平虽然高，但是入职门槛相对来说比其他区域更高，对于经济较发达的Ⅰ区，建筑业、交通运输业和政府部门的中高层进入非常难。这除了与部门要求的人力资本素质相关外，与全国工资水平最高的地区的经济发展要求及行业垄断也有关系。

8.3 农民工收入歧视分析

8.3.1 农民工行业就业歧视

按照城镇居民的就业影响因素和农民工的个体特征，笔者测算了农民工的实际行业分布、预测分布及农民工行业就业歧视（表 8–8）。实际行业分布结果显示除了建筑业外，农民工主要集中在低技能、低工资水平的零售业和其他服务业的行业领域。政府机关、金融保险业、邮电通信业的农民工从业比重低，说明这些行业并没有通过参与竞争性劳动力市场，吸纳更多的人力资本素质较高的农民工。若农民工与城镇居民具有相同的就业结构，预测农民工行业分布与其实际行业分布将存在明显差异：表现最明显的是建筑业和其他服务业，行业从业农民工的比例将会降低 5 个百分点左右，其次是零售业和制造业，农民工比例也会降低 2~3 个百分点。对于政府机关来说，预测的从业农民工将会增加 4 个百分点，是行业增加百分点最多的部门，也反映出其是就业歧视最大的部门。此外，垄断性较高的行业如金融保险业、邮电通信业，预测的农民工比例将会增加。餐饮业变化幅度最小。农民工行业就业歧视主要表现在政府机关、金融保险业、邮电通信业、交通运输业和科教文卫，这一现象可能与这些行业垄断有关。

表 8–8 农民工的行业就业歧视分布

	制造业	建筑业	交通运输业	邮电通信业	餐饮业	零售业	金融保险业	科教文卫	其他服务业	政府机关
农民工实际行业占比（%）	13.644	16.464	5.969	3.481	8.841	16.603	3.15	5.725	24.487	2.036
农民工预测行业占比（%）	11.26	11.06	8.09	5.98	9.85	13.85	6.44	7.96	19.5	6.01
就业歧视	2.384	5.404	−2.121	−2.499	−1.009	2.753	−3.29	−2.235	4.987	−3.974

8.3.2 农民工行业工资歧视

本书应用 Cotton 分解进行农民工工资歧视的分析，将分解模型表述如下：

$$\ln \overline{wage_U} - \ln \overline{wage_R} = (\overline{X}_U - \overline{X}_R)\beta_C^* + \overline{X}_U(\hat{\beta}_U - \beta_C^*) + \overline{X}_R(\beta_C^* - \hat{\beta}_R) \qquad (8-5)$$

其中，$\beta_C^* = f_U \times \hat{\beta}_U + f_R \times \beta_R$，$f_U$，$f_R$ 为城镇居民和农民工人数占就业总人数的比重。

式（8-5）右边第一项是为特征效应。右边第二项和第三项之和是总歧视，其中第二项表示城镇居民受偏爱或者优待，称为反向歧视；第三项则表示农民工遭歧视或者说被不利对待，称为直接歧视。

笔者测算了基于行业分割角度的两组群体的工资差异、反向歧视和直接歧视。工资结构是劳动生产率的真实反映，行业的工资差异反映出行业部门市场化改革的成效和劳动力的使用效率。歧视的加剧体现在行业内部针对农民工的工资歧视和就业歧视双重方面。

从实证结果来看（见表 8-9），行业中农民工和城镇居民的工资差异是特征效应和歧视的共同结果，但特征效应的占比优势比部门视角的工资差异的特征效应突出。与劳动力身体素质高度相关而与知识水平紧密度较小的行业，如建筑业、其他服务业、制造业，特征效应占到工资差异的 80%左右，农民工工资歧视很小。这也与这三个行业工作要求的劳动强度高、农民工占比较大有关系。交通运输业、邮电通信业、金融保险业，特征效应占到工资差异的 60%以上，农民工歧视较小。这与这些行业门槛高、行业要求人力资本水平高有关。零售业、餐饮业，农民工歧视较为严重，歧视占到工资差异的 45%以上。这与这些行业工作技术含量低、劳动力市场竞争激烈有关。从反向歧视水平来看，工作环境相对较好、安全风险较小、工种性质较好、专业技术水平要求较低的行业，如零售业、交通运输业，对城镇居民的反向歧视较高，其中，零售业的反向歧视达到了 18.37%。这意味着拥有户籍身份标志的人群在这些行业里受到更多制度上或经济上的优待，这些行业间接歧视已取代直接歧视成为当前农民工歧视的主要表现形式。值得注意的是，反向歧视最低的行业是金融保险行业，反映了城镇居民没有受到太多制度上的优待。从直接歧视水平来看，科教文卫、金融保险业较为突出，科教文卫直接歧视占到 38.52%，金融保险业直接歧视占到 35.02%，这可能与这两个行业学历文化要求较高有关，也有可能是要素回报率不平等而导致的对农民工工资歧视加剧。

表 8-9 工资差异的 Cotton 分解

	制造业	建筑业	交通运输业	邮电通信业	餐饮业	零售业	金融保险业	科教文卫	其他服务业	政府机关
总差异	0.227	0.177	0.111	0.2	0.136	0.151	0.225	0.184	0.157	0.165
特征效应	0.182	0.149	0.074	0.127	0.075	0.077	0.137	0.101	0.134	0.121
百分比（%）	80.05	84.35	66.31	63.46	55.06	50.82	60.69	55.01	85.08	73.57
反向歧视	0.023	0.019	0.019	0.026	0.019	0.028	0.010	0.012	0.010	0.009
百分比（%）	10.09	10.95	17.36	13.17	13.80	18.37	4.29	6.47	6.32	5.18
直接歧视	0.022	0.008	0.018	0.047	0.042	0.047	0.079	0.071	0.014	0.035
百分比（%）	9.87	4.70	16.33	23.36	31.14	30.80	35.02	38.52	8.60	21.26
总歧视	0.045	0.028	0.037	0.073	0.061	0.074	0.088	0.083	0.023	0.044
百分比（%）	19.96	15.65	33.69	36.53	44.94	49.17	39.31	44.99	14.92	26.44

总结农民工行业就业歧视和工资歧视可以发现，金融保险业就业歧视较大，工资歧视也较严重；科教文卫、邮电通信业、交通运输业的工资歧视和就业歧视都应值得重视；政府机关就业歧视大但工资歧视较小；餐饮业和零售业的工资歧视严重；制造业、建筑业、其他服务业不存在就业歧视，工资歧视也较小。

8.3.3 农民工岗位工资歧视和晋升歧视

借鉴 Brown 等（1980）的工资差异分解方法，笔者将城镇居民和农民工的行业内岗位工资差异分解为：

$$\ln \overline{wage_U} - \ln \overline{wage_R} =$$

$$\sum_j P_{jR}(\overline{X}_{jU} - \overline{X}_{jR})\beta_{jU} + \sum_j P_{jR}\overline{X}_{jR}(\beta_{jU} - \beta_{jR}) + \sum_j (\hat{P}_{jR} - P_{jR})\overline{X}_{jU}\beta_{jU} + \sum_j (P_{jU} - \hat{P}_{jR})\overline{X}_{ju}\beta_{jU} \quad (8\text{–}6)$$

其中，$\overline{X}_{jU}$ 和 $\overline{X}_{jR}$ 分别表示 j 类岗位中城镇居民和农民工的特征均值；$\hat{\beta}_{jU}$ 和 $\hat{\beta}_{jR}$ 分别表示 j 类岗位中城镇居民和农民工工资方程的回归系数；$\hat{P}_{jR}$ 表示按照城镇居民就业状况预测的农民工在 j 类岗位就业的比例。等式右边第一项表示同一行业内同一岗位两个组群因个体特征差异所造成的工资差距，即同一岗位的工资差异的特征效应部分。第二项则是指同一岗位两个组群因受到不平等对待所造成的工资差距，即同一岗位“同工不同酬”的工资歧视部分。第三项表示城镇居民和农民工岗位就职机会完全是由个体人力资本差异造成的，不同岗位就职机会差异导致了工资差异。第四项表示由于“农民工”身份而引起的岗位晋升机会不均等所导致的工资差异，即岗位晋升歧视。

第一项和第二项合起来为岗位内差异，第三项和第四项合起来为岗位间差异。岗位内差异所占比例越高，岗位间差异所占比例越低，说明由晋升机会不均等造成的差异越小，同工不同酬引起的差异越大；岗位间差异所占比例越高，岗位内差异所占比例越低，说明由晋升就职机会不均等引起的差异越大，同工不同酬引起的差异就越小。

考虑到工资差异存在行业分割的情况，本书的研究聚集到同一行业内，将城镇居民和农民工的高、中、低层岗位工资差异进行比较和分解，因此，城镇居民和农民工的工资差异分为两个部分：同一岗位的工资差异和岗位之间的工资差异。岗位歧视也分为两个部分：同一岗位的工资歧视和不同岗位间的晋升歧视。

总体来看（见表 8-10），工资差异主要来自同一岗位工资差异的行业较多，最突出的是邮电通信业、科教文卫和政府机关。也有工资差异主要来自岗位间工资差异，这类行业有金融保险和建筑行业。岗位内和岗位间工资差异共同造成了行业内工资差异的是制造业、其他服务业。同一岗位工资差异主要来自特征效应的行业较多，岗位间工资差异来自晋升歧视原因的行业较多，说明农民工收入歧视的岗位表现：岗位晋升歧视比岗位工资歧视涉及的行业多，也就是说，在岗位层面，歧视最突出的问题是机会不平等，这种机会不平等表现在岗位层面与是否就业无关，而是在就业后晋升机会的不平等。

从同一岗位工资差异组成来看，解释部分（A）和不可解释部分（B）共同组成了同一岗位的工资差异。解释部分（A）占比越大，则特征效应越大，即同一岗位工资差异是由人力资本的差异引起的，这种差异属于合理部分。具有这类岗位特征的行业有建筑业、政府机关、科教文卫、制造业、其他服务业、零售业。不可解释部分（B）越大，则歧视越大，即同一岗位农民工和城镇居民“同工不同酬”的现象越严重，这种差异属于不合理部分。笔者将同一岗位工资差异的不可解释部分（B）定义为岗位工资歧视。具有这种岗位特征的行业有餐饮业、

表 8-10 工资差异的 Brown 分解

	制造业	百分比（%）	建筑业	百分比（%）	交通运输业	百分比（%）	邮电通信业	百分比（%）	餐饮业	百分比（%）
总体工资差异	0.227	100	0.177	100	0.111	100	0.2	100	0.136	100
岗位内工资差异	0.118	52.152	0.071	40.295	0.085	77.224	0.174	87.419	0.100	73.258
解释部分（A）	0.127	107.668	0.401	562.027	0.013	15.509	0.071	40.941	−0.276	−276.134
不可解释部分（B）岗位工资歧视	−0.009	−7.668	−0.329	−462.027	0.072	84.491	0.103	59.059	0.375	376.134
岗位间工资差异	0.109	47.848	0.106	59.705	0.025	22.776	0.025	12.581	0.036	26.742
解释部分（C）	−0.161	−148.069	−0.403	−381.947	0.042	164.816	0.053	212.012	−0.314	−863.073
不可解释部分（D）岗位晋升歧视	0.269	248.069	0.509	481.947	−0.016	−64.816	−0.028	−112.012	0.351	963.073
总体解释部分（A+C）	−0.033	−14.697	−0.003	−1.571	0.055	49.516	0.121	60.500	−0.590	−433.093
总体未解释部分（B+D）	0.260	114.697	0.180	101.571	0.056	50.484	0.078	39.000	0.726	533.093
	零售业	百分比（%）	金融保险业	百分比（%）	科教文卫	百分比（%）	其他服务业	百分比（%）	政府机关	百分比（%）
总体工资差异	0.151	100	0.225	100	0.184	100	0.157	100	0.165	100
岗位内工资差异	0.098	64.749	0.069	30.656	0.146	79.197	0.089	56.824	0.137	82.909
解释部分（A）	0.074	75.335	−0.069	−99.732	0.241	165.227	0.110	123.301	0.229	167.474
不可解释部分（B）岗位工资歧视	0.024	24.665	0.138	199.732	−0.095	−65.227	−0.021	−23.301	−0.092	−67.474
岗位间工资差异	0.053	35.251	0.156	69.344	0.038	20.803	0.068	43.176	0.028	17.091
解释部分（C）	−0.230	−433.248	0.107	68.511	−0.040	−104.938	−0.127	−187.126	−0.032	−114.975
不可解释部分（D）岗位晋升歧视	0.283	533.248	0.049	31.489	0.078	204.938	0.194	287.126	0.061	214.975
总体解释部分（A+C）	−0.157	−103.944	0.038	16.934	0.201	109.025	−0.017	−10.730	0.197	119.200
总体未解释部分（B+D）	0.307	203.944	0.187	83.066	−0.017	−9.025	0.174	110.730	−0.032	−19.200

金融保险业、交通运输业、邮电通信业。这一结论和田丰（2010）的研究“同一单位类型内部对农民工的歧视——同工不同酬，不是城市工人与农民工收入差距的主要原因”的结论不一致，笔者认为这五个行业内还存在同一岗位“同工不同酬”较为严重的现象。同一岗位工资差异的结论也部分地解释了本章行业视角下“建筑业、政府机关、其他服务业、制造业的行业工资歧视较小”和“餐饮行业工资歧视严重，邮电通信业、交通运输业工资歧视应引起重视”的结论。

从岗位间工资差异组成来看，解释部分（C）和不可解释部分（D）共同组成了岗位间工资差异。解释部分（C）占比越大，则特征效应越大，说明在同工同酬且晋升机会均等公平的条件下，岗位间工资差异是由于劳动者的人力资本的差异造成的。具有这类岗位特征的行业有邮电通信业、交通运输业和金融保险业。不可解释部分（D）占比越大，则歧视越大，说明岗位间工资差异不是来自“同工不同酬”，而是在同工同酬的情况下，由岗位晋升机会不均等所导致的工资差异。笔者将岗位间工资差异不可解释部分（D）定义为岗位晋升歧视。这类岗位特征的行业有餐饮业、零售业、建筑业、其他服务业、制造业、政府机关和科教文卫。

总体解释部分（A+C）占比高的行业表明了人力资本能带来岗位晋升和工资的优势，而这种优势弥补了行业内农民工收入歧视的劣势。这类行业有邮电通信业、科教文卫、政府机关。

总体不可解释部分（B+D）占比高的行业表明了歧视带来岗位晋升和工资的劣势，而这种劣势又抵消了行业内人力资本带来的优势。这类行业有餐饮业、零售业、制造业、建筑业、其他服务业，这一结论和前面的对农民工和城镇居民的就业方程结论相同。

交通运输业和金融保险业总体未解释的部分略高于总体解释部分，表明优势和劣势同时存在，优势在于，这两个行业农民工在晋升环节几乎不存在歧视，即晋升与否是与这两个行业的专业要求和人力资本的教育回报率高度相关的。劣势在于，存在对农民工的岗位工资歧视问题。也就是说，农民工户籍身份对岗位晋升的影响不大，但对工资水平影响较大。这说明有较高人力资本水平的农民工即使进入了好的行业、获得了较高的岗位，但由于可供雇主选择的余地比较大，好的职业供给有限，这使得没有城镇户籍的农村劳动者容易遭受歧视性工资支付。

8.4　农民工收入歧视的解决路径的行业、岗位视角

8.4.1　各行业农民工收入歧视表现

歧视的加剧不仅体现在行业内部针对农民工工资歧视的加剧，而且体现在行业分割的就业歧视的加剧，歧视对劳动力职业选择的影响、晋升机会的影响、工资水平的影响导致了农民工和城镇居民工资差距的不断扩大。

按农民工进入行业就业由难到易排列的顺序为：政府机关、金融保险业、邮电通信业、科教文卫、交通运输业、餐饮业、制造业、零售业、其他服务业和建筑业。其中前五个行业的就业歧视问题值得关注。餐饮业就业歧视小，建筑业、其他服务业、零售业、制造业就业歧视为正值，表明这些行业因工作性质的“脏、乱、差”或行业工资水平较低城镇居民不愿意就业，而这些行业吸纳了比预期更多的农民工。

按歧视在两组群体行业工资差异的比例由大到小排列的顺序为零售业、餐饮业、科教文卫、金融保险业、邮电通信业、交通运输业、政府机关、建筑业、其他服务业、制造业。其中，前六个行业，歧视在工资差异中的占比超过了30%，行业工资歧视值得注意。后四个行业工资歧视较小，程度较低。

按歧视在两组群体岗位工资差异的占比由大到小排列的顺序为餐饮业、金融保险业、交通运输业、邮电通信业、零售业、其他服务业、制造业、科教文卫、政府机关、建筑业。其中，前五个行业存在岗位工资歧视；后五个行业歧视占比为负值，表明这些行业不存在岗位工资歧视，农民工由于从事劳动强度和艰苦程度更大的工作和岗位，反而得到一定的工资优势，可以看出这一点在建筑业表现特别明显。

按农民工岗位升职机会由难到易排列的顺序为餐饮业、零售业、建筑业、其他服务业、制造业、政府机关、科教文卫、金融保险业、邮电通信业、交通运输业。其中前七个行业岗位晋升歧视值得关注，这七个行业的农民工因存在升职机

会的不平等进而导致收入不平等。邮电通信业和交通运输业晋升歧视为负值，表明这两个行业不存在晋升歧视，农民工也是因为从事安全风险系数较低、工作环境不稳定的工作和岗位而得到一定的升职优势。

8.4.2 农民工收入歧视解决路径的行业视角

笔者根据 Cotton 工资分解的结果，将歧视的对数工资差异进行了去掉自然对数的处理，根据农民工实际工资和处理后的歧视值测算出农民工虚拟工资，然后根据农民工虚拟工资和实际工资测算出歧视工资值。这部分工资也是农民工在没有歧视的情况下应增加的工资值。最后根据样本农民工占比数测算出歧视分布，农民工占比仅是根据样本数来计算的。[①]

表 8-11 是行业工资的歧视分布，可以看出测算出的农民工虚拟工资水平都高于农民工实际工资，这也和前面“农民工行业工资歧视在各个行业都存在”的结论相一致，但虚拟工资涨幅不同，其中，金融保险业、科教文卫涨幅最大，邮电通信业、零售业工资涨幅紧跟其后，服务业、建筑业涨幅最小。根据农民工占比情况，测算了歧视的分布，可以看出，如果考虑到农民工在各个行业的样本比例，能更清楚地表明在这十个行业农民工歧视的总体分布。笔者按照行业农民工歧视的解决顺序，将其分成四个梯队（见图 8-1）。

表 8-11 农民工歧视的行业分布

行　业	农民工平均工资（元）	歧视总值	歧视总值（去掉自然对数）	农民工虚拟工资（元）	歧视工资（元）	农民工占比（%）	歧视分布
制造业	3794.462	0.045	1.046	3969.113	174.651	13.64	23.822
建筑业	3866.451	0.028	1.028	3976.242	109.791	16.46	18.072
交通运输业	3557.552	0.037	1.038	3691.647	134.095	5.97	8.005
邮电通信业	3238.832	0.073	1.076	3484.110	245.278	3.48	8.536
餐饮业	2782.713	0.061	1.063	2957.743	175.030	8.84	15.473
零售业	3067.123	0.074	1.077	3302.699	235.576	16.60	39.106

① 歧视工资之间的线性关系和歧视总值的线性关系一致，但歧视程度的大小仍需要按歧视导致工资差异占工资差异歧视总值（去掉自然对数）的比例来衡量。歧视工资大也可以是因为原本的农民工和城镇职工工资差异就大。因此，农民工工资歧视的解决路径设计更多地考虑了工资差异的实际值，而不是相对值。没有用统计年鉴的数值是因为年鉴上的行业分布和研究的行业分布不太相同。

续表

行　业	农民工平均工资（元）	歧视总值	歧视总值（去掉自然对数）	农民工虚拟工资（元）	歧视工资（元）	农民工占比（%）	歧视分布
金融业	3980.226	0.088	1.092	4346.360	366.134	3.15	11.533
科教文卫	3308.212	0.083	1.087	3594.511	286.299	5.73	16.405
服务业	3229.95	0.023	1.023	3305.100	75.150	24.49	18.404
政府机关	3123.158	0.044	1.045	3263.645	140.487	2.040	2.866

注：农民工占比这里指行业农民工样本人数/农民工总样本人数，歧视总值是歧视导致的农民工和城镇居民的行业对数工资差异。歧视总值（去掉自然对数）= EXP（歧视总值），农民工虚拟工资 = 农民工实际平均工资 × 歧视总值（去掉自然对数），歧视工资 = 农民工虚拟工资 – 实际工资，歧视分布 = 农民工占比 × 歧视工资。

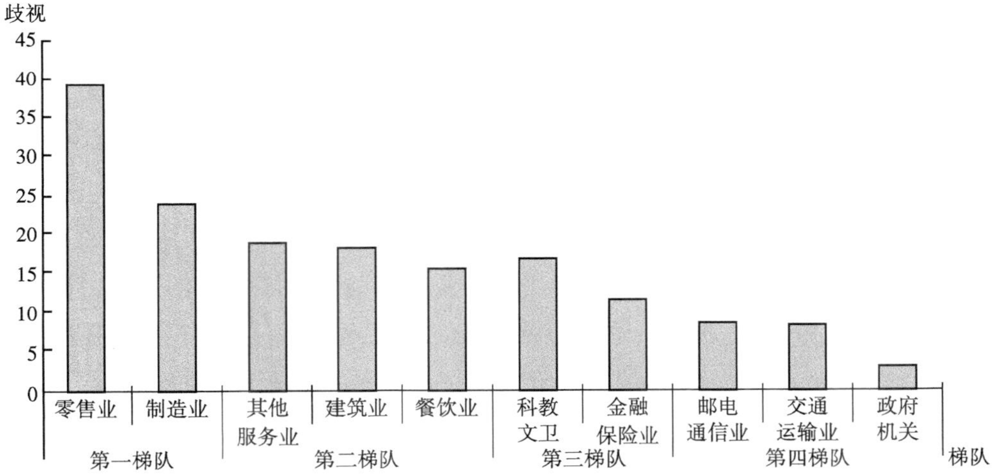

图 8–1　农民工歧视的行业分布

零售业和制造业放入第一梯队。零售业农民工歧视首先应该值得重视，原因在于：第一，零售业进入门槛低，行业规模和形式多样，是吸纳农民工的代表行业；第二，歧视在农民工和城镇居民工资差异中所占比重为 49%左右，零售业工资歧视程度是行业中最高的，晋升歧视程度也较高，如果考虑到零售业农民工就业人数，零售业收入歧视分布最广，歧视绝对值最大；第三，零售业的直接歧视达到 30.8%左右，反向歧视达到 18.37%，反向歧视是所有行业中最高的。因此，重视零售业的农民工歧视问题，也就是关注了零售业对于城镇居民的优待造成的工资“溢价”问题，也就是关注了行业工资低下的问题。制造业是吸引农民工就业的主要行业，农民工和城镇居民的工资差异的绝对值是十个行业中最大的，月工资差异达到了 1455 元左右。因此，关注制造业的农民工歧视问题可以直接有效地控制农民工和城镇居民的工资差异的扩大，也间接缓解了行业就业压力。

餐饮业、建筑业、其他服务业是第二梯队，这三个行业的共同点是晋升歧视较大，但就业歧视、工资歧视表现不同。餐饮业从行业工资水平来看，平均工资为 3316 元左右，是十个行业工资水平最低的。歧视总值也排到了行业的第三位，如果解决了餐饮业的农民工歧视问题，也就相当程度地提高了这个行业中农民工的工资收入，也就提升了餐饮业整个行业的工资水平，摆脱了行业工资低、高素质人才不容易吸引、行业科技水平落后、行业发展缓慢的尴尬局面。建筑业直接歧视是所有行业中最低的，仅有 4.7%，反向歧视占到 10%，农民工和城镇居民工资差异大多来自人力资本的差异，相对于其他行业来说，是最公平的行业。因此，对于建筑业来说，重点是关注和解决这个行业对城镇居民的“溢价”问题。建筑业农民工歧视问题的解决，重点是这个行业的城镇居民的反向歧视问题的解决，让农民工发挥“多劳多得”的积极主动性，进一步刺激农民工增加自身人力资本投资，使收入走向良性循环。因此这个行业的农民工收入歧视问题的解决能最大程度地体现“效率和公平”的原则。其他服务业是歧视总值最低的行业，歧视导致的工资差异不明显。但由于此行业是吸纳农民工最多的行业，因此，关注该行业的农民工歧视，着眼点不在于“歧视程度”，而在于“歧视广度”的问题的解决，因此，其他服务业农民工歧视问题的解决最有利于安定、和谐社会的建设。

科教文卫、金融保险业设计为第三梯队，两个行业很相似：第一，就业歧视较大，行业进入较难，行业工资歧视占比达到了 40%左右，是农民工工资歧视、就业歧视较大的两个行业；第二，两个行业都属于知识密集型行业，岗位升级与人力资本水平紧密相关；第三，农民工就业人数较低，但歧视总值却是最大的两个行业。因此，这两个行业呈现的特点是农民工歧视在行业内突出，但在整个行业间微乎其微，原因在于这两个行业的工资待遇较高，即使在这两个行业的农民工对歧视有所感知，也会“欣然接受”。关注这两个行业的农民工歧视问题，实质上是关注农民工中素质较高人群的待遇问题，是对高知识、高技术农民工的一种肯定和保护。

交通运输业、邮电通信业、政府机关属于第四梯队。这三个行业的农民工就业率极低、就业歧视较高。这三个行业的单位类型大多是国有或事业单位，表现出的农民工歧视问题可能有制度上的原因，但也可能因为统计性歧视的问题导致高素质、高学历的农民工被大众化对待。从农民工歧视的深度和广度来看，这些行业不具有代表性。

从四个梯队来看，第一梯队的农民工收入歧视问题的解决，最大程度地缓解了歧视带来的收入不平等；第二梯队的农民工收入歧视问题的解决，对晋升歧视的解决提供帮助，也将会对最广范围内的农民工收入水平产生正向影响；第三梯队、第四梯队农民工收入歧视问题的解决是保护高素质农民工的需要，也是解决就业歧视的需要，更是体现教育价值的需要。第一梯队和第二梯队重点解决了工资歧视问题和晋升歧视问题，第三梯队和第四梯队重点解决了就业歧视的问题。

8.4.3 农民工收入歧视解决路径的岗位视角

对于不同岗位农民工歧视问题来说，离不开分析与岗位相关的收入阶层、行业分割等问题，由于前面已分别讨论了“收入阶层”、“行业”、“单位类型”视角下农民工收入歧视的解决路径，所以笔者没有将农民工收入歧视的解决路径的岗位视角重点分析。笔者认为，从岗位视角来看，对于农民工收入歧视的问题的解决路径是先关注解决存在岗位工资歧视的行业、再关注解决存在岗位晋升歧视的行业。

从 Brown 分解情况来看，餐饮业、金融保险业、零售业、交通运输业、邮电通信业的岗位工资歧视严重，说明这些行业的岗位工资决定机制存在较大差异，导致农民工与城镇居民“同岗不同酬”，这应是第一解决的。建筑业、制造业、其他服务业存在岗位升级的不平等，即岗位晋升歧视。可能的原因在于，晋升机会不平等与这些行业的性质相关，比如建筑业、制造业，农民工大多是一线工人，几乎没有参与管理的机会。其他服务业由于对体力的要求不高、劳动强度不大，城镇居民、外来流动人口会在这个行业激烈竞争，城镇居民行业占比较大，农民工晋升机会也较少。晋升歧视导致部分高素质的农民工难以配置到好的岗位、难以获得好的报酬。因此，建筑业、制造业、其他服务业的农民工岗位收入歧视问题，是值得第二关注和解决的。政府机关、科教文卫问题不突出，这两个行业按照市场原则决定工资水平的倾向性较大，相对来说，科教文卫、政府机关，农民工岗位歧视较小。

8.5　主要结论和政策含义

8.5.1　结论

第一，从工资方程和就业方程的影响因素来看，教育变量对各行业就业方程的影响远远高于对工资方程的影响，反映了教育对入职环节来说，是劳动者进入行业及得到中高层管理岗位的重要标准，但在工作环节，工资水平的高低与工作经验和技术水平相挂钩的现象较为明显，教育作用相对降低。教育变量对于行业中高层的正向影响要高于低层，对城镇居民的正向影响要高于农民工。由于农民工所从事的多为较低端工种的工作，工作经验决定了所从事工作的熟练程度，农民工的工作经验成为衡量一个工人能力的十分重要的指标。

第二，从行业角度来看，制造业、建筑业的农民工和城镇居民工资差异大，科教文卫、政府机关工资差异小。劳动密集型、劳动强度较大的行业，农民工工资歧视较小。工作入职门槛低、技术水平含量低、劳动强度相对不大的行业，城镇居民反向歧视现象较为突出。垄断行业和高科技、高工资行业，农民工的直接歧视较大。

第三，从农民工收入歧视的行业分布来看，金融保险业就业歧视较大，工资歧视也较严重；科教文卫、邮电通信业、交通运输业的工资歧视和就业歧视都值得重视；政府机关就业歧视大但工资歧视较小；餐饮业和零售业的工资歧视严重；制造业、建筑业、其他服务业不存在就业歧视，工资歧视也较小。

第四，从农民工收入歧视的岗位分布来看，餐饮业、零售业既存在较严重的岗位工资歧视，也存在较严重的岗位晋升歧视；金融保险业、交通运输业、邮电通信业，几乎不存在岗位晋升歧视，但岗位工资歧视值得关注；建筑业、制造业、其他服务业的农民工不存在岗位工资歧视，但存在岗位晋升歧视；政府机关和科教文卫，农民工岗位歧视较小。

第五，从农民工收入歧视的行业解决路径来看，零售业、制造业是第一梯队，餐饮业、建筑业、其他服务业是第二梯队，科教文卫、金融保险业是第三梯队，交通运输业、邮电通信业、政府机关是第四梯队。第一梯队和第二梯队重点解决了工资歧视问题和晋升歧视问题，第三梯队和第四梯队重点解决了就业歧视的问题。

8.5.2 政策含义

第一，对于政府机关、科教文卫行业来说，由于其工资机制、教育回报率相对公平，在职的农民工如果提高自身人力资本，就能够有效地提高自己的工资水平，甚至可以提升自己的岗位层次，因此，这些行业除了农民工依靠自身的努力，政府也应加大这两个行业的人力资本投资的力度，通过提升农民工的技术水平、教育水平来弥补行业内的工资差异扩大的趋势。对于这两个行业来说，重点应关注农民工的就业歧视问题。因此，政府应打破行业垄断、降低户籍进入门槛，提供高素质的农民工公平就业的机会。

第二，对于餐饮业、零售业来说，政府要同时关注农民工工资歧视问题和晋升歧视问题。要通过"保障农民工同工同酬"、"着重保护劳动所得"政策的实施实现收入分配兼顾效率和公平。政府还应完善企业用人机制，消除因偏见性歧视导致的岗位隔离现象。同时还应大力发展经济欠发达地区的以餐饮业、零售为代表的第三产业，不仅能对解决农民工的就业问题有帮助，而且能有效提高农民工收入。

第三，对于制造业、建筑业、其他服务业来说，农民工人数众多，比例较大，但农民工在岗位晋升机会上存在较为严重的歧视现象。政府应通过提供公平、透明的竞聘平台，打破因"农民工"身份带来的就业机会不平等、晋升机会不平等的困境，提高这三个行业农民工对不同工种的选择权和在管理层的参与率。

第四，对于金融保险业、交通运输业、邮电通信业来说，其岗位晋升机会与人力资本水平高度相关，但行业内的工资歧视和就业歧视的问题不容忽视。户籍身份导致农民工的临时工、低层次岗位更多一些，正式的合同工、中高层次岗位少一些，合同性质、岗位层次又直接导致了绩效标准不同和工资收入的不同。因此，政府应充分发挥劳动力市场的竞争作用，通过市场调节达到人力资源的有效配置，将人才选择机制和工资绩效标准真正结合在一起。

8.6 本章小结

本章对行业和岗位的农民工收入歧视问题进行了研究。结果表明，餐饮业、零售业，农民工工资歧视、晋升歧视问题较为严重。制造业、建筑业、其他服务业，农民工岗位晋升机会上存在较为严重的歧视现象。金融保险业、交通运输业、邮电通信业，岗位晋升机会与人力资本水平高度相关，但行业内的农民工工资歧视、就业歧视不容忽视。政府机关、科教文卫行业，农民工就业歧视问题突出。

9 主要结论与研究展望

9.1 主要结论和创新成果

通过对已有农民工收入歧视的相关文献进行梳理，结果显示：学者的成果集中在农民工歧视的实证检验，对于农民工收入不平等问题提供了一些合理的解释。他们的共同缺陷在于将农民工收入歧视等同于工资歧视，实证分析仅囿于农民工工资歧视的测算，对于机会歧视造成的农民工就业歧视和晋升歧视方面没有涉及，没有全面、深入、系统地衡量农民工收入歧视，也没有提出详尽、次序性的解决方案和针对性的政策建议。

本书以我国经济增长方式转变过程中不断扩大的收入差距为背景，在河南财经政法大学进行的 2012 年中国工资抽样调查数据的基础上，首先采用 Mincer 工资方程并运用多种工资分解方法，衡量了不同收入分位点，不同区域，不同单位类型，不同行业、岗位的农民工工资歧视、就业歧视和岗位晋升歧视。其次判断了农民工收入歧视的主要影响因素及作用效果。最后从不同视角设计农民工收入歧视的解决路径，并针对消除农民工收入歧视、提高农民收入提出政策建议。本书的创新在于：首次提出了农民工收入歧视的概念，将劳动力市场分割的不同表现考虑在农民工收入歧视的研究中，定量衡量了农民工的机会歧视并设计了收入歧视的解决路径。

这种研究响应了《中共中央关于全面深化改革若干重大问题的决定》中“增加低收入者收入，扩大中等收入者比重，努力缩小城乡、区域、行业收入分配差距，逐步形成橄榄型分配格局”要求，为落实“维护农民生产要素权益，保障农民工同工同酬”、“着重保护劳动所得”提供了参考价值。研究结果为科学地设计和实施公平的劳动就业制度、工资制度和社会福利，培育公平竞争的劳动力市场环境，消除农民工收入歧视，提供了实践价值。

本书主要结论和创新成果如下：

第一，教育回报率不同以及由此造成的差距效应是农民工工资歧视的主要原因，劳动力市场分割带来的就业、晋升机会的不平等是农民工就业歧视和晋升歧视的主要原因。从歧视的表现来看，笔者认为劳动力市场农民工歧视属于制度性歧视。农民工工资歧视大多属于统计性歧视，就业歧视大多属于垄断性歧视，晋升歧视大多属于偏见性歧视。

当研究视角从全国、区域转向部门、行业，再转向岗位时，农民工收入歧视问题从单纯的工资歧视扩展到了工资歧视、就业歧视和晋升歧视，农民工收入歧视随研究视角变窄而内容扩展。这反映了劳动力市场分割对农民工收入歧视尤其是机会歧视的影响。随着研究的逐渐深入和细化，工资歧视程度也随之有所减轻：全国不同收入分位点视角下，除了收入极高层，工资歧视普遍严重；到了区域视角下，最严重的经济发展类型Ⅰ区占到了58%左右；到了部门视角下，工资歧视较轻的单位类型占据大多数；行业视角下，各个行业工资差异特征效应都大于歧视，即使工资歧视最高的行业，工资歧视也只占49%左右，低于特征效应；岗位视角下，有些行业的同一岗位不存在农民工工资歧视问题。农民工工资歧视程度虽然不同，但无论是哪种视角的分析，都证明了教育回报率不同以及由此造成的差距效应是农民工工资歧视的主要原因。

第二，影响农民工收入的因素，按其作用力影响从大到小的顺序是“不同收入阶层”、“岗位层次”、“区域水平”、“行业”、“单位类型”、“人力资本因素”。按照人力资本的要素回报率来排序，则是技术水平、健康程度、工作年限、教育年限。

对农民工收入歧视的影响因素的判断既考虑了宏观经济动态对微观个体行为的影响，也考虑了微观个体特征对农民工工资水平的影响。将农民工收入歧视进行总体和局部的分析，保证了政策实施的可行性和次序性。

第三，从农民工收入歧视的不同分位点来看，农民工和城镇居民的工资差异随分位点的升高而拉大，但歧视表现正好相反，随分位点升高，歧视程度减少，到收入分位点高端，农民工收入歧视消失。

研究结果表明，低工资水平的农民工，收入歧视最严重；中低、中等收入、中高收入阶层，农民工的收入歧视问题存在，但特征效应作用也不断增大；高工资阶层的农民工没有收入歧视现象。笔者创新性地设计了分位点的视角下农民工收入歧视解决路径，“先中间、后两端”的路径设计也为缓解社会阶层收入不平等和全国收入差异扩大等问题提供了帮助。

第四，区域经济发展越好，农民工和城镇居民工资差异越大。区域经济发展越好，教育回报率也越高，但教育回报率的不平等加大了农民工与城镇居民的工资差异的问题也越突出。农民工收入歧视在不同经济发展区域都存在，但农民工收入歧视与区域经济发展之间没有显示出太大的相关性。

按照笔者划分的经济区域，实证结果表明，经济发展最好的Ⅰ区和经济发展欠发达的Ⅲ区农民工收入歧视问题严重。从各地区层面来看，也体现了这样的规律。经济发达区教育回报率较高，但教育回报率的不平等加大了农民工与城镇居民的工资差异的问题也较为突出。笔者因此将农民工收入歧视解决路径设计为四个梯队，第一梯队地区的农民工工资歧视问题的解决有利于提升全国农民工工资水平。第二梯队地区农民工工资歧视问题的解决有利于全国工资的区域平衡。第三梯队地区的农民工歧视问题的解决最能体现“公平与效益”的原则。第四梯队地区的农民工工资收入的提高远比农民工工资歧视问题更值得关注。这种区域农民工收入歧视解决路径的设计也为均衡各区域的经济发展、缓解区域工资的不平等、提高欠发达区域的市场化水平提供建议参考。

第五，集体企业的就业歧视和工资歧视水平都是最低的，外资企业就业歧视和工资歧视都较严重。私营企业不存在就业歧视但工资歧视较高，政府事业单位、国有企业就业歧视大但工资歧视小。

从农民工和城镇居民工资差异的情况来看，集体企业、个体企业和自由职业者农民工和城镇居民工资差异较小；外资企业、私营企业两组群体工资差异较大；政府事业单位和国有及国有控股企业两组群体存在工资差异，但不显著。从各单位类型的就业歧视来看，农民工和城镇居民在不同类型单位的就职机会是存在不平等的，政府事业单位、国有及国有控股企业就业歧视最为明显，在同样人力资本情况下，城镇居民进入公有制部门的机会远大于农民工。私营企业和自由职业者不存在就业歧视。从各单位类型的工资歧视来看，集体企业、政府事业单位、国有及国有控股企业工资差异的歧视比例较低，工资差异大部分是由人力资本要素的差异引起的，教育、工作年限的回报率水平均高于私有部门和外资企业。外资企业、私营企业工资歧视严重，歧视中教育因素比重最大。笔者设计了基于单位类型视角的农民工收入歧视解决路径：第一梯队私营企业农民工收入歧视问题的解决更有利于解决其他私有部门的工资歧视问题。第二梯队外资企业、国有及国有控股企业、个体企业和自由职业者农民工收入歧视问题的解决则进一步完善了劳动力市场，而且减少了非国有部门内部的劳动力市场部门分割的压力。第三梯队集体企业和政府事业单位农民工收入歧视问题的解决是对高学历、高素质农民工的保护。这种基于单位类型视角的农民工收入歧视路径的设计也为增加农民工就业机会、消除农民工劳动参与和部门选择的障碍提供了新的分析范式。

第六，餐饮业、零售业，农民工工资歧视、晋升歧视问题较为严重。制造业、建筑业、其他服务业，农民工存在岗位晋升歧视。金融保险业、交通运输业、邮电通信业，岗位晋升机会与人力资本水平高度相关，但行业内的农民工工资歧视、就业歧视不容忽视。政府机关、科教文卫，农民工就业歧视问题突出。

研究结果表明，行业工资歧视较明显的有零售业、餐饮业、科教文卫、金融保险业、邮电通信业、交通运输业，工资歧视在工资差异中的占比超过了 30%。行业就业歧视表现在政府机关、金融保险业、邮电通信业、科教文卫、交通运输业、餐饮业、制造业这七个行业。岗位工资歧视总体小于行业工资歧视。餐饮业、金融保险业、交通运输业、邮电通信业、零售业存在岗位工资歧视。岗位晋升歧视涉及面较广，餐饮业、零售业、建筑业、其他服务业、制造业、政府机关、科教文卫等行业存在岗位晋升歧视。笔者创新地设计了针对农民工收入歧视的行业解决路径：零售业、制造业是第一梯队，餐饮业、建筑业、其他服务业是第二梯队，科教文卫、金融保险是第三梯队，交通运输业、邮电通信业、政府机关是第四梯队。第一梯队和第二梯队重点解决了农民工的工资歧视问题和晋升歧视问题，第三梯队和第四梯队重点解决了农民工的就业歧视的问题。这种行业、岗位的农民工收入歧视的测算及路径设计拓展了国内对歧视的分析视野，丰富了我国对歧视问题的研究。

第七，提出了消除农民工收入歧视的路径设计及相应的政策建议。

预期收入差异是农民来城市打工的主要动因。农民工收入歧视的根源除了户籍制度，还来自行业垄断、岗位隔离、所有制结构差异和社会偏见。因此，针对农民工就业歧视问题，政府要取消行业壁垒、打破部门垄断，同时政府可以根据农民工人口个人特征方面的不同表现，在职业选择和区域流动中进行合理引导、适时安排，以达到农民工人口的综合素质提升和劳动力市场合理配置。针对农民工工资歧视问题，政府应保障农民工与城镇居民相同的教育回报率，工资决定应进一步强化人力资本的报酬机制。针对农民工晋升歧视问题，政府应完善市场、企业用人机制，打破偏见性歧视带来的岗位隔离现象。

总之，政府应通过提高农民农业生产收入来提高农民工转移的机会成本，通过解决农民工的住房、医疗等社会保障问题消除社会偏见，通过普及教育、加强职业培训提高农民工人力资本。这样才能从根本上消除“农民工”身份标签，从而进一步解决城市农民工收入歧视问题。

“农民工”是中国特定经济发展时期的一个特有名词，也是随着中国经济的发展和制度变革而衍生出来的。“因为农业收入低，考虑到中国的地理和技术，还没有短期的在农业内解决剩余劳动力的方案，离土离乡、外出就业越来越成为当今农民实现就业和增收的主要渠道”（史清华等，2004）。农民工收入歧视不仅有着深厚的制度性的历史背景，而且也与严峻的高就业压力的现实背景有关。这种歧视现象在较长时期内还将继续存在。本书解决路径的设计考虑了农民工收入歧视的广度、深度，并强调了解决问题的代表性、次序性，为政府提高农民工收入、消除农民工歧视问题的政策措施进行了排序。研究结论有助于理解中国劳动力市场农民工和城镇居民工资差异的真正根源、农民工收入歧视的表现规律。本书在各个视角下提出的解决农民工收入歧视问题的政策建议同时也缓解了区域收入差异、行业收入差异、阶层收入差异不断扩大的压力（见图 9-11）。

9.2 研究展望

本书对农民工收入歧视问题进行了较为全面、深入的研究，但限于调研数据和文章篇幅，对有些涉及的问题未能进一步展开分析，以下几点是值得深入研究的。

第一，本书性别因素对工资方程和就业方程都十分显著，劳动力市场分割造成的性别歧视问题也是目前研究的热点，如何在劳动力市场分割的前提下，

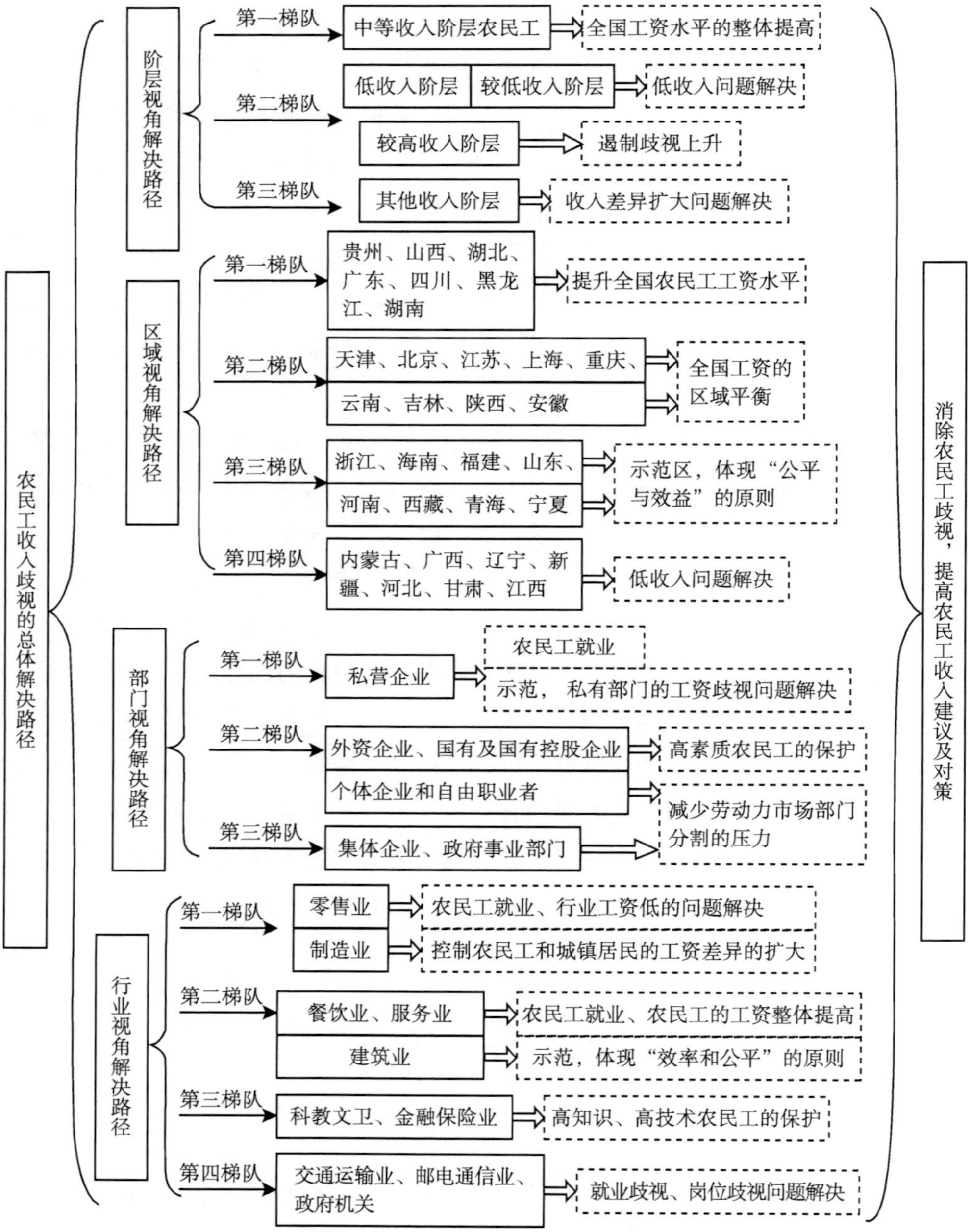

图 9-1　农民工收入歧视的解决路径

将性别歧视和户籍歧视问题进行同时又互不重复的测算和分析将是研究的一个新方向。

第二，由于本书采用 2012 年截面数据，缺乏时间序列和固定样本组的面板数据，没有办法显示样本中农民工和城镇居民的工资差异的变化趋势、农民工教育回报率的变化趋势、农民工歧视因教育水平提高而变化的状态。这些问题有待于进一步研究。

第三，就业歧视和晋升歧视在本书是一种机会歧视的问题，如何将机会歧视与工资歧视进行定量换算是经济模型中值得研究的热点和难点。

第四，数据中的岗位是按照中高低层来分类的，高层样本量较少、调查样本规模的有限增加了 Brown 分解在统计方法上的不精确，因此，需要各行业按照职称专业分类（目前通常分成七类）作为调研对象的深入调查，这种基于职业视角的农民工歧视问题的研究能弥补本书的不足。

第五，本书考虑的农民工的工资歧视、就业歧视和岗位晋升歧视，都属于直接市场歧视，对于前劳动力市场歧视的重要表现——人力资本投资歧视没有涉及，目前文献对农民工人力资本投资歧视的研究也较少，如果在这方面进行深入探讨将使农民工劳动力市场歧视的研究更加完整。

附 录

调查问卷1：中国城市居民收入状况调查

调查地点：______省______市______县______乡/镇

调查时间：2012年______月______日；问卷序号：______；调查人：______

1. 依您的户籍，最适合描述您的身份是：

A. 城镇居民　　B. 城中村居民

C. 农村户口城镇就业人员

2. 目前就业居住地：______省______市______县______乡/镇

3. 您的性别：

A. 男　　B. 女

您的民族：

A. 汉族　　B. 回族

C. 其他少数民族

4. 您的婚姻状况：

A. 已婚　　B. 离异

C. 丧偶　　D. 未婚

5. 您的政治身份：

A. 中共党员　　B. 团员

C. 民主党派　　D. 群众

6. 您的宗教信仰：

A. 无宗教　　B. 佛教

C. 道教　　D. 伊斯兰教

E. 基督（天主）教　　F. 其他宗教

7. 您所受教育：

A. 未受正规教育　　B. 小学

C. 初中　　D. 高中

E. 中专　　F. 大专

G. 本科　　H. 研究生

8. 您的最高学历：

A. 三本　　B. 二本

C. 一本　　D. 211/985 高校

E. 普通初中高中　　F. 重点初中高中

9. 您父母所受最高教育：

A. 未受正规教育　　B. 小学

C. 初中　　D. 高中

E. 中专　　F. 大专

G. 本科　　H. 研究生

10. 如何描述您父母的收入状况？

A. 低收入　　B. 较低收入

C. 中等收入　　D. 较高收入

E. 高收入

11. 您的出生年份：______年。哪年开始正式工作？______年

12. 您的技术职称：

A. 正高　　B. 副高

C. 中级　　D. 初级

E. 无技术职称

13. 您目前工作所在的行业：

A. 制造业　　B. 建筑业

C. 交通运输业　　D. 邮电通信业

E. 餐饮业　F. 零售业

G. 金融保险业　H. 科教文卫

I. 其他服务业　J. 政府机关

K. 在就业年龄未就业　L. 退休

14. 工作单位类型：

A. 政府事业单位　B. 国有或国有控股企业

C. 集体企业　D. 私营企业

E. 外资企业　F. 个体户

G. 自由职业者　H. 主要靠出租房屋获得收入者

I. 家庭主妇（含男性）

15. 您是：

A. 公司老板　B. 主要股东

C. 受雇者　D. 个体户

E. 自由职业者

16. 如何描述您所在企业规模（自主判断）？

A. 个体　B. 微型

C. 小型　D. 中型

E. 大型　F. 超大型

17. 您的工作层次：

A. 高层管理（高层政府官员或管理者）　B. 中层管理

C. 操作层（一般职员工人）

18. 您的月工资收入（如计件或计时工资请折成月收入）：￥_______

19. 2011 年您的资产收入（利息、租金、股票增值加分红等）为（可以为负）：￥_______

20. 您的工资有没有达到当地最低工资标准？

A. 达到　B. 没有达到

C. 不知道，没有关心

21. 您目前拥有几套自有产权的房屋（含正按揭，无房填 0）？_______套；面积是_______平方米

22. 您目前一周平均工作_______天；每天平均工作_______小时

23. 您满意目前的工作吗？

A. 很不满意　　B. 不满意

C. 一般　　D. 满意

E. 很满意

24. 您在工作中是否有遭受歧视的感觉？

A. 完全没有　　B. 不明显

C. 一般　　D. 有一些

E. 感觉强烈

25. 如您是少数民族是否感到有民族歧视？

A. 完全没有　　B. 不明显

C. 一般　　D. 有一些

E. 感觉强烈

26. 过去三年您遭遇过拖欠工资吗？如有，遭遇过几次？______次；目前拖欠金额大概是多少？¥______

27. 您享有：

A. 养老保险　　B. 失业保险

C. 医疗保险　　D. 住房公积金

E. 其他福利　　F. 无福利保险

28. 与您周围人相比，您的健康状况：

A. 很差　　B. 比较差

C. 一般　　D. 健康

E. 很健康

29. 如何描述您目前的生活最恰当？

A. 很不幸福　　B. 较不幸福

C. 一般　　D. 较幸福

E. 很幸福

30. 从全社会来看，您的收入合理吗？

A. 很不合理　　B. 不太合理

C. 一般　　D. 较合理

E. 很合理

31. 您对当前中国的收入差距怎么看?

A. 差距太大　　B. 较大

C. 一般　　D. 比较合理

E. 很合理

32. 选择您认为导致中国收入差距最主要的 3 个原因:

A. 领导干部贪污　　B. 灰色不合法收入

C. 性别歧视　　D. 受教育程度差异

E. 富人纳税太少　　F. 国企垄断

G. 对落后地区扶持不够　　H. 民族政策落实不好

I. 城乡分隔户籍制度　　J. 农民工受歧视

K. 农民从支农政策获益不大　　L. 村干部贪污

调查问卷 2：中国农村居民收入状况调查

调查地点：______省______市______县______乡/镇

调查时间：2012 年______月______日；问卷序号：______；调查人：______

1. 您的户籍所在地：______省______市______县______乡/镇

2. 您的性别:

A. 男　　B. 女

您的民族:

A. 汉族　　B. 回族

C. 其他少数民族

3. 您的宗教信仰:

A. 无宗教　　B. 佛教

C. 道教　　D. 伊斯兰教

E. 基督（天主）教　　F. 其他宗教

4. 您的婚姻状况:

A. 已婚　　B. 离异

C. 丧偶　　D. 未婚

5. 您的政治身份：

A. 中共党员　　B. 团员

C. 民主党派　　D. 群众

6. 您的出生年份：______年。哪年您结束学校教育后正式开始在农村务农就业？______年

7. 您所受教育：

A. 未受正规教育　　B. 小学

C. 初中　　D. 高中

E. 中专　　F. 大专

G. 本科　　H. 研究生

8. 您父母所受最高教育：

A. 未受正规教育　　B. 小学

C. 初中　　D. 高中

E. 中专　　F. 大专

G. 本科　　H. 研究生

9. 如何描述你父母的收入状况？

A. 低收入　　B. 较低收入

C. 中等收入　　D. 较高收入

E. 高收入

10. 您家一起生活的有几人？______人。承包几亩地？______亩。实际耕种的有几人？______人

11. 您在农村主要从事：

A. 种地　　B. 个体服务业

C. 做生意　　D. 乡镇企业务工

E. 打临工　　F. 任主要村干部（指专职或基本专职）

G. 家务　　H. 基本闲着

12. 您家的农业年净收入（收入减支出，加实物估价）估计为¥______，您的贡献为______%

13. 您如务农，每年农忙劳动______月，每天平均劳动______小时；农闲时

每天平均劳动______小时

14. 您如果在农村从事非农职业，每周工作______天；每天工作______小时（限农村非务农农民回答）

15. 就非农职业而言，您的收入每月是：¥______

16. 您目前拥有几套自有产权的房屋（含正按揭，无房填0）？______套；面积是______平方米

17. 您家所在村在：

A. 平原　　B. 丘陵

C. 深山

18. 您家所在村的水源情况：

A. 水源丰富　　B. 较丰富

C. 一般　　D. 比较缺水

E. 严重缺水

19. 如何评价您所在村的农业条件？

A. 很好　　B. 较好

C. 一般　　D. 较差

E. 很差

20. 您所在村对外交通条件如何？

A. 很好　　B. 较好

C. 一般　　D. 较差

E. 很差

21. 您所在村对外信息交流如何？

A. 对外面很了解　　B. 比较了解

C. 一般　　D. 相当闭塞

E. 很闭塞

22. 作为农民您是否有受到歧视的感觉？

A. 完全没有　　B. 不明显

C. 一般　　D. 有一些

E. 感觉强烈

23. 如您是少数民族是否感到有民族歧视？

A. 完全没有 B. 不明显

C. 一般 D. 有一些

E. 感觉强烈

24. 您享有：

A. 养老保险 B. 失业保险

C. 新农合 D. 住房公积金

E. 其他福利 F. 无福利保险

25. 这几年国家推行的种粮直补、取消农业税等惠农政策对您改善收入状况重要吗？

A. 作用不明显 B. 有一些作用

C. 一般 D. 有较大作用

E. 有很大作用

26. 与您周围人相比，您的健康状况：

A. 很差 B. 比较差

C. 一般 D. 健康

E. 很健康

27. 如何描述您目前的生活最恰当？

A. 很不幸福 B. 较不幸福

C. 一般 D. 较幸福

E. 很幸福

28. 从全社会来看，您的收入合理吗？

A. 很合理 B. 较合理

C. 一般 D. 不太合理

E. 很不合理

29. 您对当前中国的收入差距怎么看？

A. 差距太大 B. 较大

C. 一般 D. 比较合理

E. 很合理

30. 列举导致中国收入差距最主要的 3 个原因：

A. 领导干部贪污
B. 灰色不合法收入
C. 性别歧视
D. 受教育程度差异
E. 富人纳税太少
F. 国企垄断
G. 对落后地区扶持不够
H. 民族政策落实不好
I. 城乡分隔户籍制度
J. 农民工受歧视
K. 农民从支农政策获益不大
L. 村干部贪污

参考文献

［1］Ana F.，Craig T. Education，credentials and immigrant earnings［J］. Canadian Economics Association Meetings，2004（8）.

［2］Alan B.，Yvonne M. Immigrants in a booming economy：Analysing their earnings and welfare dependence［J］. Labour，2007（21）：789–808.

［3］Atkinson，Anthony B. A critique of the translatic consensus on rising income inequality［J］. World Economy，2001（24）：433–552.

［4］Annika H.，Eva B. Combining professional work with family responsibilities–a burden or a blessing?［J］. International Journal of Social Welfare，2001，10（3）：202–214.

［5］Alberto A.，J. Angrist，G. Imbens. Instrumental variables estimate of the effect of subsidized training on the quantiles of trainee earnings［J］. Econometrica，2011，70（1）：91–117.

［6］Alchian A.A.，Kessel R. Competition，monopoly and the pursuit of pecuniary gain［A］. In：Aspects of labor economics，Conference Volume of the Universities–National Bureau Committee for Economic Research. Princeton，N.F.：Priceton University Press，1962：156–175.

［7］Altonji J. G.，Blank R.M. Race and gender in the labor market ［J］. Handbook of Labor Economics，1999，3（3）：3143–3260.

［8］Altonji J.G.，Pierret C.R. EmPloyer leaming and statistical discrimination［J］. Quarterly Journal of Economics，2001，116（1）：1007–1047.

［9］Altonji J. G. EmPloyer leaming，statistical discrimination and occuPational attainment［J］. American Economic Review，2005，95（2）：112–117.

［10］Appleton S.，L. Song. Life satisfaction in Urban China：Components and determinants [J]. World Development, 2008, 36 (4): 2325-2340.

[11] Arrow K. The theory of discrimination [M]//Ashenfelter O., Rees A. Dis crimination in Labor Markets, Princeton [M]. NJ: Princeton University Press, 1973: 3-33.

[12] Au C., Hedersong J.V. How migration restrictions limit agglomeration and productivity in China [J]. Journal of Development Economics, 2006, 80 (2): 350-388.

[13] Barney C., William J.H. Education experience and earnings in the labor market of a developing economy: the case of urban Khartoum [J]. World Development, 1994 (10): 1549-1566.

[14] Becker G. S., Murphy K. M., T. Robert. Human capital, fertility and economic growth [J]. Journal of Political Economy, 1990, 5 (10): 512-536.

[15] Bergmann R.B. The effect on incomes of discrimination in employment [J]. Journal of Political Economy, 1971 (79): 294-313.

[16] Bergmann R.B.Occupational segregation, wages and profits when employers discriminate by race or sex [J]. Eastern Economic Journal, 1974 (1): 103-110.

[17] Black, Dan.H. Discrimination in an equilibrium search model [J]. Journal of Labor Economics, 1995 (2): 309-334.

[18] Black S.E., Strahan P.E. The division of spoils: rent-sharing and discrimination in a regulated industry [J]. American Economic Review, 2001, 91 (4): 814-831.

[19] Birchenall, Javier A. Income distribution, human capital and economic growth in Colombia [J]. Journal of Development Economies, 2001 (66): 271-287.

[20] Blau F., Beller A. Trends in earnings differentials by gender, 1971~1981 [J]. Industrial and Labor Relations Review, 1988, 41 (4): 513-529.

[21] Blinder A. S. Wage discrimination: reduced form and structural estimates [J]. Journal of Human Resources, 1973, 8 (4): 436-455.

[22] Bogue King. Cotton diplomacy: Foreign relations of the confederate States of America [J]. Civil War History, 1959 (5): 436-437.

[23] Bowlus A. J., Sicular T. Moving toward markets? Labor allocation in rural

China [J]. Journal of Development Economics, 2003 (7): 561-583.

[24] Borjas G., Bronars S. Consumer discrimination and self-employment [J]. Journal of Political Economy, 1989, 97 (3): 581-605.

[25] Brown R., Moon M., Zoloth B. Incorporating occupational attainment in studies of male-female earnings differentials [J]. Journal of Human Resources, 1980, 15 (1): 3- 28.

[26] Brown C., Corcoran M.Sex based differencers in school content and the male/female wage gap [J]. Journal of Labor Economics, 1997, 15 (3): 431-465.

[27] Buchinsky M., Hahn J. An alternative estimator for the censored quantile regression model [J]. Econometrica, 1998, 66 (3): 653-671.

[28] Cain, Glen G. The economic analysis of labor market discrimination: A survey [J]. In Handbook of Labor Economics, 1986 (1): 693-785.

[29] Candelaria I. Vergara, et al. A Six-SNP haplotype of ADAM33 is associated with asthma in a population of Cartagena, Colombia [J]. International Archives of Auergy Immunology, 2009, 152 (1): 32-40.

[30] Card D., Krueger A.B. School quality and black-white relative earnings: a direct assessment [J]. Quarterly Journal of Economics, 1992, 107 (1): 151-200.

[31] Chiswick B. R. The effect of Americanization on the earnings of foreigh-born men [J]. Polit Econ, 1978, 86 (5): 897-921.

[32] Chun L., Wai L. Earnings divergence of immigrants [J]. Journal of Labor Economics, 2002, 20 (1): 86-104.

[33] Cotton. On the decomposition of wage differentials [J]. Review of Economics and Statistics, 1988 (70): 236-243.

[34] Datt G., Ravallion M. Growth redistribution components of changes in poverty measure: A decomposition with application to Brazil and India in the 1980s [J]. Journal of Development Economics, 1992 (38): 275-295.

[35] Dennis J. A., Glen'G. C. Statistical theories of discrimination in labor markets [J]. Industrial and Labor Relations Review, 1977, 30 (2): 175-187.

[36] Doringer P., Piore M. Internal labour markets and manpower analysis [M]. Lexington, Mass: D. C. Heath, 1971.

[37] Du Y., Park A., Wang S. Migration and rural poverty in China [J]. Journal of Compararative Economics, 2005, 33 (4): 688–709.

[38] Edgeworth F. Equal pay to men and woman for equal work [J]. Economic Journal, 1922, 32 (128): 431–457.

[39] Fawcett M. The position of women in economic life [M]. Dawson, W. After War Problems, London: Allen & Unwin, 1917: 191–215.

[40] Fan C.C. Rural–urban migration and gender division of labor in transitional China [J]. International Journal of Urban and Regional Research, 2003 (1): 24–35.

[41] Florence P. S. A statistical contribution to the theory of women's wages [J]. Economic Journal, 1931 (41): 19–37.

[42] Fujita M., Hu D. Regional disparity in China 1985~1994: The effects of globalization and economic liberalization [J]. The Annals of Regional Science, 2001 (35): 3–37.

[43] George M. Returns to education and urban–migrant wage differentials in China: IV quantile treatment effects [J]. China Economic Review, 2013 (26): 9–55.

[44] Gibson B. The transition to a globalized economy: Poverty, human capital and the informal sector in a structuralist CGE model [J]. Journal of Development Economics, 2005 (78): 60–94.

[45] Gill A. M. Incorporating the causes of occupational differences in studies of racial wage differentials [J]. The Journal of Human Resources, 1994, 29 (1): 20–41.

[46] Grogger J. Does school quality explain the recent blacke/white wage trend? [J]. Journal of Labor Economics, 1996, 14 (3): 231–253.

[47] Hare D. 'Push' versus 'Pull' factors in migration outflows and returns: determinants of migration status and spell duration among China's rural population [J]. Journal of Development Studies, 1999 (3): 20–26.

[48] Harris J. R., Todaro M.P. Migration, unemployment and development: A two–sector, analysis [J]. American Economic Review, 1970 (60): 324–347.

[49] Heckman J. Detecting discrimination [J]. Journal of Economic Perspectives, 1998 (12): 101–116.

[50] Hubert M., Blalock Jr. Economic discrimination and negro increase [J].

American Sociological Review, 1956, 10 (21): 584-588.

[51] Hubert M., Blalock Jr. Percent non-white and discrimination [J]. American Sociological Review, 1957, 12 (22): 677-682.

[52] James A., Anders B., Susan V. Is there a glass ceiling in Sweden? [J]. Journal of Labor Economics, 2003 (21): 145-177.

[53] Jacob M. Poverty and mobility in low-status minorities: The cuban case in international perspective [J]. World Development, 2001, 29 (9): 1457-1482.

[54] Johnson G. E., Stafford F.P. Alternative approaches to occupational exclusion [M]. Persson I. & Jonung C. Women's work and wages. New York: Routledge, 1998: 72-90.

[55] Jolliffe D., Campos N. Does market liberalization reduce gender discrimination? Econometric evidence from Hungary, 1986~1998 [J]. Labour Economics, 2005, 12 (1): 1-22.

[56] Jorgenson D. W. The development of a dual ewnorny [J]. Economic Journal, 1961, 71 (282): 309-334.

[57] Joshi A. K. Supertagging: An approach to almost parsing [J]. Computational Linguistics, 1999, 25 (2): 237-265.

[58] Kanazawa S. Is "discrimination" necessary to explain the sex gap in earnings? [J]. Journal of Economic Psychology, 2005, 26 (3): 269-287.

[59] Kahn L.M. Customer discrimination and affirmative action [J]. Economic Inquiry, 1991 (29): 555-571.

[60] Kidd M. Sex discriminateion and occupational segregation in the Australian labour market [J]. The Economic Record, 1993, 12 (3): 44-55.

[61] Knight J., Song L. China's emerging urban wage structure, 1995~2002. in gustafsson bjorn shili & terry sicular (Eds.) [M]. Inequality and Pubic Policy in China: Inequality and Public Policy in China, Cambridge University Press, 2008.

[62] Krueger A., Summers L. Efficiency wages and the inter-industry wage structure [J]. Econometrica, 1988, 56 (2): 259-293.

[63] Lee C. K. Edgendering the world of labor: women workers, labor markets and production politics in the sough China economic miracle [J]. American Sociologi-

cal Review，1955 (60)：251–275.

[64] Lemieux T. The changing nature of wage inequality[J]. Journal of Population Economics，2008，21 (1)：21–48.

[65] Levis A.W. Economic development with unlimited supply of labour [J]. The Manchester School of Economic and Social Studies，1954 (22)：131–191.

[66] Lin Y.F.，Wang，Zhao. Regional inequality and labor transfers in China [J]. Economic Development and Cultural Change，2004 (3)：587–603.

[67] Lindbeck A.，Snower D. J. Wage setting，unemployment and insider–outsider relations [J]. American Economic Review，1986：235–239.

[68] Lisa C. Brown–Collar jobs：occupational segregation and earnings of recent–immigrant latinos [J]. Sociological Perspectives，2000，43 (1)：45–75.

[69] Liu Y.L.，J. Meng，X.H. Zhang，Z.C. Yue. Q. Ideals and a–Ideals in BCI–Algebras [J]. Southeast Asian Bulletin of Mathematics，2000，24 (2)：243–253.

[70] Lucas R.E. On the mechanics of economic development [J]. Journal of Monetary Economics，1988，22 (1)：62–70.

[71] Lundberg S.J.，Startz R. Private discrimination and social intervention in competive labor markets [J]. American Economic Review，1983，73 (2)：340–347.

[72] Machado J.，Mata J. Counterfactual decomposition of changes in wage distributions using quintile regression [J]. Journal of Applied Econometrics，2005，20 (4)：445–465.

[73] Maddala，Nelson. Switching regression models with exogenous and endogenous switching proceedings of the business and economic statistics section [J]. American Statistical Association，1975：423–426.

[74] Macpherson D.A.，Hirsch B.T. Wages and gender composition：why do women's jobs pay less? [J]. Journal of Labor Economics，1995，13 (3)：426–471.

[75] Marshall R. The economics of racial discrimination：A survey [J]. Journal of Economic Literature，1974，12 (3)：849–871.

[76] Maurer F.，Margaret，Ngan D. Differential rewards to and contributions of education in urban China's segmented labor markets [J]. Pacific Economic Review，2004，9 (3)：173–189.

[77] Maxwell N.The effect on balck-white wage differentces of differentces in the quantity and quality of education [J]. Industrial and Labor Relations Review, 1994, 47 (2): 249-264.

[78] McKenna C. Uncertainty and the labor market: Recent developments in job search theory [M]. Brighton: Wheat sheaf, 1985.

[79] McConnell M.J., Imperiale M. J. Department of microbiology and immunology and comprehensive cancer center [J]. Human Gene Therapy, 2004, 15 (11): 1022-1033.

[80] Meng X., Zhang J. The two-tier labor market in urban China: Occupational segregation and wage differentials between urban residents and rural migrants in Shanghai [J]. Journal of Comparative Economics, 2001, 29 (3): 485-504.

[81] Meng X., Shen K., Sen, Xue, Economic reform, education expansion and earnings inequality for urban males in China, 1988~2007. IZA [J]. Discussion Paper No. 4919, 2010.

[82] Mill J.S. Principles of political economy [M]. New York: Appleton, 1885.

[83] Mincer J. Technology and labor market [J]. Reviews of Economic of Household, 2003 (1): 249-272.

[84] Myrdal G. An American dilemma: The negro problem and modern democracy [M]. New York and London: Harper & Brothers, 1944 (17): 75-78, 380-396.

[85] Neal D. A., Johnson W. R. The role of pre-market factors in black-white wage differences [J]. Journal of Political Economy, 1996, 104 (5): 869-895.

[86] Neumark D. Employers' discriminatory behavior and the estimation of wage discrimination [J]. The Journal of Human Resources, 1988, 23 (3): 279-295.

[87] Nguyen B.T., Albrecht J.W., Vroman S.B., Westbrook M.D. A quintile regression decomposition urban-rural inequality in Vietnam [J]. Journal of Development Economics, 2007 (83): 466-449.

[88] Oaxaca R. Male-female wage differentials in urban labor markets [J]. International Economic Review, 1973 (14): 693-709.

[89] Oettinger G. Statistical discrimination and the early career evolution of the black-white wage gap [J]. Journal of Labor Economics, 1996, 14 (1): 52-78.

[90] O'Neill J. The role of human capital in earnings differences between black and whitemen [J]. Journal of Economic Perspectives, 1990 (4): 25-45.

[91] Paglin M., Rufolo A.M. Heterogenous fiuman capital, occupational choice and malefemale eamings differences [J]. Joumal of Labor Eeonomies, 1990, 8 (1): 123-144.

[92] Phelps E.S. The statistical theory of racism and sexism [J]. American Economic Review, 1972, 62 (4): 659-661.

[93] Pigou A.C. The transfer problem and transport costs [J]. Economic Journal, 1952, 62 (248): 939-941

[94] Ravallion M., Chen S. China's (uneven) progress against poverty [J]. Journal of Development Economics, 2007, 82 (1): 1-42.

[95] Robinson Joan. Economics of imperfect competition [M]. London: Macmillar and Co. Ltd, 1933.

[96] Romer P. M. Endogenous technological change [J]. Journal of Political Economy, 1990 (98): 71-102.

[97] Rothschild M., Stiglitz. J. A model of employment outcomes illustrating the effect of the structure of information on the level and distribution of income [J]. Economic Letters, 1982, 10 (3-4): 231-236.

[98] Santos E. The challenge of cultural modeling for inferring intentions and behavior [M]. IEEE Computer Society, 2007.

[99] Schultz T. P. Investments in the schooling and health of women and men: quantities and returns [J]. Journal of Human Resources, 1993, 28 (4): 694-734.

[100] Sieber P. The economics of earning [M]. Cambridge University Press, 1993.

[101] Sorenson E. The crowding hypothesis and comparable worth [J]. Journal of Human Resources, 1990, 25 (1): 55-89.

[102] Spence M. Job market signaling [J]. The Quarterly Journal of Economics, 1973, 87 (3): 355-374.

[103] Stark O. Migration in LDCs: risk, remittances and the family [J]. Finance & Development, 1991 (12): 39–40.

[104] Stark O., Taylor J.E. Relative deprivation and migration: Theory, evidence and policy implications [M]. Policy Research Working Paper, 1991.

[105] Sun Z. A study on the impacts of inter–provincial migration on regional economic development [J]. Chinese Rural Economy, 2004 (3): 28–33.

[106] Sylwester K. Income inequality, education expenditures and growth [J]. Journal of Development Economics, 2000 (63): 379–398.

[107] S. Démurger, M. Gurgand, S. Li, X. Yue. Migrants as second–class workers in urban China? a decomposition analysis [J]. Journal of Comparative Economics, 2009, 38 (4): 610–628.

[108] Taylo J.E., Martin P.L. Human capital: migration and rural population change [J]. Handbook of Agricultural Economics, 2001: 457–511.

[109] Todaro M. P. A model of labor migration and urban unemployment in less developed countries [J]. American Economic Review, 1969 (1): 138–148.

[110] Thurow L. Poverty and discrimination [J]. Washington D. C.: Brookings, 1969: 48–57.

[111] Thurow L. Discrimination and theories of income determination in gererating inequality: mechanisms of discrimination in the U. S. economy [M]. Chapter 7. New York: Basic Books, 1975: 155–181.

[112] Tsui K.Y. China's regional inequality, 1952~1985 [J]. Journal of Comparative Economics, 1991 (15): 1–21.

[113] Walsh J. Capital concept applied to man [J]. Quarterly Journal of Economics, 1935, 49 (2): 255–285.

[114] Wang B. A strategic measure for realizing the overall Xiaokang society in rural China–A finding report on transfer of rural labor forces in Henan Province [J]. Chinese Rural Economy, 2004 (1): 24–27.

[115] Wang X., Liu C., Zhang L., Glauben T., Shi Y. College education and the poor in China: Documenting thehurdles to educational attainment and college matriculation [J]. Asia Pacific Education Review, 2011, 12 (4): 533–546.

[116] Welch F. Labor-Market discrimination: An interpretation of income differences in the rural south [J]. Journal of Political Economy, 1967, 75 (6): 225-240.

[117] Zhang J., Zhao Y., Alber P., Song X. Economic returns to schooling in urban China, 1988~2001 [J]. Journal of Comparative Economics, 2005, 33 (4): 730-752.

[118] 鲍哈斯. 劳动经济学 [M]. 中国人民大学出版社，2010.

[119] 毕霞，魏丛东. 对农民工就业歧视问题的法律思考 [J]. 前沿，2005 (1): 21-24.

[120] 蔡昉. 行业间工资差异的成因与变化趋势 [J]. 财贸经济，1996 (11): 3-5.

[121] 蔡昉. 二元劳动力市场条件下的就业体制转换 [J]. 中国社会科学，1998 (2): 4-14.

[122] 蔡昉，都阳. 我们需要什么样的劳动力市场制度? [J]. 中国社会科学院人口与劳动经济研究所工作论文，2004.

[123] 蔡昉. 转型中的中国城市发展：城市层级结构、融资能力与迁移政策 [J]. 经济研究，2003 (2): 21-29.

[124] 蔡昉. 中国人口与劳动问题报告 [J]. 中国人力资源开发，2012 (8): 12-25.

[125] 陈钊，万广华，陆铭. 行业间不平等：日益重要的城镇收入差距成因 [J]. 中国社会科学，2010 (3): 65-76.

[126] 陈银娥. 社会资本与妇女农民工就业 [J]. 中南财经政法大学学报，2005 (5): 15-19.

[127] 程宗璋. WTO 影响下的劳工标准与国际贸易问题 [J]. 山东省工会管理干部学院学报，2003 (1): 73-76.

[128] 程名望. 中国农村劳动力转移：机理、动因与障碍 [D]. 上海交通大学博士学位论文，2007.

[129] 程名望，史清华，刘晓峰. 中国农村劳动力转移：从推到拉的嬗变 [J]. 浙江大学学报 (人文社会科学版)，2005 (6): 105-112.

[130] 陈弋，Sylvie D. S., Martin F. 中国企业的工资差异和所有制结构 [J].

世界经济文汇，2005（6）：11-28.

［131］陈斌开，张鹏飞，杨汝岱. 政府教育投入、人力资本投资与中国城乡收入差距［J］. 管理世界，2010（1）：36-43.

［132］常向东. 劳动力市场歧视产生的新根源及其影响 ［J］. 生产力研究，2000（4）：13-14.

［133］迟巍，黎波，余秋梅. 基于收入分布的收入差距扩大成因的分解［J］. 数量经济技术经济研究，2008（9）：52-64.

［134］Demurger S.，杰夫·萨克斯，胡永泰等. 地理位置与优惠政策对中国地区经济发展的相关贡献［J］. 经济研究，2002（9）：14-23.

［135］段景辉，陈建宝. 我国城乡家庭收入差异影响因素的分位数回归解析［J］. 经济学家，2009（9）：46-53.

［136］董保华，邱婕. 论企业改制中劳动关系主体的变更［J］. 上海企业，2005（1）：26-32.

［137］戴园晨. 中国劳动力市场培育与工资改革 ［M］. 中国劳动出版社，1994.

［138］邓曲恒. 城镇居民与流动人口的收入差异——基于 Oaxaca-Blinder 和 Quintile 方法的分解［J］. 人口科学，2007（4）：8-16.

［139］都阳. 风险分散与非农劳动供给——来自贫困地区农村的经验证据［J］. 数量经济技术经济研究，2001（1）：7-13.

［140］杜书云，张广宇. 就业歧视与农民工福利缺失问题分析［J］. 农业经济问题，2004 （11）：56.

［141］封进，张涛. 农村转移劳力的供给弹性——基于微观数据的估计［J］. 数量经济技术经济研究，2012 （10）：69-82.

［142］冯超. 中国职工工资的区域差异及其原因［J］. 价格月刊，2007（6）：59-61.

［143］范晓非，王千，高铁梅. 预期城乡收入差距及其对我国农村劳动力转移的影响［J］. 数量经济技术经济研究，2013（7）：20-35.

［144］高国力. 区域经济发展与劳动力转移 ［J］. 南开经济研究，1995（2）：12-17.

［145］高娜，姚建峰. 农民工就业歧视对其流动行为影响分析——基于修正

后的托达罗模型［J］. 学理论，2012（2）：30-33.

［146］高文书. 进城农民工就业状况及收入影响因素分析［J］. 中国农村经济，2006（1）：40-43.

［147］高梦滔，姚洋. 农户收入差距的微观基础：物质资本还是人力资本［J］. 经济研究，2006（12）：71-80.

［148］葛玉好. 工资分布的性别差异：分位数分解方法［J］. 上海经济研究，2007（4）：22-43.

［149］郭凤鸣，张世伟. 性别工资差异缘何扩大？——基于职业分割的分析视角［J］. 世界经济文汇，2012（2）：44-59.

［150］郭震. 城镇居民和流动人口工资差距：户籍歧视还是性别歧视［J］. 南方经济，2013（4）：69-76.

［151］郭震. 工资性收入不平等：基于户籍歧视的分析［J］. 上海财经大学学报，2013（5）：58-64.

［152］郭震. 基于内生选择性转换模型的劳动力城乡转移动因分析［J］. 农业技术经济，2014（10）：48-57.

［153］郭震. 城乡工资水平的差异及影响因素研究［J］. 河南社会科学，2014（8）：51-55.

［154］郭继强，姜俪，陆利丽. 工资差异分解方法述评［J］. 经济学，2011（1）：363-414.

［155］郭正模. 推进城乡统筹，整村移民城市［C］. 中国改革国际论坛论文集，1994：58-62.

［156］顾辉. 去还是留？——回乡民工继续外出就业的影响因素分析［J］. 当代青年研究，2012（1）：33-38.

［157］韩俊. 农业产业化与农村合作经济组织的发展［J］. 农村经济文稿，2000（12）：26-30.

［158］韩靓. 基于劳动力市场分割视角的外来务工人员就业和收入研究［D］. 南开大学博士学位论文，2009.

［159］郝大海，李路路. 区域差异改革中的国家垄断与收入不平等——基于2003年全国综合社会调查资料［J］. 中国社会科学，2006（2）：110-124.

［160］何新易，廖淑华. 劳动歧视下的人口流动模型［J］. 统计与决策，2005

（2）：8–9.

［161］胡建国. 农民工就业需要转变四大观念［J］. 中国党政干部论坛，2009（4）：37–40.

［162］黄志岭. 中国城镇劳动力市场性别和户籍差异实证研究［D］. 浙江大学博士学位论文，2009.

［163］姜励卿. 中国城镇劳动力市场户籍工资差异的实证研究［D］. 浙江大学博士学位论文，2012.

［164］江时学. 发展中国家的发展问题［M］. 方志出版社，2008.

［165］金成武. 城镇劳动力市场上不同户籍就业人口的收入差异［J］. 中国人口科学，2009（4）：32–41.

［166］刘瑶. 我国居民工资的所有制差异研究［J］. 数量经济技术经济研究，2012（11）：85–101.

［167］刘修岩，殷醒民. 空间外部性与地区工资差异：基于动态面板数据的实证研究［J］. 经济学季刊，2008（1）：77–98.

［168］刘精明. 劳动力市场结构变迁与人力资本收益［J］. 社会学研究，2006（11）：89–119.

［169］刘文忻，杜凤莲. 失业与中国城镇人口收入差距［J］. 经济评论，2008（1）：36–39.

［170］刘生龙. 中国跨省人口迁移的影响因素分析［J］. 数量经济技术经济研究，2014（4）：83–97.

［171］刘生龙. 教育和经验对中国居民收入的影响——基于分位数回归和审查分位数回归的实证研究［J］. 数量经济技术经济研究，2008（4）：75–85.

［172］李长安. 农民工职业流动歧视及对收入影响的实证分析［J］. 人口与经济，2010（6）：27–46.

［173］李获，张俊森，赵耀辉. 中国城镇就业所有制结构的演变：1988~2000［J］. 经济学（增刊），2005（10）：27–48.

［174］李红梅. 我国城乡居民收入差距的反事实因素分解［J］. 数学的实践与认识，2012（5）：46–54.

［175］李春玲，李实. 市场竞争还是性别歧视——收入性别差异扩大趋势及其原因解释［J］. 社会学研究，2008（2）：94–117.

[176] 李培林. 流动民工的社会网络和社会地位 [J]. 社会学研究，1996（4）：9–14.

[177] 李晓宁. 关于行业工资差距与行业垄断的研究 [J]. 经济问题，2007（7）：19–22.

[178] 李晓宁，邱长溶. 工资差异的国内研究综述 [J]. 首都经济贸易大学学报，2007（3）：109–114.

[179] 李实，叶林祥，罗楚亮. 行业垄断、所有制与企业工资收入差距——基于第一次全国经济普查企业数据的实证研究 [J]. 管理世界，2011（4）：26–36.

[180] 李实，马欣欣. 中国城镇居民的性别工资差异与职业分割的经验分析 [J]. 中国人口科学，2006（5）：2–13.

[181] 李实. 中国农村女劳动力流动行为的经验分析 [J]. 上海经济研究，2001（1）：38–46.

[182] 李实. 中国经济转型中的劳动力流动模型 [J]. 经济研究，1997（1）：43–51.

[183] 李强. 影响中国城乡流动人口的推力与拉力的因素分析 [J]. 中国社会科学，2003（1）：125–136.

[184] 李晓峰，王晓方，高旺盛. 北京市农民工工资差异分解分析 [J]. 农业经济问题，2010（2）：33–37.

[185] 刘易斯. 二元经济论 [M]. 北京经济学院出版社，1989.

[186] 林竹. 新生代农民工就业质量测量与分析 [J]. 贵州社会科学，2013（1）：85–89.

[187] 吕康银，王文静，张丽. 行业工资的性别差异研究 [J]. 山东社会科学，2010（6）：157–160.

[188] 罗胤. 我国城市劳动力市场中的歧视问题研究 [D]. 吉林大学博士学位论文，2008.

[189] 罗双发. 谨防人力资源管理中的共振现象 [J]. 人力资源开发，2007（7）：16–19.

[190] 罗明忠. 社会资源、人口集聚与农村劳动力转移 [J]. 经济学动态，2006（3）：48–50.

[191] 罗青. 中国城镇居民收入分配差距的阶层分析 [J]. 统计与决策，2005

（8）：96–99.

［192］钱文荣，姜励卿. 农民工性别工资差距的分位数回归分析——基于浙江农民工调查的经验研究［J］. 财经论丛，2011（3）：49–52.

［193］屈小博. 城市正规就业与非正规就业的工资差异——基于非正规就业异质性的收入差距分解［J］. 南方经济，2012（4）：32–42.

［194］任国强. 人力资本对农民非农业就业与非农收入的影响研究［J］. 南开经济研究，2004（3）：3–10.

［195］任重. 中国城镇居民地区工资差距测度与分解［J］. 当代经济研究，2009（2）：48–52.

［196］萨缪尔森，诺德豪斯，萧琛. 经济学［M］. 北京：人民邮电出版社，2004.

［197］申明浩，万俊毅. 偏好、信息、不确定性与中国农村劳动力就业选择［J］. 农村经济，2008（6）：113–117.

［198］史清华，卓建伟，郑龙真. 农民外出就业及遭遇的实证分析［J］. 中国农村经济，2004（10）：56–63.

［199］史清华，蒋伟峰. 农户家庭人力资源储备及其利用效率分析［J］. 南方农村，2000（6）：15–18.

［200］石莹. 我国劳动力市场中的性别歧视与户籍歧视［D］. 山东大学博士学位论文，2010.

［201］宋洪远，黄华波，刘光明. 关于农村劳动力流动的政策问题分析［J］. 管理世界，2002（5）：23–36.

［202］田丰. 城镇居民与农民工的收入差距研究［J］. 社会学研究，2010（2）：87–105.

［203］王美艳. 中国城市劳动力市场上的性别工资差异［J］. 经济研究，2005（12）：9–13.

［204］王小勇. 市场潜力、外部性与中国地区工资差异［J］. 南方经济，2006（8）：46–53.

［205］王睿，黄森. 农村资金投入与农村区域间居民收入差异［J］. 数量经济技术经济研究，2010（1）：44–53.

［206］王桂新. 城市农民工的分布、居住与社会融合——以上海为例［J］. 人

口研究，2005，29（4）：39-41.

［207］王志刚. 耕地、收入和教育对农村劳动力转移的影响［J］. 农业技术经济，2003（5）：10-13.

［208］万广华，陆铭，陈钊. 全球化与地区间收入差距：来自中国的证据［J］. 中国社会科学，2005（3）：17-26.

［209］魏下海，余玲铮. 我国城镇正规就业与非正规就业工资差异的实证研究——基于分位数回归与分解的发现［J］. 数量经济技术经济研究，2012（1）：78-90.

［210］巫锡炜. 中国城镇家庭户收入和财产不平等：1995~2002［J］. 人口研究，2011（11）：13-26.

［211］武鹏. 行业垄断对中国行业收入差距的影响［J］. 中国工业经济，2011（10）：76-86.

［212］夏庆杰，宋丽娜. 什么原因导致中国工资收入差距扩大——来自反事实参数分解分析的证据［J］. 社会科学战线，2012（1）：60-70.

［213］夏庆杰，李实，宋丽娜，Simon Appleton. 国有单位工资结构及其就业规模的变化的收入分配效应：1988~2007［J］. 经济研究，2012（6）：127-142.

［214］谢嗣胜，姚先国. 农民工工资歧视的计量分析［J］. 中国农村经济，2006（4）：77-80.

［215］谢嗣胜，姚先国. 分层劳动力市场、农民工就业歧视与工资歧视［J］. 劳动就业，2006（10）：41-44.

［216］邢春冰. 农民工与城镇职工的收入差距［J］. 管理世界，2008（5）：44-48.

［217］邢春冰，罗楚亮. 农民工与城镇居民的收入差距——基于半参数方法的分析［J］. 数量经济技术经济研究，2009（10）：74-86.

［218］徐永新. 农民工工资水平偏低的原因及对策［J］. 改革与战略，2011（9）：171-174.

［219］徐永新. 我国农民工政策的演变及未来方向［J］. 河南社会科学，2005（4）：42-45.

［220］徐永新. 农民工资性收入持续增长的障碍及对策研究［J］. 河南社会科学，2010（7）：146-148.

[221] 许建宇. 论罢工权应该缓行 [M]. 人民大学出版社，2003.

[222] 杨云彦. 中国人口迁移与发展的长期道路 [M]. 武汉出版社，1994.

[223] 杨云彦，陈金永. 转型劳动力市场的分层与竞争——结合武汉的实证分析 [J]. 中国社会科学，2000 (5)：28-38.

[224] 姚先国，赖普清. 对市场本身理论的一个探索 [J]. 社会科学，2004 (10)：57-59.

[225] 姚先国，瞿晶，钱雪亚. 劳动力市场的职业隔离——基于浙江省的分析 [J]. 人口与经济，2009 (1)：17-21.

[226] 姚先国，黄志岭. 职业分割及其对性别工资差异的影响——基于 2002 年中国城镇调查队数据 [J]. 重庆大学学报 (社会科学版)，2008，14 (2)：53-58.

[227] 姚亚文，赵卫亚. 中国城乡劳动力工资收入差异现状及原因浅析 [J]. 中国人口科学，2010 (10)：31-35.

[228] 杨宏炳. 缩小城乡收入差距的关键在于消除城乡分割的劳动力市场 [J]. 社会主义研究，2005 (6)：83-85.

[229] 杨俊，李雪松. 教育不平等、人力资本积累与经济增长：基于中国的实证研究 [J]. 数量经济技术经济研究，2007 (2)：31-33.

[230] 杨娟，Sylvie Demurger，李实. 中国城镇不同所有制企业职工收入差距的变化趋势 [J]. 经济学 (季刊)，2011 (10)：289-308.

[231] 俞玲. 人力资本歧视与农民工收入——基于浙江省问卷调查数据的实证研究 [J]. 特区经济，2012 (4)：68-70.

[232] 岳昌君，吴淑姣. 人力资本的外部性与行业收入差异 [J]. 北京大学教育评论，2005 (10)：31-37.

[233] 岳希明，李实，史泰丽. 垄断行业高收入问题探讨 [J]. 中国社会科学，2010 (3)：77-93.

[234] 张晓蓓，亓朋. 城市农民工歧视问题研究 [J]. 南方人口，2011 (1)：25-32.

[235] 张晓蓓，亓明. 劳动合同类型、性别与工资差异 [J]. 南方人口，2010，25 (1)：14-22.

[236] 赵树凯. 边缘化的基础教育 [J]. 管理世界，2000 (2)：37-39.

[237] 张智勇. 户籍制度：农民工就业歧视形成之根源 [J]. 农村经济，2005

（4）：123–127.

［238］张冬平，郭震. 我国工资水平差距分析：歧视性工资现象［J］. 华南农业大学学报，2013：95–104.

［239］张冬平，郭震. 行业分割、岗位隔离与户籍工资差异［J］. 农业技术经济，2014（4）：30–41.

［240］张华，梁进社. 产业空间集聚及其效应的研究进展［J］. 地理科学进展，2007，26（2）：14–24.

［241］张海峰. 城乡教育不平等与收入差距扩大——基于省级混合截面数据的实证分析［J］. 山西财经大学学报，2006（2）：1–13.

［242］张翼，薛进军. 中国阶层结构与收入不平等［J］. 甘肃社会科学，2009（1）：1–6.

［243］张车伟，薛欣欣. 国有部门与非国有部门工资差异及人力资本贡献［J］. 经济研究，2008（4）：85–101.

［244］张涛. 工资收入差异的解释：基于分位数回归的经验研究［J］. 统计与信息论坛，2011（11）：50–57.

［245］赵耀. 中国劳动力市场雇用歧视研究［D］. 首都经济贸易大学博士学位论文，2006.

［246］赵耀辉. 四川省农村劳动力流动与教育在其中的作用［J］. 经济研究，1997（5）：37–42.

［247］曾恂. 美国反就业歧视立法的启示［J］. 南方经济，2003（5）：41–43.

［248］钟笑寒. 劳动力流动与工资差异［J］. 中国社会科学，2006（1）：34–46.

［249］邹伟，王小梅. 城镇家庭收入差异演变及其原因解析［J］. 统计与信息论坛，2010（3）：101–107.

［250］周小亮. 劳动力市场城乡歧视及其社会经济效应［J］. 当代财经，1994（9）：11–15.

［251］周长征. 全球化与中国劳动法制问题研究［M］. 南京大学出版社，2003.

［252］周文彬. 建筑领域拖欠农民工工资的现状、原因及对策探讨［J］. 甘肃农业，2000（8）：102–103.

［253］朱玲，金成武. 中国居民收入分配格局与金融危机应对［J］. 管理世界，

2009（3）：63–70.

［254］朱农. 中国劳动力流动与“三农”问题［M］. 武汉大学出版社，2005.

［255］朱世宏. 目前我国行业间职工工资收入差距分析［J］. 经济改革与发展，1998（5）：10–12.

［256］朱长存，马敬芝. 农村人力资本的广义外溢性与城乡收入差距［J］. 中国农村观察，2009（4）：37–45.

［257］朱艳戴，良铁. 就业歧视的比较研究［J］. 经济问题探索，2003（12）：21–23.

后 记

本书是在我的博士学位论文的基础上修订而成的，首先，感谢我的导师张冬平教授，论文的每处无不凝聚着张教授的心血。张教授为我的科研提供了宝贵的指导意见和思想启迪，使我对科研工作的思路、方法和角度形成了新的认识。

其次，感谢刘向华教授、倪冰利教授，他们在我攻读博士学位期间给予了大量的指导和帮助。

感谢我的母亲，没有她的坚持和无私的奉献，就没有我“以书为伴”的今天，还要感谢我的爱人、女儿，让我懂得了终身学习的价值和快乐！

最后，特别感谢河南财经政法大学樊明教授、常小利老师以及河南财经政法大学调研小组的同学们，没有他们辛苦的付出、没有他们在数据方面的鼎力支持，就没有今日之作。

郭震

2014 年 5 月于郑州